电脑应用即时查系列丛书

Office 2003 高效办公速查1000

九州星火传媒　陈　伟　编著

电子科技大学出版社

内容提要

本书是《电脑应用即时查》系列丛书之一，本书从实际操作出发，列出了Word 2003、Excel 2003、PowerPoint 2003和Outlook 2003的多达1 000个问题的答疑解惑。

本书可作为初、中级电脑用户的学习参考书，也是电脑爱好者的必备工具手册。

图书在版编目（CIP）数据

Office 2003高效办公速查1000 / 陈伟编著.—成都：电子科技大学出版社，2007.4

ISBN 978-7-81114-437-6

I. O… II.陈… III.办公室－自动化－应用软件，Office 2003 IV.TP317.1

中国版本图书馆CIP数据核字（2007）第038261号

Office 2003高效办公速查1000

九州星火传媒　陈　伟　编　著

出　　版：电子科技大学出版社（成都市一环路东一段159号电子信息产业大厦　邮编：610051）

责任编辑：曾　艺

发　　行：新华书店经销

印　　刷：四川墨池印务有限公司

成品尺寸：144mm × 210mm　　印张13.25　　字数447千字

版　　次：2007年4月第一版

印　　次：2007年4月第一次印刷

书　　号：ISBN 978-7-81114-437-6

定　　价：19.00元

前　言

你在学电脑吧？是不是觉得电脑很神秘，有点无从下手？家里买了电脑，因为经常出问题，但自己不知道该怎么修理，常常求助于朋友，以至于饭局总是少不了，搞得很头疼？看着别人在网上玩游戏玩得很痛快，自己不知道咋玩，但又碍于面子不好请教？

电脑硬件日新月异，软件版本不断推陈出新，上网冲浪越来越流行，不可不会，工作、学习之中电脑使用得越来越频繁，怎么办？

不要着急，我们特意为你推出了《电脑应用即时查》系列工具读物，让你轻轻松松学会各种电脑操作，笑对电脑各种疑难杂症。

□　丛书简介

《电脑应用即时查》系列丛书是电子科技大学出版社精心打造的一套电脑工具读物，丛书包括《电脑维护、故障急救速查 1000》、《Windows XP 实用技巧速查 1000》、《精选实用网址速查 2000》、《注册表修改设置速查 1000》、《Office2003 高效办公速查 1000》、《电脑组装与 BIOS 设置速查 1000》、《五笔字型常用汉字速查 6000》、《新手学上网速查 1000》、《新手学电脑速查 1000》和《DOS 与 Windows 命令速查 1000》。相信读者根据自己的需求，一定能从这套丛书中选择到适合自己的图书。

□　丛书特色

1．内容丰富全面

本套丛书从作者多年钻研电脑的经验出发，精心挑选了电脑硬件、操作系统、应用软件、上网浏览与应用、局域网、电脑打字、网址速查等方方面面的操作与应用，内容十分全面，是广大电脑用户不可多得的电脑工具宝典。

2．语言简洁精炼

本书在解析众多案例的时候，没有长篇大论，力求以最少的文字将问题描述清楚，以最省篇幅的形式将解决方案呈现给读者，便于读者阅读掌握。

3．步骤详尽清晰

虽然篇幅有限，案例众多，但本书全部采用“一步一步”的写作形式，使得读者操作起来非常方便、条理清晰明了，宛如电脑专家言传身教，使读者迅速提高自身的电脑操作技能，获得大量实际经验、技能和技巧。

4．专业的创作团队

本书由专业的、电脑应用经验丰富的团队所创作，在为你提供实用、丰富的书中内容的同时，还能保证随时解答你学习电脑的过程中遇到的各种疑难问题。

□ 使用说明

阅读本书之前，请将 Windows 窗口更改为“Windows 传统风格”，方法为：

（1）打开“我的电脑”窗口，然后单击菜单命令“工具”/“文件夹选项”。

（2）在打开的“文件夹选项”窗口中选择“使用 Windows 传统风格的文件夹”。

（3）单击“确定”按钮，就使窗口变回到了 Windows 传统风格界面。

□ 读者对象

（1）初、中级电脑用户不可多得的学习参考书。

（2）电脑爱好者和家庭电脑用户随用随查的必备宝典。

（3）电脑培训班、大专院校师生的教学辅导用书。

□ 完善的售后服务

本书为广大读者提供技术支持网站 www.21pcedu.com（21 世纪电脑教育网），免费为读者提供在线答疑、软件下载、学习论坛、免费电子图书下载等服务，相信能对读者自学电脑提供更多便利和帮助。你也可直接写邮件到 jzxh@vip.163.com 与我们联系，道出你的困惑，我们将非常热情、认真地为你服务。

□ 致　谢

本书由前程文化总策划，北京九州星火传媒编著。在此向所有参与本书编创工作的人员表示由衷的感谢，更要感谢购买本书的读者，你的支持是我们最大的动力，我们将不断努力，为你奉献更多、更优秀的电脑图书！

九州星火传媒　陈伟

目　录

第 1 章　Word 2003 文本输入、编辑应用与故障排除速查

第 2 章　文件管理应用与故障处理速查

第 3 章 Word 2003 格式、版式应用技巧与故障排除速查

第 4 章　Word 2003 表格、图表应用技巧速查

第 5 章 Word 2003 图片、多媒体应用技巧与故障速查

第 6 章 安装硬件驱动和应用软件

第 7 章 Word 2003 的安全性及其他操作技巧

第 8 章 Excel 2003 工作表应用与故障处理速查

第 9 章 公式、函数与故障排除速查

第 10 章 Excel 2003 图表、图形编辑技巧与故障处理速查

第 11 章　Excel 2003 数据的筛选、排序和安全管理技巧速查

第 12 章　Excel 2003 打印应用技巧与故障排除速查

第 13 章 PowerPoint 2003 幻灯片基本操作技巧与故障处理速查

第 14 章 PowerPoint 2003 幻灯片的多媒体操作和播放应用与故障排除速查

第 15 章 PowerPoint 2003 其他操作技巧速查

第 16 章 Outlook 应用技巧与故障处理速查

第 1 章

Word 2003 文本输入、编辑应用与故障排除速查

1-1 文本输入、编辑应用技巧速查

1. 快速地选定整个文档

在编辑过程中，只要在“编辑”菜单中单击“全选”命令即可选定整个文档，或者使用 Ctrl+A 组合键。“全选”命令将选定插入点所在的窗口或窗格中的所有文本和图形，如文档、脚注或尾注窗格以及文本框中的所有文本和图形。

2. 如何在两个文档之间移动或复制文字和图形

可以使用“剪切、复制/粘贴”的方法。

方法为：

（1）选定要移动或复制的文字和图形。

（2）如果要移动选定内容，可在“常用”工具栏上单击“剪切”按钮，则将选定的文本剪切到剪贴板中。如果要复制选定内容，可在“常用”工具栏上单击“复制”按钮，则将选定的文本复制到剪贴板中。

（3）移动或复制文字和图形到另一文档，打开这个文档。

（4）在文字或图形将出现的位置单击鼠标左键。

（5）在“常用”工具栏上单击“粘贴”按钮即可。

3. 如何删除选定的文本

最简单的删除文本方法是在删除的文本后面单击鼠标左键，然后按 Backspace 键。

为了一次删除若干个字符，可先选定要删除的文本，再按 Del 键或者 Backspace 键。

当插入点位于行首时，按 Backspace 键，Word 2003 将把插入点移至上一行的末尾，并且删除上一行的最后一个字符。同样地，当插入点位于段首时，按 Backspace 键，Word 2003 将把插入点移至上一段的末尾，并且删除上一段的段落标记“¶”，结果是两个段落将合并成一个段落。

4. 如何撤销上次的编辑操作

在“编辑”菜单中，单击“撤销清除”命令，则可撤销上次操作。

中文版 Word 2003 可以撤销原来所作的多步操作。如果再不能进行撤销的操作，则“撤销”命令变为“无法撤销”。

另外，也可以单击“常用”工具栏中的“撤销输入”按钮实现上面同样的功能。

5. 在同一窗口内（短距离）移动或复制文字和图形

方法为：

（1）选定要移动或复制的文字或图形。

（2）如果要移动选定内容，把选定内容拖至粘贴位置；如果要复制选定内容，可按住 Ctrl 键，把选定内容拖动到粘贴位置。

> 提示!! 在移动过程中，鼠标指针除了向左箭头外，还在其下方增加一个矩形方框。在复制过程中，鼠标指针在移动时鼠标指针的左上方增加一个“+”符号。

（3）将选定内容拖至窗口外，文档将朝同一方向滚动。

6. 自动调整插入或删除文字后的间距

在中文版 Word 2003 中，可以自动调整插入或删除文字后的间距。为此，必须作如下的设置：

（1）单击“工具”菜单中的“选项”命令。

（2）单击“编辑”选项卡。

（3）若需要 Word 2003 在编辑文本时，自动调整插入或删除文字后的间距，选中“智能剪切和粘贴”复选框。

（4）设置完成后单击“确定”按钮。

7. 如何快速地查找文本

中文 Word 2003 除了可以对字、词、句进行查找和替换外，还可以查找和替换各种格式、图形及特殊字符等，包括可带任何字符的“?”、段落标记符、分行符和分栏符。对特殊符号的查找和替换，进行模糊查找，进行文件编排与修改，使得查找和替换具有更大的灵活性和准确性。

方法为：

（1）从“编辑”菜单中选择“查找”命令，出现“查找和替换”对话框。

（2）在“查找内容”框中输入要查找的文本，如“xiner 的文档”。

（3）单击“高级”按钮，则可以设置搜索选项，如区分大小写、区分全／半角、全字匹配、使用通配符等。

（4）在“搜索范围”列表框中设置查找范围：全部、向下、向上。若在查找前未指定查找范围，也可在“搜索范围”列表框中指定查找范围。

（5）若查找的是全为字母，则可设置字母的查找方式：“同音”或“查找单词的各种形式”（大写、小写等）。

（6）单击“查找下一个”按钮，则将光标停在与所查找的字符串的第一个匹配处。

（7）不断地单击“查找下一个”按钮，直到出现所要查找到的字符为止。

（8）单击“确定”按钮，返回到“查找和替换”对话框中。

（9）在完成查找或取消查找时，单击“取消”按钮或者按 Esc 键即可。

8. 在输入过程中自动地插入文字和图形

在输入过程中，也可以将重复使用的文字和图形自动地插入到文档中。例如，把某图片保存为自动更正项，且命名为“picture”。这样，以后只要输入“picture”，再加一个空格，Word 2003 就会自动将其替换成此图片。下面以一个例子加以说明，如图 1-1 所示。

图 1-1

（1）选定作为自动更正项保存的文字或图形。如果要在该项中保存段落格式，则选定范围内应包含段落标记。

（2）在“工具”菜单中单击“自动更正”命令，则弹出 “自动更正”对话框。此时在“替换为”框中将显示该图片。

（3）选中“输入时自动替换”复选框。

（4）在“替换”框中为自动更正项命名，如“天安门”。该名称最长为 31 个字符，其中不能包含空格。

（5）如果不想以原格式保存这一项，单击“纯文本”选项。如果要以原格式保存这一项，单击“带格式文本”选项。

（6）单击“添加”按钮。

（7）单击“确定”按钮。这样，就将该图片定义成一个自动更正项“天安门”。

在 Word 2003 文档中，就可以使用“天安门”来输入图片 picture 了，其方法如下：

① 定位插入点；

② 输入“啊”，然后按空格键，就把“天安门”图片插入到了文档中了。

9. 什么是任务窗格

Office 应用程序中提供常用命令的窗口。它的位置适宜，尺寸又小，我们可以一边使用这些命令，同时继续处理文件。

10. 什么是 Unicode

Unicode 是 Unicode Consortium 开发的一种字符编码标准。该标准采用多个字节代表每一字符，实现了使用单个字符集代表世界上几乎所有书面语言。

11. 什么是 Visual Basic 编辑器

这是一种环境，用于编写新的 Visual Basic for Applications 代码和过程，并编辑已有的代码和过程。Visual Basic 编辑器包括完整的调试工具集，用于查找代码中的语法、运行时和逻辑问题。

12. 文档属性有哪些类型

文档有四种属性类型：

（1）自动更新属性包括由 Microsoft Office 应用程序为你维护的统计信息（例如文件大小、文件创建日期和上一次进行修改的日期）。例如，可以搜索 2000 年 9 月 3 日以后创建的所有文件，或者搜索上次修改时间为昨天的所有文件。

（2）预设属性已经存在（例如作者、标题以及主题），但是必须输入文本值。例如，在 Microsoft Word 中，可用“关键词”属性将关键词“客户”添加到销售文件中，然后使用该关键词搜索所有的销售文件。

（3）自定义属性是由用户定义的属性。可将文本、时间或数字值分派给自定义属性，并且还可以将值“是”或“否”分派给它们。你可以从建议的名称列表中进行选择，或者自己定义。还可以有选择地将自定义的文档属性链接到文件中特定的项目，例如，Microsoft Excel 中已命名的单元格、PowerPoint 中选取的项目或者 Word 中的书签 。例如，在用 Word 创建的合同表单中，你可以创建自定义的文件属性，该属性链接到包含合同到期时间的表单域。然后你可以搜索到期时间早于指定日期所有的合同文件。

（4）文档库属性用于网站或公共文件夹内文档库中的文件。设计文档库时，可以定义一个或多个文档库属性，并且设置有关这些属性值的规则。当用户将文档添加到文档库时，系统会提示他们填写将值分派给各个属性的表单。例如，收集产品意见的文档库可能提示用户提供某些属性（如提交者、日期、类别及描述）。

13. 更改有关输入和编辑的选项

方法为：

（1）单击“工具”菜单中的“选项”命令，然后单击“编辑”选项卡。

（2）选择所需选项。

（3）单击“确定”按钮，结束操作。

14. 如何选择不相邻的项

方法为：

（1）选择所需的第一项，例如表格单元格或段落，然后按住 Ctrl 键。

（2）继续按住 Ctrl 键，同时选择所需的其他项。

15. 什么是断字

如果单词太长而无法在行尾显示，Microsoft Word 将单词移动到下一行的开头而不是将其切断。但是，可以使用断字功能插入连字符来消除两端对齐文本中的间距或保持窄栏中行的长度均匀，也可以插入单独的可选连字符或单独的不间断连字符，还可用 Word 对文档的全部或部分进行断字。

16. 什么是可选连字符

当单词或短语位于行尾时，用于控制断字位置的连字符。例如，可以指定“nonprinting”按照“non-printing”而不是“nonprint-ing”方式断开。

17. 什么是不间断连字符

连字符的一种，当带有连字符的单词、数字或短语位于行尾时，使用不间断连字符可避免断字。例如，可用其避免断开 555-0123，而将该项移至下一行的行首。

18. 如何使用自动断字

如果打开自动断字，Word 即在文档中需要连字符的位置自动插入连字符。如果以后编辑文档并更改换行符，Word 将对文档重新设置断 555-0123 字。

19. 插入可选连字符

方法为：

（1）单击要插入可选连字符的位置。

（2）按 Ctrl+“-”（连字符）组合键。

20. 如何使用手动断字

如果选择了手动断字，Word 将搜索需进行断字的文字，并请你确认每一处建议的可选连字符，然后插入可选连字符。如果以后编辑文档并更改换行符，Word 将仅显示并打印仍位于行尾的可选连字符。Word 不会重新对文档进行断字。

21. 如何对另一种语言的文字进行断字

若要对另一种语言的文字进行断字，需要确定已启用该语言进行编辑，还需要安装用于该语言的 Microsoft Office 2003 校对工具。

22. 如何插入不间断连字符

方法为：

（1）单击要插入不间断连字符的位置。

（2）按 Ctrl+Shift+“-”（连字符）组合键。

23. 如何插入复选标记符号

你可以轻松地在 Office 文档中插入复选标记符号。大多数 Microsoft Windows 用户已安装的 Wingdings 字体使你可以在可用作复选标记的几个符号间进行选择。

方法为：

（1）在“插入”菜单上，单击“符号”。

（2）在“符号”对话框中，在“符号”选项卡上的“字体”框中，单击“Wingdings”。

（3）滚动到列表底部包含几个常见复选标记符号的位置。双击所需的符号。

24. 如何插入度数符号

可以使用“符号”命令来插入符号，方法为：

（1）在“插入”菜单上，单击“符号”。

（2）在“符号”对话框中，在“符号”选项卡上，滚动到包含度数符号的位置。

（3）双击度数符号。

还可以使用符号的字符代码作为键盘快捷方式。例如，若要插入度数符号，则在按住 Alt 键 的同时，依次按数字键盘上的“0176”这几个数字键即可。

25. 如何更改英文字母的大小写

方法为：

（1）选定要修改的英文字母。

（2）在“格式”菜单上，单击“更改大小写”。

（3）在出现的“更改大小写”对话框中单击所需的大小写选项，然后单击“确定”按钮即可。

26. 将英文字母设置为小型大写字母或全部大写格式

方法为：

（1）选择需要设置格式的英文字母。

（2）在“格式”菜单上，单击“字体”，然后单击“字体”选项卡。

（3）在出现的“字体”对话框中选中“小型大写字母”或“全部大写字母”复选框，然后单击“确定”按钮即可。

27. 文本输入的一般原则和方法是什么

掌握了文本输入的一些规则，可以更快更专业地编辑文档。因此了解并掌握它对用户是有极大必要性的。文档输入的一般原则和方法为：

（1）文本的输入以方便快捷为主，每个用户可以有他们自己的习惯。

（2）单击鼠标左键或利用键盘方向键都可以在文档中移动光标。

（3）输入后光标将自动从左向右移动一格；当文字到达一行的末尾时自动换行；当文字到达一页的末尾时自动换页。

（4）用户如果想要开始一个新的段落，只要按回车键，即可开始另一个段落的输入。

（5）在输入错误时，可以按键盘上的 BackSpace 键，光标将删除它左边的一个字符；如果按 Delete 键，光标将删除它右边的一个字符。

28. 如何即点即输

大家在使用 Word 2003 时肯定遇到过这样的情况：就是输入了一些文字后，接下去要空一些地方，然后再输。此时一般的人肯定选择敲回车和空格的方法来空出一些位置，其实你只要在需要输入的地方双击鼠标左键，这样光标就会在此处闪动，你就可以直接输入内容了，省去了敲回车和空格的麻烦。

29. 如何切换“插入”模式和“改写”模式

在输入文本时，程序默认的输入模式是“插入”模式，即用户输入一个字符后，字符插入到光标的原来位置，而光标右移一位，同时光标后面的字符也都右移一位。而有时候，用户可能需要“改写”模式，即用户输入一个字符后，新输入的字符覆盖了光标右边的一个字符，而光标右移一位，但光标右边的其他字符却保持不动。

在两种模式间切换的方法是：按下键盘上的 Insert 键，即在两种输入模式间切换。在切换到改写模式时，Word 底下的状态栏上的“改写”两字显示。否则，在“插入”模式下，呈灰显状态。

30. 如何任意修改字间距

在 Word 修改字间距很不直观，有的用户甚至不知道该如何设置字间距，而不得不使用系统默认值。Word 的字距有“标准”、“加宽”、“紧缩”三种：

（1）“标准”字距即默认字间距，它的实际距离不是一成不变的，而是与文档中字号的大小有一定的关系。

（2）“加宽”间距是在“标准”的基础上再增加一个用户指定的数值。

（3）“紧缩”则是在“标准”的基础上减去一个用户指定的数值。

由于“加宽”和“紧缩”都是在“标准”的基础上进行调整，字号变化时，间距也会自动调整，不至于出现字号与字间距不匹配的情况。

调整字间距的方法为：

（1）选定文本，单击“格式”/“字体”菜单命令。

（2）在打开的对话框中选择“字符间距”选项卡，在间距下拉列表中选择适当的类型和增添或减小的间距数值，最后单击“确定”按钮即可。

31. 如何删除空行

从其他文件导入 Word 的文档常常含有多余空行，手工逐个删除实在是非常累的一件事情。这个问题可以采用如下方法解决：

（1）单击 Word 2003“编辑”菜单下的“替换”命令，在打开的对话框中单击“替换”选项卡。

（2）如果“查找内容”和“替换为”框中有内容，则清除他们。

（3）单击“高级”按钮。单击“查找内容”框，然后单击“特殊字符”按钮，在打开的菜单中选择“段落标记”即可看到“^P”出现在“查找内容”框中。重复上述操作再次输入一个“^p”，然后在“替换为”文本框中输入一个“^p”。

（4）单击“全部替换”按钮，即可将多余的空行全部删除了。

32. 如何输入特殊符号

在进行文档编辑时，不可避免地要输入一些比较特殊的字符，而这些字符是不能通过常规的方法来进行插入的。那么，如何输入这些特殊字符呢?

方法为：

（1）单击“插入”/“特殊字符” 菜单命令，弹出“插入特殊符号”对话框。

（2）选择相应的选项卡标签，比如“特殊符号”，单击选定需要插入的符号，然后单击“确定”按钮即可。

33. 如何巧妙输入特殊符号

在录入文件时常碰到一些特殊的符号，像笑脸“J”，请问除了利用选择“插入”/“符号”菜单命令外，还有没有其他更快捷的方法？

其实这可利用 Word 的“自动更正”功能快速完成输入。选择“工具/自动更正”选项，然后选择“自动更正”选项卡下的“自动使用拼写检查功能提供的建议”复选框，同时还要选中“输入时自动替换”下的“带格式文本”单选按钮。此时再输入“:)”（不要输入双引号）试试看，是不是得到了“J”。

下面附另外几个常见的符号：

表情：“:(”就是一张生气的脸，“:|”就是一张严肃的脸。

箭头：输入两个等号再输入大于号，就成了粗箭头；输入两个连字符再输入大于号，就成了细箭头；输入一个大于号再输入一个等号再输入一个小于号，就变成了双向箭头。

加一条横线：在一个空行内，连续输入三个以上的连字符（-），按回车键，就出现一条横线。

加一条波浪线：在一个空行内，连续输入三个以上的波浪号（~），按回车键，就出现一条波浪线。

加多条线：在一个空行内，连续输入三个以上的井号（#），按回车键，就出现由两条细线和一条粗线组成的线。

34. 快速输入“欧元”符号

在输入欧元符号（€ ）时，除了利用“插入/符号”命令的方式插入外，还有没有办法快速插入？

有，方法为：在输入时，只需同时按住 Alt+0128（数字须从小键盘区输入）或输入 Ctrl+Alt+E（双引号不用输入）组合键都可以完成。

利用这种方法可以插入其他特殊符号，常见的几个如下：

®：按 Ctrl+Alt+R 组合键。

©：按 Ctrl+Alt+C 组合键。

™：按 Ctrl+Alt+T 组合键。

34. 如何输入带圈字符

用户或许已经掌握如何输入像“①”、“②”、“㈠”、“㈡”这样的带圈序号，一般的方法是利用输入条中的“数字序号”软键盘。但是如果圆圈里的数字是“30”这样的大数字呢？Word 提供了输入这些大数字的带圈字符。

方法为：

（1）移动光标到插入点。

（2）单击菜单“格式/中文版式/带圈字符”，弹出“带圈字符”对话框。

（3）选择“缩小文字”样式，在“文字”栏输入“30”，“圈号(Q)”栏中选“○”，单击“确定”按钮即可完成。

35. 如何批量插入带圈数字

利用上面的方法来输入带圈数字，实际上很麻烦。可以利用下面这种方法来批量插入带圈数字：

（1）选中需要插入带圈数字的所有文字。

（2）单击“格式”/“项目符号和编号”菜单命令，在弹出的对话框中选择“编号”选项卡。

（3）选择带圈数字的一项，然后单击“确定”按钮，即可自动将各节快速插入带圈数字。

如果“编号”选项卡中没有带圈数字，这时可以先任意选择一种“编号”样式，然后单击下面的“自定义”按钮，弹出“自定义编号列表”对话框下面的“编号样式”，最后单击“确定”按钮即可插入。

36. 取消汉字与英文字间距

细心的朋友会发现，在 Word 中汉字与英文或数字存在一个小的间隔，主要是为了突出汉字与英文之间的区别，如果要取消这项功能，方法为：

（1）按住 Ctrl+A 组合键选定全部文档。

（2）单击“格式”/“段落”菜单命令，在打开的对话框中单击“中文版式”选项卡。

（3）在打开的“中文版式”选项卡中取消“自动调整中文与数字间的间距”和“自动调整中文与西文之间的间距”复选框，然后单击“确定”按钮即可。

37. 文字下划线各有什么含义

我们在用 Word 2003 编辑文档时，常常会碰见有的字下面有红线、绿线及蓝线或紫线，有的是波浪线，有的是下划线。它们分别代表什么呢？

Word 具有自动检查拼写及语法的功能，能够对用户输入的文字信息进行一定的智能检查。

（1）红色波浪线表示拼写可能错误。

（2）绿色波浪线表示语法可能错误。

（3）蓝色下划线表示超级链接。

（4）紫色下划线表示使用过的超级链接。

另外，Word 2003 还会自动检查电子邮件头中的姓名，并将它与地址簿中的名字相比较，如果有多个名字与输入的内容相匹配，则会在输入内容的下面出现下划线。

38. 如何使输入的日期和时间随着时间的变化而变化

用一般的方法输入日期和时间后，输入的日期和时间并不随着时间的增加而相应的变动。也就是说，下一次打开文档，日期和时间还是上次输入时的时间，而不是当前打开文档时的时间。那么，怎么让输入的日期和时间随着时间的变化而作相应的变化呢？

方法为：

（1）移动光标到插入点。

（2）单击菜单“插入/日期和时间”，弹出“日期和时间”对话框。

（3）选择一种日期的显示格式，并选中“自动更新”。

（4）单击“确定”结束操作。

另一种方便快捷的方法是使用 Ctrl+F11 组合键，可以达到同样的效果。

39. 如何输入大写中文数字

在一些特殊领域，例如银行等金融部门，经常需要输入中文的数字，一次两次可以，但是输入次数多了未免太麻烦了，这里介绍一种快速输入中文数字的方法：

执行“插入”菜单上的“数字”命令，在弹出的“数字”对话框中输入需要的数字，如输入 1231291，然后在“数字类型”里面选择中文数字版式“壹、贰、叁…… ”，单击“确定”，中文数字式的“壹佰贰拾叁万壹仟贰佰玖拾壹”就输入好了。

40. 输入公式中的上标和下标

以实例进行讲解。

例 1：同时输入上、下标，如图 1-2 所示。

$$A^{n}_{m+n}$$

图 1–2

方法为：

（1）进入公式编辑状态。

（2）按“公式”工具条上的“上标和下标模板”按钮，在随后弹出的下拉列表中，选择“上下标”样式。

（3）将光标定在“上标”位置上，输入上标“n”，然后将光标定在“下标”位置上，输入下标“m+n”，再将光标定在上、下标字符前面，输入字符“A”。

（4）退出公式编辑状态即可。

例 2：输入如图 1-3 所示的化学反应方程式

$$2KClO_3 \overset{MnO_2}{\underset{\blacktriangle}{==}} 2KCl+3O_2\text{(缺少)}\uparrow$$

图 1–3

方法为：

（1）进入公式编辑状态。

（2）输入字符“2KCLO”，按“公式”工具条上的“上标和下标模板”按钮，选择“下标”样式，输入字符“3”。

（3）按“公式”工具条上的“上标和下标模板”按钮，选择“顶标和底标”样式，在“顶标”位置上，输入字符“MnO”及下标“2”，在“底标”位置上输入特殊符号“▲”，在中间位置上输入“= =”。

（4）在“顶标和底标”后面输入字符“2KCL+3O”及下标“2”和“↑”。

（5）退出公式编辑状态。

41. 如何快速输入上下标

输入上下标的一般方法是在“字体”对话框中选中“上标”或“下标”来完成的，也可以通过单击工具栏上的上、下标按钮实现。其实我们可以使用快捷键来加速其输入。方法是：

创建上标：使用 Ctrl+“+”（加号）组合键，再按一次则撤销。

创建下标：使用 Ctrl+“－”（减号）组合键，再按一次则撤销。

42. 如何在文档中插入其他 Word 文件

有时候，用户需要将其他 Word 文件的所有内容插入到所编辑的文档中来。

方法为：

（1）移动光标到插入点。

（2）单击菜单“插入/文件”，弹出“插入文件”对话框。

（3）选择一个 Word 文档，单击“插入”按钮即可。

43. 在输入时如何去除自动添加的超链接

用户在文档中输入某个网站的地址（比如 www.sohu.com ）或者 E-mail（比如 abc123@sohu.com）后，Word 会自动给它们建立超链接。而如果此时用户不需要超链接，我们怎么消除它呢？

有两个方法可以实现：

（1）临时方法：在 Word 将网址或 E-mail 自动转换为超级链接域后，按下 Ctrl+Z 组合键，即可取消该自动转换。

（2）长期方法：执行“工具”菜单上的“自动更正选项”命令，在弹出的对话框中选择“输入时自动套用格式”选项卡中，去除“Internet 及网络路径替换为超级链接”复选框的选择。

使用此方法后，当用户再输入网址或 E-mail 地址时，Word 就不会自动将其转换为超级链接了。

44. 如何为文档添加批注

在平时的工作中我们经常要与同事共同完成一个文档，这时就需要把自己对文档的意见提出来供大家参考，以便大家协作完成文档。我们可以为文档添加批注。操作方法为：

（1）单击菜单“插入/批注”命令，在文档中出现一个批注条。

（2）在批注条中输入内容，提出自己的看法和意见。

而且，这些内容以清晰、易读的标记在原文档的左边显示，不会遮盖原文档或影响其布局。

45. 如何利用 F4 加快输入速度

用户在编辑文档时，有时候需要重复输入刚才输入的词或句子。这时我们就可以使用 F4 键来实现快速输入了。但要注意的是：输入重复的内容在输入英文和中文时，是有些差别的。

（1）对于英文输入，F4 重复的是上一次使用 F4 键后所输入的所有内容(包括回车换行符)。

（2）对于中文输入，选择正确的汉字后，只要不按回车键，汉字下面会有虚线，整个虚线上的内容作为一个词条。按回车后，再按 F4 键，重复的将是整个词条。

46. 如何使用“自动更正”功能加快输入速度

Word 提供“自动更正”功能的初衷是为了将用户输入的错误文字自动修改为预先设定的正确文字。而我们可以利用该功能将一些常用的长词组用简单词组代替，达到快速输入长词组的目的。

方法为：

（1）单击菜单命令“工具”/“自动更正”，弹出“自动更正”对话框，并选择“自动更正”选项标签。

（2）选中“输入时自动替换”复选框；在“替换”框中输入要更正的词语，如“中华”；在“替换为”框中输入“中华人民共和国”，单击“添加”按钮。

（3）单击“确定”按钮即可。

添加好词语后，无论在何时只要输入一个自动更正词语名(如“中华”)，再输入一空格或标点符号，Word 都将用正确的拼写（如“中华人民共和国”）进行替换，从而达到了我们所希望的快速输入长词组的目的。

47. 如何实现自动断字

有时候用户在接近行尾的时候输入一个较长的文字（比如一个很长的 URL 地址时），会使行的对齐方式自动改为两端对齐。这样，字符间出现了大片空白，那么如何防止这种现象的发生呢？方法为：

（1）单击菜单“工具/语言/断字”，弹出“断字”对话框。如果“断字”命令没有出现在“语言”子菜单中，则需要安装断字工具。

（2）选中“自动断字”复选框。

（3）在“断字区”框中，输入一行中最后一个单词末尾距右页边距的距离。需要注意的是：如要减少连字符的数量，应放宽断字区的大小；而如果要减小右边参差不齐的现象，应缩小断字区的大小。此后，在“连续断字次数限为”框中，输入可连续断字的行数。

最后单击“确定”结束操作。

48. 如何快速改变英文字母的大小写

在输入英文的过程中，用户会因为英文字的大小的不停转换而烦恼，利用 Shift+F3 组合键，可以方便地将英文在“全部大写”“全部小写”或“首字母为大写其余为小写”间进行切换。

方法为：

（1）将光标移到英语单词之中。

（2）按下 Shift+F3 组合键，字母的大小写就在三种方式中变换。反复按 Shift+F3 组合键，直到得到符合要求的字母大小写样式即可。

49. 如何用“域”来创建上划线

在 Word 的菜单命令“格式/字体”所弹出的“字体”对话框中，可以为文字添加下划线，却没有添加上划线的功能。我们可以使用“域”来为文字添加上划线。

方法为：

（1）将光标定位在需要插入带有上划线的文字处。比如我们要添加“上划线”三个字，并使它们有上划线。

（2）执行菜单命令“插入/域…”，打开“域操作”对话框。

（3）在“域名”栏中选择“Eq”，并单击下面的“域代码”按钮。

（4）在“域代码”栏中输入 \x\to（上划线）。这样“域代码”栏中就变成了“EQ \x\to(上划线)”。

（5）单击“确定”按钮即可在当前光标处显示所输入的内容。

提示!! Eq 和开关参数之间要用空格隔开。

50. 如何为文字添加拼音

有时候，在编写一些文档时，可能会遇到一些冷僻字，需要标注拼音方便其他用户阅读。Word 因此提供了为文字添加拼音的功能。

方法为：

（1）选中要添加拼音的文字。比如，要为“拼音”两字添加拼音。

（2）选择“格式/中文版式/拼音指南”，弹出“拼音指南”对话框。此时在“基准文字”栏中已显示出了用户所选定的文字。

（3）在下面的“对齐方式”选择框中，选择居中、左对齐、右对齐等，用来设定拼音与文字之间的位置关系。用户可以根据“预览”框中的显示效果，来选择一个合适的对齐方式。

（4）在“字体”选择栏中选择字体，用来选择拼音字符的字体样式，“字号”选择栏中选择字号大小，用来确定拼音字符的显示大小。单击“确定”按钮即可。

51. 如何快速输入汉语拼音中的韵母

接下来告诉读者一种快速输入汉语拼音中的韵母的方法：

（1）单击菜单命令“工具”/“自动更正选项”，出现“自动更正”对话框。

（2）去掉“句首字母大小”选项，在“替换”栏中输入“a1”，在“替换为”栏中输入“ā”。

> 提示!! 在“替换为”栏输入韵母时，可以利用软键盘中的“拼音”进行输入。

（3）最后单击“添加”按钮即可。

对于韵母的其他声调也可以进行类似操作，比如用 a2 代替、a3 代替、a4 代替等。

52. 如何用鼠标选定文档中的文本对象

在编辑文档时，往往需要选定文档中的某一部分作为操作的对象，而鼠标操作往往是最快捷方便的。用鼠标选择文档对象的方法为：

（1）如果对象是文字，那么在需要选定的文字之前按下鼠标左键，然后拖动鼠标。这时，被选择的文字呈“白字黑底”的反显状态。直到要选择的文字都变成反显状态，然后释放鼠标左键，即达到选定的目的。

（2）如果对象是一个词语，那么只要在该词语上双击鼠标左键，即可选定。

（3）如果对象是一行，那么只要在该行的行首，当鼠标呈现 时，按下鼠标左键，即可选定整行。

（4）如果对象是一个段落，那么只要在该段落的任意处连续按下鼠标左键三次，即可选定。

（5）如果对象是整个文档，那么只要按下快捷键 Ctrl+A，即可选定。

（6）如果要选定竖文本块时，那么只要在按下 Alt 键的同时拖动鼠标选择文本即可。

53. 如何用键盘选定文档中的文本对象

在如今，用户多数时候使用鼠标进行文本的选定。但有时候，在没有鼠标的情况下（比如鼠标坏了等），怎么办呢？幸好，用户还可以使用键盘来选定文本对象。方法如表 1-1 所示。

表 1-1

按键组合	选定范围
Shift+↑	上一行
Shift+↓	下一行
Shift+←	左侧一个字符
hift+/	右侧一个字符
Shift+Ctrl+←	单词开头
Shift+Ctrl+→	单词结尾
Shift+End	至行尾
Shift+Home	至行首
Shift+PageUp	上一屏
Shift+PageDown	下一屏
Shift+Ctrl+End	至文档结尾
Shift+Ctrl+Home	至文档开始
Shift+Ctrl+Alt+PageDown	至窗口结尾
Shift+Ctrl+Alt+PageUp	至窗口开始
Ctrl+A	全选

54. 如何同时选择多个文本区域

用户在 Word 中可以像在 Windows 窗口中选择多个文件一样来选中多个文档区域，这样可以大大提高工作效率。

方法为：按住 Ctrl 键，然后使用鼠标进行选择即可。

55. 如何快速选中文档中所有重复的单词

如果在一篇文档中多次使用了相同的单词，我们想一次全部选中它，然后对它的格式进行调整，那么方法为：

（1）单击菜单“编辑/查找”命令，弹出“查找和替换”对话框。

（2）在“查找内容”框中输入要查找的单词或词组，然后选中“突出显示所有在该范围找到的项目”复选框，并从列表中选择要进行搜索的文档部分，在此我们选择“主文档”。如图 1-4 所示。

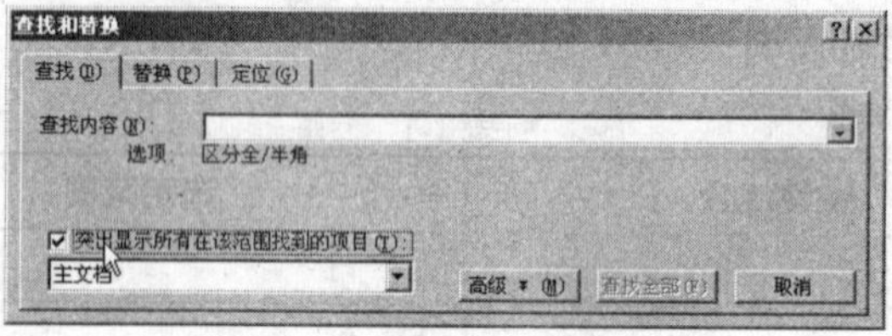

图 1-4

（3）单击“查找全部”按钮，程序就会自动选中所有相同的单词。

（4）单击“关闭”按钮后，就可以对选中的文本格式进行修改了。

56. 如何快速选择超过屏幕范围的文字区域

一般用户在选定超出屏幕范围的文字时，往往用的是鼠标拖动方法。但它的弊端显而易见：不容易选择。有时会因为屏幕滚动太快而多选。那么如何精确而又快速选择呢？

方法很简单：

（1）把光标定位到要选择的长文字的开始处。

（2）利用滚动条等方法找到长文字的结束处。

（3）按下 Shift 键，同时用鼠标在长文字结尾处单击即可。

此外，另一个操作可以达到同样的效果。它利用的是 Word 中的“扩展”功能。方法为：

（1）把光标定位到要选择的长文字的开始处。

（2）双击状态栏上的“扩展”。

（3）利用滚动条等方法找到长文字的结束处。

（4）在该结尾处单击鼠标即可选中。同时，“扩展”字样从“灰显”状态转化到“使能”状态，进入“扩展”输入模式。再次双击“扩展”则恢复到一般输入模式。

57. 如何使用 F8 功能键来快速选取文档

除了上面介绍的一些选取文本的方法外，我们还可以使用键盘上的 F8 功能键来完成文本的选取。将它与鼠标配合使用会使我们在选取文本时更加得心应手。

首先将鼠标定位在文档中的某个位子。然后进行如下的某个操作：

（1）按一下 F8 键：设置选取段落的起点。

（2）连续按两下 F8 键：选取一个字或词语。

（3）连续按三下 F8 键：选取一个句子。句子是以“。”、“？”、“！”为结束标志。

（4）连续按四下 F8 键：选取一个段落。

（5）连续按五下 F8 键：等于按下 Ctrl+A 组合键，全选。

如果想脱离选取模式，只要按一下 Esc 键即可。

58. 如何用“书签”快速定位到指定的位置

在编辑长文档的过程中，如果通过常用的办法来定位，会特别的麻烦。而使用“书签”可以直接跳转到所要的特定位置，而不需要通过查找等过程。使用该方法的前提是用户已经建立了“书签”。

方法为：

（1）单击菜单“编辑/定位”，弹出“查找和替换”对话框。

（2）在定位目标中选择“书签”。并选择需要定位的书签名称。

（3）单击“定位”即可将光标移动到该书签的地方。

59. 如何将光标在单词间进行快速运动

利用键盘来定位是一种比鼠标更快捷的方法。一些文档高手都是精通用键盘来编辑文档的。所以，用户可以通过利用键盘来快速定位文档。

用户在编辑文档时，往往是一个单词一个单词地进行编辑修改的，如果只用光标键“→”、“←”的移动会比较麻烦。那么，如何在单词间进行移动呢？方法很简单，用户只要使用“Ctrl+→”和“Ctrl+←”就可以在单词间进行快速的定位。

60. 如何将光标快速移动到屏幕窗口的顶部或底部

用户在编辑文档时，看到的只是文档中的一部分，也即屏幕所显示的部分。如果用户想让光标快速移动到屏幕窗口所显示的顶部或底部时，该怎么办呢？除了用鼠标或者单独使用方向键这些传统方法外，还有一种更快速简捷的方法。用户只要使用 Ctrl +Alt+PageUp 组合键和 Ctrl+Alt+PageDown 组合键就可以了。

61. 如何将光标在段落间快速移动

用户在编辑文档时，比如需要为一些段落进行不同格式的设置。那么，如何在段落间进行快速的定位成为用户的需求。方法很简单，只要使用 Ctrl+“↑”组合键和 Ctrl+“↓”组合键就可以让光标在段落间快速移动。

62. 如何快速翻页

使用普通鼠标浏览 Word 2003 长文档可以使用如下技巧：用鼠标“咬住”（即单击后按住鼠标左键）滚动块上下拖动，滚动块旁边会显示当前页码和标题等信息，页面内容也会随之上下滚动，对根据页码或标题查找文档等场合很适用。此外，也可以单击垂直滚动条下端的“上一页”或“下一页”按钮，以页为单位快速翻页。

63. 如何将光标移动到上页或下页的顶部

同样是键盘的快速定位操作，用户可以使用 Ctrl+PageUp 组合键和 Ctrl+PageDown 组合键就可以将光标移动到上一页或者下一页的顶部进行编辑。

64. 如何将光标快速定位到上一次修改的地方

用户往往会遇到这样的情况：在编辑长文档时，已经对文档很多地方进行了修改。突然又觉得还要修改上一次修改的部分，但上一次修改的地方可能离现在的编辑点很远了，也不容易找到。那么怎样才能快速找到它呢？Word 的功能果然强大，用户只要使用 Shift+F5 组合键就可以定位了。

65. 如何使用“选择性粘贴”中的“无格式文本”

用户在制作文档时经常会用到复制和粘贴的方法，但是直接粘贴的文本有时会出现不希望的格式，如从复制的网页文字粘贴到文档后，四周留下了表格边框；从其他文档粘贴过来的文字延续了源文件中的格式。通过“选择性粘贴”，我们可以让这些文字按照设置好的格式出现。

方法为：

（1）将需要的文字复制到剪贴板。

（2）执行菜单“编辑/选择性粘贴”，在弹出的对话框中选择“无格式文本”。

（3）单击“确定”按钮后，粘贴的文字就是无格式的，也就是说它会按照粘贴光标位置的格式出现。

66. 如何使用 Office 强大的剪贴板功能

一般情况下，剪贴板只能容纳一次拷贝或剪切内容。下一次就会覆盖前一次的内容。而用户往往会遇到如下几个问题：

（1）当某个对象需要多次用到时，为此需要每次重复执行复制粘贴。

（2）需要从其他文档中摘录多个对象分别粘贴到文档各个地方，为此只能在两个文档间频繁切换。

Word 针对以上问题，为用户操作“拷贝、剪切、粘贴”实现了强大的剪贴板功能。当用户不止一次地拷贝或剪切时，就会自动出现“剪贴板”对话框，如图 1-5 所示。

图 1–5

这个剪贴板对于 Office 中的其他程序，如 Excel、PowerPoint 等均可用，便于用户在不同的 Office 组件之间共享信息。下面是如何使用“剪贴板”对话框的方法：

（1）如果要全部粘贴剪贴板中的内容，只要单击“全部粘贴”按钮，即可粘贴到插入点。

（2）如果用户需要有选择的粘贴，只要移动到需要粘贴的对象，单击下拉箭头，就会弹出一个菜单，选择“粘贴”，即可将该对象粘贴到插入点。

（3）如果要清空剪贴板内容，按“全部清空”即可。

67. 如何取消智能的“自动编号列表”功能

在 Word 中有许多智能化的功能，为用户提供了不少的方便，但有些功能可能在一些编辑状态下并不需要。比如“自动编号列表”就是一例。

关掉此项功能的方法为：

（1）单击菜单命令“工具”/“自动更正选项”，弹出“自动更正”对话框。

（2）选择“输入时自动套用格式”标签。

（3）消除“自动编号列表”复选框中的复选标志（√），单击“确定”按钮。

68. 如何保留“版本”

对于反复修改过的重要文档来说，保留每次修改完成的版本有重要意义。

方法为：单击 Word 2003“文件”菜单下的“版本”命令，在打开的对话框中将“关闭时自动保存版本”选中，然后单击“确定”按钮。

以后每当编辑者关闭文档存盘时，Word 2003 就会自动创建一个版本。此后只要打开“××版本”（××是文件名），选中相应版本的文件名，单击“打开”就可以看到以前的文件了。

69. 如何选择自己喜欢的项目符号图案

如果用户对系统提供的项目符号不满意，可以选定更多的项目符号图案，甚至可以添加自己设计的图案。方法为：

（1）在“项目符号”选项标签中，单击“自定义”，弹出“自定义项目符号列表”。

（2）用户可以在项目符号字符中选择一个字符。效果可以在预览视图中进行查看，按“确定”结束。

此外，用户可以单击“图片”按钮，弹出如图1-6所示对话框，选择一个图案。如果要进一步，还可以单击“导入”，然后选择一个自己设计的图片文件作为项目符号的图案。

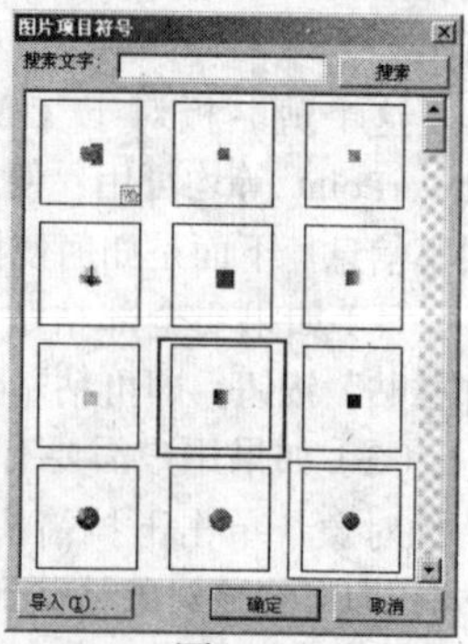

图 1-6

70. 如何自动切换键盘

如果编辑的文档经常混合输入中英文，那么人工切换语言和键盘会浪费不少时间。Word 2003的“自动键盘”切换功能能为你带来方便。

方法为：

（1）单击“工具”菜单下的“选项”命令，打开“选项”对话框。

（2）单击“编辑”选项卡，将其中的“自动键盘”切换项选中。

此后，Word 2003 就会根据光标插入点的语言自动切换键盘。假如你正在使用“五笔字型”输入汉字，只要将光标插入数字或英语单词中，键盘就会自动切换到“英语”。

71. 如何快速复制或移动对象

在文档中复制或移动对象时，可以使用如下几种方法：

方法 1：选中需要移动的对象，按下 F2 键。然后使用↑或↓键将光标移到插入点，敲回车键即可完成插入，此法很适合跨页长距离移动对象。

方法 2：首先选中要移动或复制对象，然后将鼠标指针移至对象上面，按住鼠标左键将它拖至竖直虚线指示的位置即为移动。若按住 Ctrl 键用鼠标左键将对象拖至竖直虚线指示的新位置则为复制。此法适用于近距离移动对象。

方法 3：如果要在长文档相距较远的两个插入点之间移动或复制对象，可将鼠标指针指向垂直滚动条顶部的拆分框处。当指针变为双向光标时，将拆分栏拖动到所需位置。滚动上半个窗口选定对象，再按上面介绍的方法拖动对象穿过拆分栏到达插入点。完成后双击拆分栏返回原窗口。

72. 如何快速查看选定文字的所有格式

用户有时要查看文档中的一些文本或段落的格式。调用“字体”或“段落”对话框来进行查看，虽然是一种方法，但速度不够快，而且不能同时显示字体格式和段落格式。Word 2003 提供了一个快速查看文本和段落格式的功能。

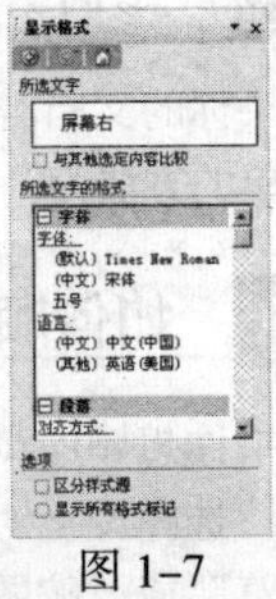

图 1-7

方法为：

（1）选中或定位需要查看的文本或段落。

（2）单击菜单“格式/显示格式”，即在屏幕右侧弹出“显示格式”对话框。如图 1-7 所示。用户就可以浏览所选定文本的当前格式了。

73. 如何用剪贴板的内容进行替换操作

用户使用的替换，往往都是用文字替换文字，实际上从 Word 2003 开始，用户已经可以使用图片、表格等进行替换了。

方法为：

（1）将需要进行替换的图片或表格等对象复制到剪贴板。

（2）执行“编辑”菜单上的“替换”命令，在弹出的 “替换”对话框中的“查找内容”框中输入要被替换的文字。

（3）将光标移入“替换为”框中，再单击“特殊字符”按钮，在菜单中选择“‘剪贴板’内容”。

（4）单击“替换”或“替换全部”按钮后，就可以完成操作了。

74. 如何用格式刷实现多次复制功能

格式刷的用法相信广大用户都会，但是每次只能调整一次格式是不是很不方便呢？

其实只要双击“格式刷”按钮，用户就可以将选定格式复制到多个位置。

方法为：

（1）选择需要复制的对象。

（2）双击“格式刷”按钮。

（3）选择需要应用的对象上，如此反复即可。

（4）再次单击格式刷或按下 Esc 键，或使用 Ctrl+Z 组合键，即可关闭格式刷。

75. 如何开始新页

如果你的文档需要开始一个新的页面，不必连续敲回车直到看到新的页面。简单的方法为：按住 Ctrl 键后按 Enter 键，一个新的页面就出来了。

76. 如何顺序浏览对象

如果你想顺序浏览文档中的标题、图片等对象，可以单击垂直滚动条下端的“选择浏览对象”按钮。选择其中的某种浏览方式单击，例如“按标题浏览”或“按图形浏览”。此后，“选择浏览对象”按钮上下的两个按钮就会变成蓝色，单击它们就可以顺序浏览刚才选中的对象了。

77. 如何一次性撤销先前的多个操作

用户在操作过程中，误操作在所难免，尤其在排版的时候，希望恢复到操作前的状态。这就需要使用撤销功能。

撤销的方法为：

（1）单击菜单“编辑”，选择“撤销”命令，或按下 ，或 Ctrl+Z 组合键，即可实现撤销。

（2）如果用户需要恢复到几个操作以前的状态，可以连续使用撤销命令。

用户可以使用 的下拉箭头一次性实现撤销多个操作的功能，方法为：

（1）单击下拉箭头，弹出如图 1-8 所示菜单。

（2）选择需要撤销的命令，此时，需要撤销的多个命令都会高亮度显示，单击鼠标即可实现一次性撤销操作。

图 1–8

78. 如何在多个文档间利用拖放实现复制和剪切功能

用户可以打开多个文档窗口，利用拖放功能实现复制和剪切。

方法为：

（1）打开多个文档窗口，用“窗口/全部重排”命令将窗口重新排一下（即每个窗口都可见）。

（2）在一个文档中选中需要移动的文本，按住鼠标左键将其直接拖到另一个文档中松开，即完成该文本的剪切。如果在拖放的同时按住 Ctrl 键，则完成文本的复制。

79. 如何同时浏览文档的不同部分

用户在操作中，可能需要在同一个文档中的两个不同位置进行浏览和编辑。如果只有一个窗口，势必会在两个位置间进行不停的切换。这样会浪费不少时间。那么如何能同时浏览同一文档的不同部分呢？方法有好多种，但效果都是一样的，可谓“异曲同工”。

具体方法为：

（1）新建窗口法。

①单击菜单“窗口/新建窗口”，此时创建了一个单独的窗口。

②单击菜单“窗口/全部重排”。这样，新旧两个窗口就会同时出现在屏幕上。

③用户分别在两个窗口中定位到需要浏览或编辑的不同地方，就可以编辑了。

（2）拆分窗口法。

①单击菜单“窗口/拆分”，此时在屏幕上出现了一条拆分线。

②用户将拆分线移动到需要拆分的地方，单击鼠标。这样，窗口就被拆分为两个窗口。

③用户分别在两个窗口中定位到需要浏览或编辑的不同地方，就可以编辑了。

80. 如何快速删除文档中大量重复无用的文字

对于文档中重复出现多次的文字，如果一个个删除它，既费时又费力。我们可以利用替换功能来实现一次性删除。

方法为：

（1）单击菜单“编辑/替换”，弹出“查找和替换”对话框。

（2）在“查找内容”框中输入要删除的文字，将“替换为”框设为空，按“替换”按钮可以逐个删除。如果按“全部替换”按钮则一次性删除所有的重复文字。

81. 如何利用“替换”快速修改多个文本对象的格式

在编辑文档时，我们有时希望修改文档中多处出现的文本的格式。如果一个一个去修改，显然会浪费很多时间。其实我们可以利用“替换”功能来实现一次性修改格式。

方法为：

（1）执行菜单命令“编辑/替换”，弹出“替换”对话框。

（2）在“查找内容”中输入要修改的文本。比如要修改“文档”

一词。

（3）在“替换为”中同样输入该文本，然后单击“高级”选项，再单击“格式”按钮，选择“字体”选项。然后设置字体格式，最后单击“全部替换”即可。

82. 如何使用 Insert 键实现粘贴功能

我们可以使用 Insert 键实现粘贴。

方法为：

（1）单击菜单命令“工具/选项”，弹出“选项”对话框。

（2）在“选项”对话框中，单击“编辑”选项标签。

（3）在“编辑选项”框下，选中“用 Ins 键粘贴”复选框。

（4）单击“确定”按钮即可启动该功能。

83. 如何将常用的字体添加为工具栏上的按钮

对长文档的编辑是一项很复杂的工作。有时用户需要重复设置字体，如果利用菜单命令甚至是“字体”下拉菜单，也会使操作过程显得繁琐。此时，我们可以把常用的字体作为按钮添加到工具栏上。

方法为：

（1）单击菜单“视图/工具栏/自定义”，弹出“自定义”对话框。

（2）选择“命令”标签。

（3）在类别中选择“字体”，随后在右测一栏中选择需要的字体，比如“黑体”，然后把它拖动到工具栏上。此时，工具栏上就添加了一个字体按钮（比如“黑体”按钮）。如图 1-9 所示。

图 1-9

84. 如何自由快速地改变字体的大小

一般情况下，用户是利用菜单命令弹出“字体”对话框来设置字体的。操作有点繁琐，那么如何更快捷地调整字体大小呢？

方法为：

（1）选中需要改变的文字。

（2）按 Ctrl+“]”键即可增大字体； Ctrl+“[”键则可缩小所选文字。

85. 如何无限制地改变字体大小

缩放文字的大小，一般情况下可以通过工具栏上的字号栏进行选取。但我们发现，此方法是有其局限性的。其中，中文字体只能在初号到八号之间选取，英文字体的磅值也只能在 5 磅到 72 磅之间选取。这不能满足打印超大字体的要求。难道没有办法解决了吗？

方法为：

（1）执行菜单命令“工具/自定义”，弹出“自定义”对话框。

（2）选取“命令”标签，在左侧“类别”列表框中选取“所有命令”，在其右边“命令”列表框中找到 “ShrinkFont”和“GrowFont”命令，并将它们拖放到工具栏上。这两个命令可以将文字的大小无限制地缩放，前者是以当前设置值的 10%缩小所选文字的字号，后者是以当前设置值的 10%增大所选文字的字号。

提示!!

还可以把“命令”列表框中的“ShrinkFont one point” 和 “GrowFont one point” 这两项命令拖放到工具栏上。它们执行的命令分别是将所选文字减小一磅和增大一磅。

86. 如何输入空心字

有时可能由于特殊视觉的要求，我们在创建大字号的文字时要创建有空心样式的字体。那么该如何操作呢？方法为：

（1）选择需要设置为空心字的文字。

（2）单击菜单“格式/字体”，弹出“字体”对话框。

（3）在“效果”栏中选中“空心”。

（4）单击“确定”结束操作。最后的效果如图 1-10 所示。

图 1-10

87. 如何使文本具有荧光笔的效果

用户在阅读书本时往往会在重要的词组或句子上涂上不同颜色的荧光笔，以突出显示。同样，Word 为用户阅读 Word 文档时提供了类似的功能。如何使用它呢？方法为：

（1）选中需要突出显示的词组或句子，比如“操作系统”。

（2）单击工具栏上的“荧光笔”按钮，完成操作。此时词组或句子就突出显示了。

此外，可以单击按钮旁边的下拉箭头，改变“荧光笔”的颜色。

88. 如何为文本添加着重号

在平时的阅读文章中，读者会使用“着重号”来标记重要的单词。同样，在阅览电子文档时，我们也可以利用 Word 提供的该功能来标记词组。

方法为：

（1）选中需要设置着重号的单词或句子。

（2）单击菜单“格式/字体”，弹出“字体”对话框。

（3）选择“着重号”栏中的“.”。

（4）单击“确定”按钮结束操作，效果如图 1-11 所示。

图 1-11

89. 如何设置文字的动态效果

Word 可以为文字设置一些动态效果。

方法为：

（1）选定需要设置效果的文字。

（2）单击菜单“格式/字体”，弹出“字体”对话框，选择“文字效果”选项标签。

（3）在打开的对话框的“动态效果”栏里选择需要的动态效果。

（4）最后单击“确定”按钮完成操作。

90. 如何为文本添加边框和底纹

为文本添加边框和底纹是另一种行之有效的文本修饰和突出显示方式，方法为：

（1）选定要为之添加边框或底纹的文本。

（2）单击菜单“格式/边框和底纹”，弹出“边框和底纹”对话框，如图 1-12 所示。

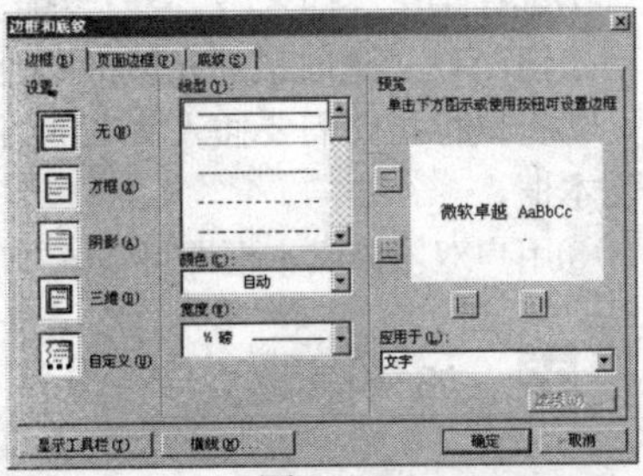

图 1-12

（3）在“边框”选项标签中，可以为文本设置边框的线型、颜色和宽度；在“底纹”选项标签中，可以为文本设置底纹的样式和颜色。

> **提示!!** 如果要快速并以默认方式设定边框和底纹，可以使用工具栏上的 A A 按钮，它们分别是为文本设置边框和底纹的。

91. 如何输入竖排文字

Word 支持中文竖排。这里的竖排有两种选择，即“页面竖排”和“文本框竖排”。下面分别讲述如何设置。

（1）页面竖排。页面竖排就是将文档的整个页面乃至整个文档的正文内容，都以“古书”形式固定下来。一旦把页面或者整个文档改为竖排，Word 会使工具栏上与其相关的按钮也都发生了变化。如“左对齐”按钮变成了“顶端对齐”按钮，而“右对齐”按钮变成了“底端对齐”按钮。它的操作方法为：

①打开需要设置成竖排格式的文档。

②选择“格式/文字方向”，弹出“文字方向”对话框。如图 1-13 所示。

③在该对话框上的“方向”框中，选择所需要的文字排列方式，用户可以在旁边的“预览”栏中看到变换后的效果。最后单击“确定”按钮结束操作。

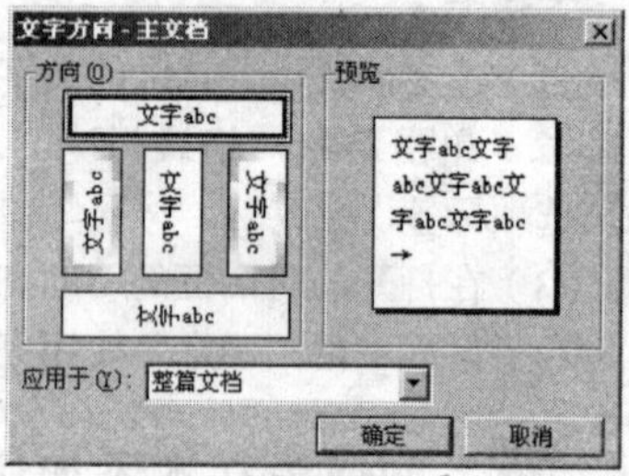

图 1-13

（2）文本框竖排。若需要将文档中的某一部分文字进行竖直排版，则应该使用“垂直文本框”来进行排版。其操作方法为：

①选择菜单“插入/文本框/竖排”，或者使用绘图工具栏上的“竖排文本框按钮”，这时鼠标光标将变为十字形。

②将鼠标指向需要插入文本框的位置上，按住鼠标左键拖动，拉出一个文本框。

③用户双击该文本框即可输入文字。

92. 如何隐藏文字

用户有时候在编辑一些特殊文档时，比如试卷时，需要在其中加入参考答案或者注解。这些答案是仅供老师使用的，在打印供学生使用时是不需要的。那如何设置这些需要隐藏的答案呢？方法为：

（1）选定需要隐藏的文本。

（2）单击菜单“格式/字体”，弹出“字体”对话框。

（3）选择“隐藏”复选框，单击“确定”按钮完毕操作。

若要显示隐藏文字，在“格式”工具栏上单击“显示”按钮。

在打印时，默认情况下是不打印隐藏的文字的。若要打印隐藏文字（比如试卷是供老师使用的），那么单击菜单“文件/打印”，单击“选项”按钮，然后选中“隐藏文字”复选框，最后单击“确定”按钮，就可以打印隐藏文字了。

93. 如何快速取消项目编号格式

当我们在文档中输入了项目编号 1，并回车之后，Word 会自动生成项目编号 2、3、4 等。Word 中的这个功能在一般情况下自然给我们带来了很多方便之处，但有时，我们并不需要这样的功能，而想取消这些项目编号，该怎么操作呢?

方法为：

（1）将文档全选，并剪切，再进行粘贴。

（2）这时在 Word 中出现了智能标记。选择其中的“仅保留文本”选项，即可快速取消项目编号。

94. 如何快速生成大量编号

下面通过举例来解释如何快速生成大量编号，比如我们要产生 1~900 的编号。具体操作如下：

（1）执行菜单命令“表格/插入/表格”，弹出“插入表格”对话框。

（2）输入需要的行和列，我们输入 30 和 30（或者 1 和 900 等）。

（3）选中整个表格，执行“格式/项目符号和编号”菜单命令，弹出“项目符号和编号”对话框。

（4）选择“编号”标签，并根据自己的需要选择一种编号形式，单击“确定”。此时电脑自动生成编号，可能需要一段时间。

（5）生成编号后，选中整个表格，用 Ctrl + X 组合键剪切整个表格，然后执行命令“编辑/选择性粘贴”，弹出“选择性粘贴”对话框。

（6）选择其中的“无文本格式”，这样，就会在文档中直接粘贴上编号，而不会出现表格。

最后对这些编号进行适当的调整，结束操作。

95. 怎么使文字变为图片

大家都知道“艺术字”工具能生成图片格式的文字，殊不知“选择性粘贴”也有这种功能。方法为：

将需要做成图片的文字放入剪贴板，新建一个空白文档后打开“选择性粘贴”对话框。选中其中的“图片”或“图片（增强型图元文件）”，单击“确定”按钮。粘贴至 Word 文档的文字即成为图片，可以像普通图片那样进行各种加工。

96. 如何进行中外文字互译

Word 2003 的翻译功能有了很大的进步，不仅提供了更加方便的“翻译”任务窗格，而且翻译词语的准确性大大提高，并且能通过 Web 进行翻译。

以英文翻译成中文为例。

（1）打开“翻译”任务窗格，选中“翻译内容”下的“当前选择范围”。

（2）再打开“词典”选择“英语（美国）到中文（中国）”，最后单击“浏览”按钮，就可以在结果列表框中看到所有词义。

（3）选中其中比较合适的翻译结果，单击“替换”按钮，就可以将文档中的中文替换为英文。

97. 如何将文字分拆开

某天，一位朋友打电话给笔者，说在用 Word 排试卷时遇到一个难题，如何按要求将汉字分解成单独的笔画。这的确有些棘手，因为通常情况下，用五笔输入法只能输出组成汉字的基本字根，要这样随心所欲地拆分汉字还真没辙。

使用 Word 就能轻松完成这项工作。

（1）启动 Word，新建一空白文档。

（2）在工具栏旁单击右键，从快捷菜单中选“自定义”命令。

（3）在弹出的“自定义”对话框的“命令”选项卡左侧“类别”列表中单击“绘图”，然后从右侧的命令列表中找到“分解图片”命令，将其拖至工具栏中备用。

（4）单击绘图工具栏中的“插入艺术字”工具，选择默认的第一种艺术字样式，即空心字。

（5）在“编辑艺术字文字”对话框中输入需要拆分的汉字，如“林”字，确定所需的字体与字体大小（如楷体）后，单击“确定”按钮。

（6）将“林”字选中剪切。

（7）单击菜单“编辑”/“选择性粘贴”命令，在打开的对话框中选中“图片”类型，然后单击“确定”按钮。

（8）将粘贴后的文字选中，单击工具栏中的分解图片按钮（在步骤（3）中通过自定义命令拖入的），使文字分解。

（9）将分解后的“林”字复制五个并分别拖至适当的位置，将多余部分删除。

（10）按住 Shift 键，将文字全选后填充颜色，同时为防止移位，将它们组合为一个对象。

至此，文字就被分拆开来了。

提示!! 插入的艺术字字体最好选楷体，因为其他字体拆分的效果都不如楷体。艺术字样式应选空心字，剪切后，选择性粘贴的格式应选“图片”，分解后再填充颜色。

98. 如何快速绘制水平线

如果你的 Word 2003 文档需要绘制水平线，可以采用下面的技巧：

在段首开头连续输入三个特殊字符，然后按 Enter 键，就可以画出漂亮的水平线。例如连续输入三个“=”（等号）回车，可以画出一条双实线；连续输入三个“×”（乘号）回车，可以画出一条点划线；连续输入三个“-”（减号）回车，可以画出一条单实线。

如果上述技巧不能生效，单击“工具”菜单中的“自动更正选项”命令打开对话框，将“单击输入时自动套用格式”选项卡中“输入时自动应用”下的“框线”项选中即可。

99. 如何重复查找字符

在长文档中查找某个重复字符时，如果找到的字符位置不合适，需要连续单击“查找”选项卡中的“查找下一个”按钮。

要提高重复查找的效率的方法为：第一次单击“查找下一个”按钮以后，如果需要继续查找，单击垂直滚动条下端的“前一次查找/定位”或

"下一次查找/定位"按钮即可。这两个按钮不仅可以向前或向后查找，甚至在"查找"对话框关闭以后也能查找，使用起来非常方便。

100. 如何插入文档水印

Word 2003 可以在文档中插入图片或文字两种水印，只要单击"格式/背景"子菜单下的"水印"命令，就可以在对话框中执行添加水印的操作。如果要将一幅图片作为水印插入，可以选中对话框内的"图片水印"项，根据需要设置"缩放"并选中"冲蚀"。然后单击"选择图片"按钮打开对话框，选择所需图片后单击"确定"即可。如果要插入文字水印，就应选中对话框中的"文字水印"，然后在"文字"下拉列表中选择或输入所需文本。再根据需要设置"字体"、"尺寸"等选项，完成后单击"应用"按钮，即可在页面视图中看到水印效果。

101. 如何清除下划线

当我们输入类似 http://www.sohu.com 的超级链接地址时，Word 2003 就会自动给它加上下划线。如果你不喜欢下划线被打印出来，可用以下两种方法清除：

方法 1：使用 Shift=左右光标键（不能用鼠标，鼠标会将其激活）选中超级链接，再按住 Ctrl 键连敲两次 U 键即可。

方法 2：使用鼠标右键单击超级链接，从弹出菜单中选中"取消超链接"。

提示!! 以上两种方法的区别在于，前者仅去掉了下划线但仍具有超级链接的功能，鼠标单击仍可将其激活。后者则成为普通文本，鼠标单击后不再被激活。

102. 如何返回编辑位置

Word 2003 能跟踪输入或编辑过程中的最后三个插入点。

如果想回到前次的编辑位置，可按键盘上的 Shift+F5 组合键。连续按该组合键，可使光标在最后编辑过的四个插入点之间循环。

103. 如何取消自动编号

Word 2003 的项目符号或自动编号功能非常有用，但用户不是任何时候都需要这一功能，令这一功能消失又会带来不便。

如果要避免项目符号或自动编号的出现，只要在新的一行开始前按下 Shift 键回车即可。以后只要不按 Shift 键回车，项目符号或自动编号就会重新出现。或者连续敲两次回车，Word 2003 就会知道你不需要项目符号或自动编号，从而取消新行前的项目符号或自动编号。

如果没有按 Shift 键直接回车，项目符号或自动编号的就会出现，此时只要按 Ctrl+Z 组合键，就可以取消已经出现的项目符号或自动编号。

104. 如何选中长文本

用鼠标选中长度超过一页的文本往往难于控制，用下面这种办法却可以解决这样的问题：

（1）用鼠标单击待选中文本的开始位置。

（2）拖动竖直滚动块向下（向上）滚动文档，直到看到文本的结束部分时停止拖动。

（3）按住 Shift 键，用鼠标单击要选中文本的结束位置即可。

105. 如何节约页面空间

Word 用户都喜欢在页面视图中编辑文档，可惜页与页之间的空白会浪费显示空间。

Word 2003 对此做了一点改进，如果将光标放到两页文档交界的空白处，可以显示“隐藏空白”的提示，如图 1-14 所示。单击鼠标即可将空白去掉，显示一条黑线，如图 1-15 所示。再次单击该处即可恢复原有的空白。

图 1–14

图 1–15

106. 如何重复输入内容

如果你需要在 Word 2003 重复刚才输入的内容，包括文字、插入的图形等，可以在输入结束后按 F4 键。例如，你要输入“宝贝”，可以在输入“宝贝”后按 F4 即成为“宝贝宝贝”。

此外，也可以按 Ctrl+Y 组合键进行重复输入。假如你输入“人”后按

Ctrl+Y 组合键，即可再次输入一个“人”。只要输入结束后你没有执行“撤销”操作，就可以用这种方法连续输入重复内容。

107. 叠字轻松输入

在汉字中经常遇到重叠字，比如“爷爷”、“奶奶”“高高兴兴”等，在 Word 中输入时除了利用输入法自带的功能快速输入外，还有没有其他办法轻松进行输入呢?

有，方法为：按键盘上的 Alt+Enter 组合键，便可轻松输入，如在输入“爸”字后，按组合键 Alt+Enter，便可再输入一个“爸”字。

108. 快速输入省略号

在 Word 中输入省略号时经常采用单击“插入”/“符号”菜单命令的方法，请问有没有办法进行快速输入呢?

有，方法为：在要输入省略号时按下 Ctrl+ Alt+“.”组合键便可快速得到，并且在不同的输入法下都可采用这个方法快速输入。

109. 如何快速删除单词或句子

在 Word 中，有没有快捷方法删除其中的英文单词或汉字句子呢?

有，根据光标所在位置的不同，可利用下面的方法快速完成删除。当要删除光标前的英文单词或汉字句子时，可按键盘上的 Ctrl+BackSpace 组合键进行；而要删除光标后的英文单词或汉字句子时，可按键盘上的 Ctrl+Del 组合键进行。

110. 如何使输入法自动切换

在输入中、英文及数字等混合的文件时，若预先设置好相应输入法，则可大大提高工作效率。

方法为：

（1）单击“工具”菜单下的“选项”命令。

（2）在出现的对话框中单击“编辑”选项卡，选择“‘自动键盘’切换”复选框，然后单击“确定”按钮，结束操作。

以后 Word 就会根据光标插入点的语言自动切换输入法。

111. 如何快速输入 MS-DOS 中的内容

在 Word 录入时，有时需把 MS-DOS 窗口中的内容复制到 Word 文件中，很多用户可能采用按照 MS-DOS 的样式进行录入，其实可以利用方法巧妙输入。

方法为：

（1）首先启动 Word。

（2）打开 MS-DOS 窗口，直接在该窗口内单击鼠标右键，从出现的菜单中选择“标记”项，然后通过键盘上的光标移动键或者直接利用鼠标拖动选中需复制的内容，再按键盘上的 Ctrl+C 组合键进行复制。

（3）复制完毕，返回 Word 窗口，把插入点移到需要所要插入的位置，然后按键盘上的 Ctrl+V 组合键，即可把 MS-DOS 窗口中选定的内容粘贴到 Word 文件中。

1-2　文本输入、编辑故障排除速查

1. 无法使用“即点即输”功能

分为以下几种情况进行处理：

（1）启用“即点即输”功能：单击“工具”菜单中的“选项”命令，再单击“编辑”选项卡，选中“启用‘即点即输’”复选框，然后单击“确定”按钮。

（2）切换到页面视图或 Web 版式视图：不能在下列视图中使用“即点即输”功能：普通视图、大纲视图和打印预览。

（3）启用“即点即输”指针：在文档中，指向空白区域，然后单击就可以启用“即点即输”指针。移动“即点即输”指针时，指针的形状表明了将对插入内容应用的格式设置。例如，如果指向页面中心，指针形状表示内容将居中放置。

（4）确保在文档中双击：如果只是单击，“即点即输”功能不会将插入点移动到指定的位置。

（5）只在可以使用“即点即输”功能的空白区域内插入内容：不能在下列区域内使用“即点即输”功能：多栏、项目符号和编号列表、浮动对象附近、具有上下型文字环绕效果的图片的左侧或右侧，或者缩进的左边或右边。

（6）用“表格”工具创建并排表格：不能用“即点即输”功能在已有表格的旁边插入表格。

（7）退出录制宏状态：不能在录制宏时使用“即点即输”功能。

2. 没有用波形下划线标记拼写和语法错误

首先，请确认已经打开“自动拼写和语法检查”功能。然后，在文档中输入文字。拼写和语法检查工具将检查新输入的文字和原有文字，并用波形下划线标记可能的错误。如果没有看到波形下划线，请确认已经显示波形下划线。

3. 看不到“文档结构图”

（1）可能已经切换到了其他视图：只能在当前视图中看到“文档结构图”。如果切换了视图，必须在新视图中重新显示“文档结构图”。

（2）可能打开了其他窗格：如果打开其他窗格（如脚注或批注窗格），Word 将暂时隐藏“文档结构图”。关闭窗格后，“文档结构图”会重新显示出来。

（3）可能已经添加了框架页：如果文档内含有框架页，“文档结构图”必须显示在独立的窗口中，而且只能显示活动框架的“文档结构图”。

提示!!

如果要再次显示“文档结构图”，可单击“文档结构图”按钮。

4. 单词的首字母被自动改为大写

在默认情况下，“自动更正”会将每个句子的第一个字母改为大写。例如，“自动更正”会将跟在句号之后单词的首字母以及列表或表格列中单个单词的首字母设置为大写。如果不需要“自动更正”设置字母的大写，请尝试以下的解决方法：

（1）关闭“句首字母大写”选项。单击“工具”菜单中的“自动更正”命令，在打开的对话框中选中或清除对话框中的前四个复选框，然后单击“确定”按钮即可。

（2）撤销一个特定的大写更正。当“自动更正”进行了不必要的更正时，则单击“常用”工具栏上的“撤销”按钮，或按 Backspace 键删除整个更正结果并重新输入该单词。

5. Word 无法查找或替换某些图形或对象

Word 不能查找或替换浮动对象、具有“艺术字”效果的文字和图形对象。但是，如果将浮动对象改为嵌入对象，则可以对其进行查找或替换。

将浮动对象改为嵌入对象的方法为：单击图片，然后单击“格式”菜单中的“图片”命令，在打开的对话框中单击“版式”选项卡，接着选择“环绕方式”下的“嵌入型”，最后单击“确定”按钮。

6. 拼写检查工具没有更改所有出现的拼写有误的单词

如果要集中检查所有的拼写，可以单击“拼写和语法”对话框中的“全部更改”来更改每一个拼写错误的单词，如图 1-16所示。如果在整篇文档检查完毕之前关闭了该对话框，拼写检查工具将不会更改没有检查的部分中的错误。

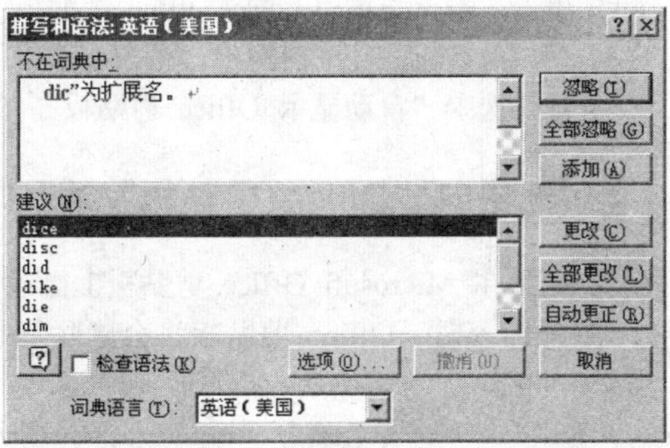

图 1-16

7. 已将单词添至自定义词典，但拼写检查工具仍认为该词有错

使用自定义词典检查拼写前，必须先将其激活。

激活自定义词典的方法为：

（1）单击“工具”菜单中的“选项”命令，然后单击“拼写和语法”选项卡。

（2）单击“词典”按钮。

提示!! 如果需要激活的自定义词典不在“自定义词典”对话框中，则单击“添加”按钮，在“文件名”对话框中输入需要添加的自定义词典的文件名，然后单击“确定”按钮。

（3）在打开的“自定义词典”对话框中，选中每个要激活的词典旁边的复选框，然后单击“确定”按钮。

这样，下次进行拼写检查时，Microsoft Word 就会使用所有激活的自定义词典。

提示!! ① 一次最多可以激活 10 个自定义词典。
② 确保已清除了“拼写和语法”选项卡中的“仅根据主词典提供建议”复选框。

8. 当复制某项时 Office 剪贴板没有自动显示

（1）单击“编辑”菜单上的“Office 剪贴板”。

（2）在“剪贴板”任务窗格中，单击“选项”。

（3）确认选中“自动显示 Office 剪贴板”。

9. 无法向“Office 剪贴板”添加其他项

（1）如果在 Microsoft Office 剪贴板上已经有 24 项内容，当复制了多于 24 项内容时，Office 剪贴板将会删除复制的第一项，然后收集第 25 项。

提示!! 在关闭计算机中运行的所有 Office 程序之前，收集的项目将保留在 Office 剪贴板中。

（2）若要再次复制项，则要删除某些项，或单击“剪贴板”任务窗格上的“全部清空”。

（3）在 Office 剪贴板上可能有较大的项。如果向 Office 剪贴板复制较大的项，剪贴板可能会停止向其中添加项，即使少于 24 项。如果系统内存少于 64 MB，Office 剪贴板可以包含最多 4 MB 的数据，如果大于等于 64 MB，则可以包含 8 MB 的数据。

（4）若要再次复制项，请删除某些项，或单击“剪贴板”任务窗格上的“全部清空”。如果单个项大于 4 MB 或 8 MB，则无法复制到 Office 剪贴板上。

（5）试图复制含有不支持格式的项。某些项无法复制到 Office 剪贴板，因为它们所包含的格式不受支持。

10. 复制项时看不到 Office 剪贴板屏幕提示

（1）如果任务窗格中未显示 Microsoft Office 剪贴板，请单击“编辑”菜单上的“Office 剪贴板”。

（2）在“剪贴板”任务窗格中，单击“选项”，确认选中“复制时在任务栏附近显示状态”。

11. “收集”和“粘贴”为活动时没有显示“Office 剪贴板”图标

检查以下一种或几种可能性：

（1）显示 Office 剪贴板图标的选项可能已关闭。

如果任务窗格中未显示 Microsoft Office 剪贴板，则单击“编辑”菜单上的“Office 剪贴板”，在“剪贴板”任务窗格中单击“选项”，然后确认选中“在任务栏上显示 Office 剪贴板的图标”。

（2）收集项时显示状态消息的选项可能已关闭。

12. 所复制的项看起来与 Office 剪贴板剪辑管理器中有所不同

例如在使用 Unicode 文本的某些情况下，剪辑管理器中显示的图像看上去有轻微的更改。这是由于剪辑库中的文本通常使用默认系统字体显示，有代表性的是 Tahoma 字体。在从剪辑库粘贴项时，将还原正确的格式和字体信息。

13. Office 剪贴板不可用

在无法使用“复制”、“剪切”和“粘贴”命令的任何地方或者 Visual Basic 编辑器中，“Microsoft Office 剪贴板”均不可用。

14. Office 剪贴板上的“全部粘贴”按钮不可用

在无法使用“复制”、“剪切”和“粘贴”命令的任何地方或者 Visual

Basic 编辑器中，“全部粘贴”和“Microsoft Office 剪贴板”中所收集的项目都不可用。

15. 为何输入的时候文字会消失

在默认的情况下，在一行中间输入的新文字会插入到原有文字当中。如果在输入的时候，原有的文字消失了，改写模式可能被打开了。

（1）在“工具”菜单上，单击“选项”，再单击“编辑”选项卡，然后清除“改写模式”复选框。

（2）也可以双击状态栏中的“OVR”来打开或关闭改写模式。

> 提示!!
> ①改写，就是用新输入的字符替换现有字符。改写模式打开时，状态栏中会显示 OVR。
> ②状态栏就是屏幕底部的水平栏，其中显示有关程序当前状态的信息，如窗口中项目的状态，当前任务的进程，或有关选定项目的信息。

16. 单击鼠标或按下一个键时，自动选定文本

这可能是打开了“扩展式选定”模式的缘故。在这种方式下可通过单击鼠标或按下定位键选定文字。当该方式被激活时，在状态栏会出现“扩展”字样。若要取消扩展选定方式，则按 Esc 键，然后在文档中的任意位置单击。

17. 选定段落中的文本时，自动选择了段落标记

在默认方式下，选中段落中的所有文本时自动选择段落标记，该设置确认段落格式与文本一起复制。

若要更改该设置，方法为：

在“工具”菜单上，单击“选项”，再单击“编辑”选项卡。

选中或清除“使用智能段落选择范围”复选框。

> 提示!!
> 所谓的段落标记，就是按 Enter 键结束一个段落后，Microsoft Word 插入的非打印符号。段落标记存储应用于段落的格式设置。

第 2 章

文件管理应用与故障处理速查

本章内容

2-1 文件管理应用技巧速查

1. 什么是文档属性

文档属性是关于一个文件的详细信息，可用于帮助识别该文件。例如描述性的标题、作者名、主题以及标识主题或文件中其他重要信息的关键词。使用文档属性可显示有关文件的信息或者帮助组织文件，以便今后更加容易地找到它们。还可以基于文档属性来搜索文档。

2. 如何设置文档属性

可以为在任何一个 Microsoft Office 应用程序中使用的活动文件设置文档属性。

如果要让系统提示你为所创建的每个文件设置文档属性，则可以让 Microsoft Excel、Word 或 PowerPoint 在首次保存文件时自动显示“属性”对话框。

将文件添加到文档库时，系统将自动提示你提供文件的文档库属性。

3. 如何查看文档属性

（1）如果文档是打开的，则可使用“文件”/“属性”命令查看其属性。

（2）通过在“Windows 资源管理器”或“打开”、“保存”或“搜索”对话框中选择文档，可以查看任意文档的属性。查看 Web 浏览器中列出的文档库时，每个文档名也与其文档库属性一同列出。

4. 如何创建自定义文件属性

可以创建自定义文件属性来帮助你管理和跟踪文件。如果将属性与文档的中的项相链接，属性会随着项的改变而更新。

（1）对于活动文档。单击“文件”菜单中的“属性”命令，然后单击“自定义”选项卡，在“名称”框中键入自定义属性名，或从列表中选择一个名称；在“类型”框中，单击所需的属性类型；在“取值”框中键入属性值。输入值必须与“类型”框中的选项匹配。例如，如在“类型”框中选择了“数字”，则必须在“取值”框中键入一个数字。与属性类型不符的值将作为文本保存。

（2）单击“添加”按钮。

5. 链接至活动文档项目

执行下列步骤之前，必须先为文档中要链接到自定义属性的项目创建一个书签（书签：以引用为目的在文件中命名的位置或文本选定范围。书签标识文件内你以后可引用或链接到的位置。）。

（1）单击“文件”菜单中的“属性”命令，然后单击“自定义”选项卡。

（2）在“名称”框键入自定义属性的名称。

（3）选中“链接到内容”复选框。

（4）如果没有为要链接的项目创建书签，则无法使用“链接到内容”复选框，在“源”列表中单击标签的名称，最后单击“添加”按钮。

6. 设置或更改文件属性

执行下列操作之一：

（1）在活动文档中的“文件”菜单上，单击“属性”，然后单击“摘要”选项卡。

（2）在文件属性框中键入任何所需的信息。

7. 更改新文档的作者姓名

作者姓名用于文件属性（文件属性：文件属性是一种有助于标识文件的详细信息，例如用于标识主题或文件中其他重要信息的说明性标题、作者姓名、主题或关键字）、标记修订和批注（批注：作者或审阅者为文档添加的注释或批注。Microsoft Word 在文档的页边距或“审阅窗格”中的气球上显示批注）等功能。

单击“工具”菜单中的“选项”命令，然后单击“用户信息”选项卡。

在“姓名”框中，键入姓名。

在每次创建新文件时，键入的姓名会出现在“摘要”选项卡（位于“文件”菜单的“属性”对话框中）上的“作者”框内。

8. 看所有隐藏的文件类型和文件扩展名

（1）在“我的电脑”或“Windows 资源管理器”中，打开包含要查看文件的文件夹。

（2）在“工具”菜单上，单击“文件夹选项”，再单击“查看”选项卡。

（3）若要查看所有隐藏的文件类型，请单击“显示所有文件和文件夹”选项。

（4）若要查看所有的文件扩展名，请清除“隐藏已知文件类型的扩展名”复选框。

（5）单击“应用”按钮。

9. 什么是工具栏

工具栏中包含可执行命令的按钮和选项。若要显示工具栏，请单击“工具”菜单中的 “自定义”，然后单击 “工具栏”选项卡。

10. 选择多个文件

方法为：在“常用”工具栏上，单击“打开”，出现“打开”对话框。

（1）若要选取“打开”对话框中不相邻的文件，则单击一个文件，再按住 Ctrl 键并单击其他文件。

（2）若要选取“打开”对话框中相邻的文件，请单击序列中的第一个文件，再按住 Shift 键并单击最后一个文件。

（3）最后单击“打开”按钮，选中的文件就会被一个一个地打开了。

11. 将 Office 文档另存为 TIFF 文件

此过程使用 Microsoft Office Document Image Writer 打印驱动程序将文档另存为 TIFF 文件。Microsoft Office Document Image Writer 打印驱动程序是 Microsoft Office Document Imaging 程序的一个组件，随 Office 程序一起安装。

方法为：

（1）打开要发送的文档，然后在“文件”菜单上，单击“打印”。

（2）在“打印”对话框的“名称”列表中，单击“Microsoft Office Document Image Writer”。

（3）单击“属性”，在“Microsoft Office Document Image Writer 属性”对话框中，单击“高级”选项卡，然后在“输出格式”下，选择“TIFF - 黑白传真”选项，再单击“确定”按钮。

（4）在“打印”对话框中单击“确定”按钮。

（5）在“另存为”对话框中，选中“查看文档图像”复选框和所需的任何其他选项，再单击“确定”按钮。

（6）可对 Microsoft Office Document Imaging 中的文档进行所需的任何更改。

12. 如何重命名文件

方法为：

（1）在“常用”工具栏上，单击“打开”，出现“打开”对话框。

（2）在“查找范围”框中，单击包含要重命名的文件的驱动器或文件夹。

（3）在文件夹列表中，定位并打开包含要重命名的文件的文件夹。

（4）用鼠标右键单击要重命名的文件，再单击出现的菜单上的“重命名”，输入新名称后按 Enter 键。

这样就将文件名给更改了。

13. 如何查看最近所用文件的历史记录

方法为：

（1）在“工具”菜单上，单击“选项”，然后单击“常规”选项卡。

（2）选中“列出最近所用文件”复选框，然后单击“确定”按钮。

14. 清除最近所用文件的历史记录

方法为：

（1）在“工具”菜单上，单击“选项”，然后单击“常规”选项卡。

（2）清除“列出最近所用文件”复选框，然后单击“确定”按钮。

就这样，最近所用文件的列表将被清除，不保留任何关于文件使用情况的历史记录。

15. 将打开的文件添加到“收藏夹”文件夹

可以将打开的文件添加到“收藏夹”文件夹中，这样以后便可很容易地重新打开它。

提示!! 记住下面的操作前必须保存文件。

方法为：

（1）如果未显示“Web”工具栏，则指向“视图”菜单上的“工具栏”，再单击“Web”。

（2）在“Web”工具栏上，单击“收藏夹”，再单击“添加到收藏夹”。

（3）单击“添加”按钮即可。

16. 如何关闭“快速保存”功能

方法为：

（1）单击“工具”菜单上的“选项”命令，再单击“保存”选项卡。

（2）清除“允许快速保存”复选框。

（3）单击“确定”按钮即可。

17. 什么是文件格式

文件格式是信息在文件中的存储方法，以便程序可打开和保存该文件。文件的结构定义该文件如何存储和显示。文件格式由文件名后的三个字母的扩展名指示，如 .doc。

18. 如何设置保存新文档的默认文件格式

方法为：

（1）在“工具”菜单上，单击“选项”，再单击“保存”选项卡。

（2）在“将 Word 文件保存为”框中，单击右侧的下拉箭头，然后选取所需的文件格式。

（3）单击“确定”按钮，结束操作。

19. 打开其他文档

如果你想从 Word 文档中打开其他文档，下面介绍的技巧非常有用：首先打开作为链接对象的某个文档，选中标题或其他有代表性的文字。然后切换至另一个 Word 文档，打开“选择性粘贴”对话框。先选中“粘贴链接”单选项，再选中对话框“形式”下的“Word Hyper Link”。单击“确定”按钮后，文档中就会出现带下划线的文字，按住 Ctrl 键单击这些文字即可打开链接的文档。

20. 如何让 Word 自动保存文档

在编辑篇幅很长的文档时，需要不时地保存文档，这是一个很好的习惯。但是这个操作繁琐机械。Word 为用户考虑到了这点，它提供了一种自动保存机制。这样，程序会按照预先设定的时间间隔来自动保存文档。

方法为：

（1）单击菜单命令“工具/选项...”，弹出“选项”对话框。

（2）单击“保存”选项卡，找到“自动保存时间间隔”，设置所需的时间，单击“确定”按钮即可。

一般来说，保存时间的间隔不宜设置得过长。根据经验，一般设置为 1~10 分钟最好，否则就等于失去了自动保存的功能。

21. 快速关闭 Word 2003

如果用 Word 2003 打开了多个文档，一旦有急事需要离开，那么逐个关闭文档就显得非常麻烦。此时可以采用以下技巧快速关闭 Word 2003；如果文档全部在任务栏显示，可以按住 Shift 键单击“文件”菜单中的“退出”命令，则打开的全部文档连同 Word 会全部关闭。就是说按住 Shift 键以后，“文件”菜单中的“退出”命令变成了“全部退出”命令。

也可以让多个 Word 2003 文档占有一个任务栏图标，这样可以利用任务栏图标快速关闭文档和程序。具体方法为：单击“工具”菜单中的“选项”命令打开“选项”对话框，取消“视图”选项卡中的“任务栏中的窗口”复选项。按下“确定”以后，多个文档只占用一个任务栏图标。此时只要用鼠标右键单击任务栏上的 Word 2003 图标，选择快捷菜单中的“关闭”命令；或者单击 Word 2003“文件”菜单中的“退出”命令，就可以快速关闭所有文档和程序了。

22. 恢复 Word 2003

Word 2003 能在发生错误时将当前文件存盘，最大限度地防止用户丢失文件。方法为：

如果正在使用的 Word 2003 停止响应，应立即打开“开始”/“所有程序”/“Microsoft Office”/“Microsoft Office 工具”工具菜单，单击其中的“Microsoft Office 应用程序恢复”命令，然后选中对话框中停止响应的 Word 2003。

若想恢复当前打开的文件，可以单击“恢复应用程序”或“重新启动应用程序”按钮；如果想关闭已经停止响应的程序，并且放弃对文件中最新更改的部分，可以单击“结束应用程序”按钮。

23. 比较合并文档

合并文档可以将多个文档快速合成一个，它是 Word 2003 提供的一个崭新功能。

方法为：

（1）打开合并前的源文档，单击“工具”菜单中的“比较并合并文档”此单命令。

（2）在出现的对话框中找到要合并的目标文档，然后单击“合并”旁边的下拉按钮，可以在出现的菜单中选择即将执行的操作。假如你要在原始文档中显示比较结果，可以单击“合并”命令；若要在当前打开的文档中比较结果，应用单击“合并到当前文档”中命令；要想到新文档中显示比较结果，就要选择“合并到新文档”命令。

24. 快速寻找文档

对于经常编辑 Word 文档的用户来说，从大量文件中找到要编辑的对象并不容易，在这里介绍 2 种简单易行的方法：

（1）设置工作文档菜单。如果编辑或打开过的文档较多，某些定期使用的文档被其他文件挤出菜单。此时可以定义一个“工作文档”菜单，将一些经常使用的放入其中。方法为：单击“工具”菜单下的“自定义”命令，打开“自定义”对话框中的“命令”选项卡。选中“类别”框下面的“内置菜单”项，将“命令”下的“工作”拖到菜单栏，插到你喜欢的任何位置。最后将“自定义”对话框关闭，菜单栏就多出了一个“工作”菜单。

此后，只要打开经常使用的某个文档，单击“工作”菜单下的“添至‘工作’菜单”命令，就可以将这个文档加入其中。“工作”菜单中不再需要的文档可用以下方法删除：同时按 Ctrl+Alt+“–”（减号）组合键，光标会变成一个粗“减号”。打开“工作”菜单后，用粗“减号”单击需要删除的文档即可。打开“工作”菜单中的文档很简单，只要打开“工作”菜单，单击其中需要打开的文档名即可。

（2）使用历史记录。Word 2003 可以保存你打开文档的历史记录，利用这一功能可以快速打开你使用过的文档。具体操作方法是：打开 Word 2003 的“打开”对话框，单击其中的“历史”按钮，最后使用过的文件快捷方式就会显示出来。选中你要打开的文件快捷方式，单击“打开”按钮即可。

25. 快速发送文档

Word 2003 的“常用”工具栏均带有一个“电子邮件”按钮（其他组件也有）。单击它可以在当前窗口显示“发送副本”工具栏，其界面与 Outlook

Express 很相似，只要输入收件人的 E-mail 地址和主题等，就可以将当前文档作为 E-mail 正文发送，单击“附件”按钮还可以添加更多的文件。

26. 快速预览文件

预览可以帮助你了解文件内容，以便打开正确的文件。

方法为：选中要预览的文件，然后选中“视图”菜单中的“属性”命令，则被选中的 Word 2003 文档可以看到它的正文内容，BMP 等图片可以看到它的缩略图。

提示!!

如果被选中的文件无法预览，则会在预览窗格中给出“无法预览”的提示。

27. 全部保存文件

Word 2003 提供了保存全部文件的功能，方法为：

按住 Shift 键不放，打开“文件”菜单，其中会出现一个“全部保存”命令，单击它将保存所有的文档和模板。

如果打开的文档从未保存过，则会弹出“另存为”对话框，供用户输入文件名后保存。

28. 快速关闭任务窗格

Word 2003 任务窗格通常采用以下两种方法打开：一是选中“视图”菜单下的“任务窗格”。二是用鼠标右键单击工具栏，选中快捷菜单中的“任务窗格”。如果经常使用窗格，可以给它指定一个快捷键，从而提高操作速度，具体做法是：单击 Word 2003“工具”菜单中的“自定义”命令，打开“自定义”对话框中的任意一个选项卡。单击“键盘”按钮打开“自定义键盘”对话框。选中对话框左边“命令”列表中的“编辑”，在右边找到名为“View TaskPane”的命令。用鼠标单击“请按新快捷键”框，根据需要按键盘上的键或其组合（如 Alt+M）。完成后单击对话框中的“指定”按钮，再将打开的对话框全部关闭。此后按设置好的快捷键（如 Alt+M），Word 2003 任务窗格即可快速打开，再按一次即可将其关闭。

29. 如何使用本机上的文档模板来创建文档

Word 2003 在本地主机上为用户提供了许多文档模板。用户通过使用它们可以创建预先设定好格式的文档，使得用户不需要自己来为文档进行排版。

方法为：

（1）单击菜单命令“文件/新建”，弹出“新建文档”对话框。

（2）选择“本机上的模板”，弹出“模板”对话框。

（3）根据需要选择相应的模板，按“确定”结束。

30. 如何使用 Office Online 上的模板来创建文档

用户如果觉得本地提供的模板达不到自己的要求，可以在 Internet 上查找文档模板，用做己用。

方法为：

（1）单击菜单命令“文件”/“新建”，弹出“新建文档”对话框。

（2）选择“Office Online 模板”，此时打开如图 2-1 所示的网页。

图 2–1

（3）在该网页上可以查找自己所需要的模板，然后按照上面的提示，直到将该模板下载到自己的电脑上。此时，模板以文档的形式打开，但并没有保存在本地电脑上。

（4）可以直接在上面编辑。若要将它保存，则单击菜单命令“文件/另存为”，弹出“另存为”对话框，将该文档保存为文档模板。这样用户就可以在以后使用该模板了。

31. 有哪些手工保存文档的方法

在编辑完文档或者在编辑过程中，都需要及时保存文档内容，否则可能会因机器死机或程序不响应而导致文档内容丢失。

手工保存文档的方法有很多：

（1）利用菜单命令保存文档。方法为：

①单击菜单命令“文件/保存”。

②如果用户是第一次保存文档，那么程序会出现一个“另存为”对话框，输入文件名，选择保存类型和需要保存的文件目录后，单击“保存”按钮，操作完毕。以后，用户的每一次保存，该对话框并不出现，但文件仍然被保存了。

（2）如果用户要快速的保存文档，可以直接按工具栏中的“保存”按钮。

（3）习惯于键盘操作的可以按快捷键 Ctrl+S 来最大限度地快速保存文档。

32. 如何快速打开最近使用过的文档

在操作文档时，会经常的打开、关闭文档。如果用户想要打开一个最近刚使用过的文档时，方法为：

（1）单击菜单命令“文件”，弹出“文件”菜单。

（2）在菜单的底部选择一个刚才使用过的文档，单击即可打开。

33. 如何一次性保存或关闭所有打开的 Word 文档

当打开并编辑了多个文档后，往往想一次性保存所有打开的文档，但似乎 Word 不提供这样的命令，其实它是隐藏起来了。

方法为：

（1）按住 Shift 键，然后用鼠标打开“文件”菜单。

（2）在弹出的菜单上就多了一个“全部保存”命令，执行即可。

另外，与此同时，菜单中也多了“全部关闭”的命令，可以执行类似的操作。

34. 如何将 Word 文档保存为其他格式的文件

有时我们在 Word 中编写文档的最终目的并不是创建一个 Word 文档，而是作为创建其他格式文件（比如 Web 页等）的过渡，毕竟在 Word 中编辑文档的功能要比其他程序中要强大得多。那么，我们如何将编辑好的 Word 文档转化为其他格式的文件呢？

方法为：

（1）单击菜单命令“文件/另存为”，弹出“另存为”对话框。

（2）在“保存类型”中选择需要转换为的文件格式，并输入文件名，最后单击“确定”按钮结束操作。

35. 如何设置以只读方式打开文档

有时候，用户不希望自己编辑的文档在不小心的情况下被更改了，就特别希望文档在一打开时就处于只读状态下。Word 提供了此项功能。

方法为：

（1）单击菜单命令“工具/选项”，弹出“选项”对话框。

（2）单击“安全性”选项卡，选中“建议以只读方式打开文档”，然后单击“确定”按钮即可。

36. 如何设置打开文档的默认目录

在频繁执行打开文档操作时，往往会在同一个目录下打开文档。而这个目录往往不是 Word 默认的打开目录（默认的目录是“我的文档”），这使得用户需要从“我的文档”先切换到该目录下，然后才能打开，这个操作很浪费时间。那么如何将打开文档的默认目录设置为自己设定的文件夹呢?

方法为：

（1）单击菜单命令“工具/选项”，弹出“选项”对话框。

（2）选择“文件位置”选项卡，选择“文件位置”栏里面的“文档”，单击修改，并设置新的目录。

（3）最后单击“确定”按钮，结束操作。

37. 如何方便地打开经常访问的文档

我们这里介绍一种快速打开经常访问文档的方法。我们利用的是“工作”菜单，它是一个鲜为人知的 Word 重要特性，方法为：

（1）单击菜单“工具/自定义”命令，弹出“自定义”对话框。

（2）选择“命令”选项卡。

（3）在“类别”框中，选择“内置菜单”。

（4）在“命令”框中，选择“工作”选项，并把它拖动到菜单栏或工具栏中，并关闭。此时工具栏中就多了个“工作”按钮 工作(K)· 。

（5）要将当前的文档添加到“工作”菜单中，单击“工作”按钮，选择“添加到‘工作’菜单”命令。此时在“工作”按钮中就添加了一个切换到该文档的按钮。以后要打开“工作”菜单中的文档，在“工作”菜单中单击你希望打开的文档即可。

38. 不打开 Word 一样能“统计字数”

对一些经常进行文字工作的人来说，用 Word 编辑文档往往要用到它的“字数统计”功能。大多数人都是通过打开 Word 文档，用“工具”菜单的“字数统计”来统计文档字数，其实，完全没有必要每次都打开文档来统计字数。

方法为：

（1）在资源管理器中选中要统计字数的文档，右键单击鼠标，在弹出的菜单中选“属性”。

（2）在出现的“属性”对话框中单击“高级”按钮，就可以查看文档的页数、段落、字数等内容。

39. 将 Word 文档批量转换为文本文件

有时由于工作需要，需要将 Word 文件转换为 TXT 文本文件，当要转换的文件很多的时候，就非常麻烦了。有没有很简单的办法呢?

有，方法为：

（1）整理文档。为了转换时方便，首先要将需要转换的文件全部复制到同一文件夹中，例如 G\Temp。

（2）激活“转换向导”。从“文件”菜单下选择“新建”命令，注意不能单击工具栏最左侧的那个“新建”按钮，否则就会使用默认模板创建一个新的 DOC 文档。

在出现的“新建文档”任务窗格中单击“新建”/“根据模板新建”/“通用模板”选项。

在打开的对话框中切换到“其他文档”选项，选中列表中的“转换向导”，接下来会看到“转换向导”对话框，单击“下一步”按钮继续。

提示!!

如果未能找到“转换向导”，说明 Word 安装不完全，请重新运行安装程序添加该组件。

（3）选择转换格式。单击转换按钮对话框，这里有两个转换选项，一个是将其他格式的文档转换为 DOC 文档，另一个是将 DOC 文档转换为其他选择格式。由于我们需要将 DOC 文档转换为 TXT 文档，因此这里应该选择“从 Word 文档格式转换为其他文件格式”项，并从下拉列框中选中“纯文档”选项。

（4）选择源文件夹和目标文件夹。接下来你需要选择源文件夹和目标文件夹，单击“浏览”按钮定位到相应位置。从“可用文件”列表框中选择需要转换的 DOC 文件，双击后即可在下面的“转换文件”框中显示出来，使用“全选”按钮可以将其中的所有文件一次性全部选中。

（5）转换文件。单击下一步，显示系统已经完成转换文件的准备，单击“完成”按钮即可开始转换文件，转换时会显示进度、已转换文件数量，转换结束后询问是否需要进行其他转换，假如不需要的话单击“否”就行了。

现在，我们可以进入目标文件夹，去看一看是否可以找到已转换完成的 TXT 文件了。如果选择“将其他文件格式转换为 Word 文档格式”项，那么可以将 HTML 文档、Outlook 通讯簿、RTF 格式文档、WPS 文件、文本文档等转换为 DOC 文档，这里就不多说了。

40. 在多个 Word 文档中自由切换

以 Word 2003 为例，在“工具”菜单下选择“自定义”，在弹出的对话框中选择“命令”，然后在左边的“类别”中选择“所有命令”。接下来我们从右边的命令列中找到“Window List”，选中它，用鼠标按住不放拖出来放到任意一个工具栏上，然后关闭对话框。这时候你就会发现多一个“其他窗口”的按钮，现在按一下按钮激活它，看看弹出的小窗口里是否包含了所有打开的文档名。双击你想要切换的文件，再也不用一个一个按顺序找了，方便多了吧？

41. 利用超链接功能管理文档

无纸化办公正在取代传统的办公形式，日常工作中的文件即使归类存入资料夹中管理，查找起来也费时费力。有了计算机做工具，再加上使用 Word、Excel 等软件，建立一个电子文档管理系统，就可方便地管理自己的所有文档，特别是对文件数量较多的用户来说，查找、调用更是方便快捷。

一、建档

1. 新建一文件夹，并命名为“文档夹”。

2. 将所有旧文件及外来文件用扫描仪转换复制成电子文档，存入到该新建文件夹下。

3. 新建一个 Word 文档文件，并命名为“文档目录”，输入“文件目录”四个字，按“回车”。

4. 在工具栏上选择“表格”/“插入”/“表格”，制作表格。

5. 将鼠标移至表中标题格中，选择“插入”/“超级链接”后，出现“插入超链接”对话窗。

6. 选择右边“文件”按钮后，出现“链接到文件”对话窗，在“查找范围”下拉框中找到“文档夹”，单击打开。

7. 选择要建档的文件名后，按“确定”按钮，返回到“插入超链接”对话框，在“要显示的文字”中，出现被选文件名（可以修改），在“键入文件名称或 Web 页名称”中，会出现被链接的文件名。

8. 按“确定”按钮后，所选的建档文件会以带下划线的格式出现在目录文档中。

按上述步骤将所有文档逐一建档管理。

二、查询、调用

1. 打开“目录”文件夹。

2. 打开“目录”文件，选择“编辑”/“查找”后，出现“查找和替换”对话框。

3. 在查找内容中输入要查询文件名称的关键词组，按“查找下一处”按钮，找到所找文件后单击就可进行复制、调用。

42. 用一个文档保存多个版本

因工作的关系，笔者经常要为单位起草一些规范性的文件，这些文件在正式出台前都要经过多次修改，在最后定稿时，领导常常要查看每次的修改稿。以前笔者都是先将文档另存一份后，再进行修改。这样做既占用了大量的硬盘空间，以后查起来也不方便。

其实，我们可以利用 Word 的“版本”功能，将多次的修改稿（多种版本）用一个文档保存起来，这样既节省了存储空间，又方便了查找和打印。

1. 启动 Word 2003，新建一个文件，并取名（如 A.DOC）保存，输入起草文件的第一稿内容。

2. 执行“文件/版本”命令，打开“版本”对话框。选中其中的“关闭时自动保存版本”选项后，按“关闭”按钮退出。

3. 以后每进行一次修改并保存，退出 Word 时，系统会自动将本次修改前的版本内容全部保存一份下来。

4. 如果对编辑过程中的某个版本想作即时保存的话，可以先打开“版本”对话框，然后按“现在保存”按钮，打开“保存版本”对话框。在“版本备注”中输入一些关键词后（这只是为了今后查找的方便，也可以不输入），按“确定”按钮即可。

5. 以后需要查阅、打印某个版本的文稿时，启动 Word 2003，打开 A.DOC 文档，执行“版本”对话框，选中需要查阅或打印的版本后，按“确定”按钮，系统会在一个新窗口中（通常位于原窗口的下方）打开该版本的文稿内容，即可进行正常的查阅和打印。

提示!!

（1）如果你一时记不清所要查阅或打印的版本是其中的哪一个，按下“查看备注”按钮，通过版本备注内容（如果备注内容不多时，其内容在版本对话框窗口中就直接显示出来了；如果太多，就不能全部显示）的提示帮助你选定。

（2）如果你确定某个版本的内容不再需要时，打开“版本”对话框，选中不需要的版本后，按下“删除”按钮，再确认一下就可以了。

（3）如果你需要将某个版本的文稿另存为一个独立的文档，先按上述的操作，打开相应的版本，然后在窗口中，按工具栏上的保存按钮（或执行“文件” /“保存”命令），像保存正常文档一样操作就行了。

（4）如果按上述第 2 步的操作启用了“关闭时自动保存版本”功能，这样的文档最好不要经常打开，因为每打开（关闭）一次系统会保存一个版本，使文档的容量增大。建议不启用“关闭时自动保存版本”功能，而采用上述第 4 步的操作，需要时即时“保存版本”。

（5）经笔者测试发现，尽管 Word 2000 与 Word 2003 文档之间可以相互兼容，但用 Word 2003 保存的版本内容，Word 2000 不支持，请大家小心使用。

43. Word 也玩文件预览

运行 Word 2003，单击工具栏上的“打开”按钮，在“打开”对话框中，选中某个 Word 文件，再单击上方工具栏中“视图”按钮左边的倒三角形，选择"预览"就行了。这样，这个 Word 文件的内容就在打开对话框的右半部分显示出来。

2-2　文件故障处理速查

1. 试图保存文档时，得到了文件太大的信息，或文档存盘速度极慢

（1）关闭"快速保存"功能

① 单击"工具"菜单中的"选项"命令，然后单击"保存"选项卡。

② 清除"快速保存"复选框。

（2）删除文档的一个或多个版本

单击"文件"菜单中的"版本"命令。

单击要删除的文档版本。

要选择多个版本，请按住 Ctrl 键并单击各个版本。

单击"删除"按钮。

（3）将嵌入对象转换为图形

①单击要转换的嵌入对象。

②按 Ctrl+Shift+F9 组合键。

（4）用链接方式代替插入图形

①在需插入图形的位置单击鼠标。

②指向"插入"菜单中的"图片"子菜单，然后单击"来自文件"命令。

③单击要插入的图片。

④单击"插入"按钮右边的箭头，然后单击"链接文件"。

如果采取以上措施之后，问题还得不到解决，则采取下面的方法：

（5）分割文件

如果文档太大而无法保存，可将其拆分为几个小部分。方式是：将文档的一部分剪切下来，将其粘贴到一个新文档中，然后分别保存各个部分。

2. 系统老是提示 Word 文档为只读文件

不能修改只读文档。要保存对只读文档的修改，必须用一个新文件名来保存该文档。在将文档保存在不同的文件夹中时，也可以使用相同的文件名。

3. 保存文档后，所做修改丢失

分以下两种情况进行处理：

（1）文档是通过网络打开的

对于存储在网络服务器上的文档，如果是通过单击“文件”菜单中的“退出”命令，然后在出现提示信息时选择保存修改来保存该文档的，就有可能将文档的副本保存到了硬盘上。因为修改是保存在硬盘上的副本中的，所以当重新通过网络打开该文档时，就无法看到修改。要避免将对存储在网络服务器上的文档的修改保存到一个单独的文档副本中，应在退出 Word 前执行“文件”/“保存”菜单命令保存修改。

（2）使用了“自动恢复”功能保存修改，但在恢复文件中看不到这些修改

当 Word 意外关闭时，“自动恢复”可能尚未将修改保存到恢复文件中。恢复文件中包含的新信息数量取决于 Word 保存恢复文件的频率。例如，如果每 15 分钟保存一次恢复文件，那么在发生断电或类似问题时，最多可能丢失 15 分钟的工作。要改变“自动恢复”功能的保存时间间隔，则执行“工具”/“选项”菜单命令，然后在“保存”选项卡上的“分钟”文本框内输入所需数字即可，如图 2-2 所示。

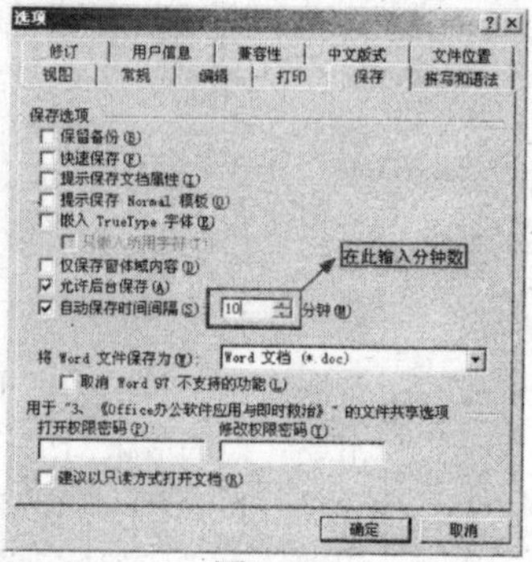

图 2-2

4. 以带格式的文本方式保存文档时，表格中的制表符丢失

当以“带格式文本”或“带格式的 MS-DOS 文本”保存文档时，在表格中的右对齐制表位可能会被空格所取代。要在以这些格式保存文档时保留表格的布局，应避免在表格中使用右对齐制表位。

5. 保存文档时，文件名中增加了一个额外的扩展名

在保存文档时，如果所用的文件扩展名不同于该文件类型的默认扩展名，那么 Word 会将默认的扩展名加在所用的文件名之后。例如，一个 Word 文档的文件名可能是“Budget.abc.doc”。

如果在保存文件时要使用的扩展名不同于该文件类型的默认扩展名，那么必须将整个文件名用引号括起来，例如，“weiwei.abc”。

6. 保存文档时，出现“重名”错误

Microsoft Word 可能正在执行后台自动保存。在选中了“允许后台保存”复选框（位于“工具”菜单中“选项”对话框的“保存”选项卡上）情况下，若 Word 正在执行后台自动保存时试图保存一个长文档，Word 会在两种保存操作中使用同样的文件名。只要等到后台保存完毕，再保存文档时，就不会出现类似问题。

7. 如何修复已损坏的文档

当试图打开一个 Word 文档时，如果系统没有响应，有可能是该文件已经损坏，可以在任何时候使用“恢复文本转换器”来打开被损坏的文档并恢复文本。此外，也可以使用下面的方法：

（1）单击菜单命令“文件/打开”，弹出“打开”对话框，在里面选定要恢复的文件。

（2）单击“打开”按钮旁边的箭头，选择“打开并修复”命令。如图 2-3 所示。

此时，Word 将检测文档中的问题，并显示错误的种类及出错部位。同时，Word 会对错误进行修复并提示用户保存修复结果。

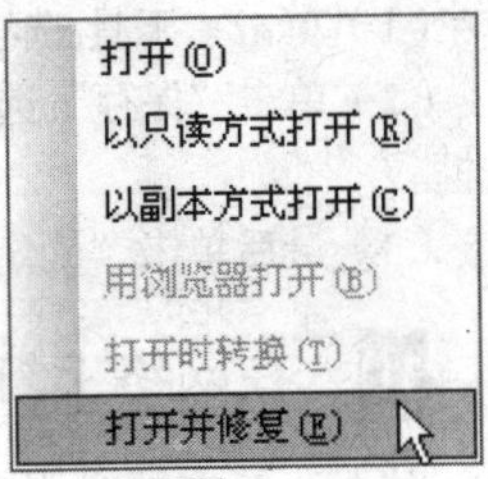

图 2-3

8. 如何紧急抢救丢失的文件

用户往往会遇到这样的情况，在编辑某个文档时突然停电或者死机，而这时，文档未保存的部分会丢失。那么是否能及时抢救该文档呢？

能，方法为：

（1）单击“工具/选项”菜单命令。

（2）单击“文件位置”选项卡，单击“自动恢复文件”，单击“更改”按钮。

（3）利用快捷键的技巧，复制文件位置：按住鼠标左键不放，拖曳选取“文件夹名称”。按住 Ctrl 键不放，再按下 C 键；单击“取消”按钮回到 Word 下。

（4）打开资源管理器，寻找这个文件夹的位置：在地址处点一下鼠标左键，按一下 Ctrl+V 组合键，接着按 Enter 键。

（5）Word 会自动把来不及存盘的文件“寄放”在这里，如果此处有一个以上的文件，你可以从日期上判定哪一个才你是想要的文件。从“修改日期”可以看出文件的存盘日期。

（6）最后，在文件上双击鼠标左键，就能直接打开了。

9. 如何解决打开旧版本文档时图片只显示部分的现象

在 Word 中打开一个老版本创建的文档，很多时候会出现文档中的图片只显示一部分或者有些地方显示红×的现象。我们该如何解决这个问题呢?

首先，我们必须明白：Word 文档中显示红×，或者使用一个概要图片(圆形、方形或其他形状)来表示不能显示的图形或图片，是因为 Word 文档中的图片已经损坏，或者由于内存不足所引起的图片数据丢失。

解决上面的问题的方法为：

（1）单击“工具/选项”菜单命令，弹出“选项”对话框。

（2）单击“保存”选项卡，在“保存选项”下取消“允许快速保存”复选框。

（3）最后单击“确定”按钮即可。

10. 在网络上打开文档，保存后，更改丢失

对于存储在网络服务器上的文档，如果单击“文件”菜单上的“退出”命令来保存文档，则已将文档的副本保存到了硬盘上，而并未保存在服务器上。因为更改保存在硬盘上的副本中，所以重新通过网络打开该文档时，将无法看到更改。若要避免将文档的修改保存到一个单独的文档副本中，应在退出 Word 前使用“文件”菜单上的“保存”命令保存更改。

11. 使用“自动恢复”功能保存更改，但在恢复文件中无法看到更改

当 Word 意外关闭时，“自动恢复”可能尚未将更改保存到恢复文件中。恢复文件中包含的新信息数量取决于 Word 保存恢复文件的频率。例如，如果每 15 分钟保存一次恢复文件，那么在发生断电或类似问题时，最多可能丢失 15 分钟的工作。

若要改变“自动恢复”功能的保存时间间隔，请单击“工具”菜单上的“选项”命令，然后在“保存”选项卡上的“分钟”框内输入所需的数字。

12. “保存类型”框中未显示保存文档所需的文件格式

（1）首先确认 Microsoft Word 提供了你需要的文件格式。

（2）可能选择不在计算机上安装转换器。如果 Word 中提供了你需要的文件格式，则可以安装所需的转换器。

13. 以 RTF 格式保存文档时，位图图标丢失

如果将位图作为链接文件插入到 Word 文档中并显示为图标，然后以 RTF 格式保存文档，则会显示位图而不是图标。若要确认位图在文档的 RTF 版本中显示为图标，请选中“显示为图标”复选框并清除“链接到文件”复选框（单击“插入”菜单中的“对象”命令，然后单击“由文件创建”选项卡可看到这两个复选框）。

14. 用“自动恢复”功能恢复尚未保存的更改

丢失文档前打开了“自动恢复”功能，但是无法保存或打开恢复文件。

（1）启动 Word，单击“文件”/“打开”，在出现的“打开”对话框中找到包含恢复文件的文件夹（通常为“Documents and Settings\用户名\Application Data\Microsoft\Word”文件夹）。

（2）在“文件类型”框中，单击“所有文件”。

提示!!

每个恢复文件都命名为“‘自动恢复’保存文件名”，并以 .asd 作为其扩展名。

（3）打开恢复文件，然后单击“保存”按钮。

（4）在出现的对话框的“文件名”中键入或选择现有文档的文件名。

（5）当提示信息询问是否覆盖现有文档时，单击“是”按钮。

（6）退出 Word 时，任何未保存的恢复文件都将被删除。

15. 恢复文件中未包含所做的更改

恢复文件中包含的新信息数量取决于 Word 保存恢复文件的频率。例如，

如果每 15 分钟保存一次恢复文件，在发生断电或类似问题时，最多可能丢失 15 分钟的工作。若要改变“自动恢复”功能的保存时间间隔，请单击“工具”菜单上的“选项”命令，然后在“保存”选项卡上的“分钟”框内输入所需的数字。

16. 已保存文件的文件名中包含两个句号

用以句号结尾的文件名（例如“Sales.”）保存文档时，Word 会在该文件名后添加一个句号和默认的文件扩展名。例如，一篇 Word 文档的文件名可能显示为“Sales..doc”。若要使用某文件类型的默认扩展名保存文档，请不要在文件名后面键入句号。保存文件时系统会自动添加句号。

扩展名对于标识文件类型并确定用哪个程序打开该文件是必不可少的。

17. 无法打开受密码保护的文件

（1）密码区分大小写。查看是否按下了 Caps Lock，或者重新键入密码，确保没有键入错误。

（2）在单独窗口中打开文件。当你在 Microsoft Office 程序中创建或打开文件时，将在独立窗口中打开文件。通过单击任务栏上文件按钮或按 Alt+Tab 组合键，可从一个文件快速切换到另一个文件。

（3）指向文件的快捷方式不再工作了。

①该文件可能已被重命名或删除

②如果目标文件的名称或扩展名有了任何更改，快捷方式将无法工作。请使用 Microsoft Office 的“搜索”功能查找与要打开的文件有相似的名称或者创建或更改于相同日期的文件。

③进行搜索。在“打开”对话框中，单击“工具”，再单击“查找”。选择所需选项，再单击“搜索”

④该文件可能暂时不可用。如果该文件位于网络服务器上，请询问你的网络管理员该服务器驱动器是否不可用。

⑤如果文件位于可移动介质上，例如软盘，请确保带有目标文件的介质已经正确地插入到了驱动器或设备中。

第 3 章

Word 2003 格式、版式应用技巧与故障排除速查

Office 2003 高效办公速查 1000——→本章内容

3-1 格式、版式应用技巧速查

1. 如何应用删除线格式

方法为：

（1）选定要修改的文字。

（2）单击“格式”菜单中的“字体”命令，再单击“字体”选项卡。

（3）选中“删除线”或“双删除线”复选框。

（4）单击“确定”按钮即可。

2. 什么是行距

行距是从一行文字的底部到另一行文字底部的间距。将调整行距以容纳该行中最大的字体和最高的图形。行距决定段落中各行文本间的垂直距离。其默认值是单倍行距，意味着间距可容纳所在行的最大字体并附加少许额外间距。

3. 什么是段落间距

段落间距决定段落的前后空白距离的大小。

如果某行包含大字符、图形或公式，Word 将增加该行的行距。若要均匀分隔各行，请使用额外间距，并应指定足够大的间距以适应所在行的大字符或图形。如果出现项目显示不完整的情况，请增加间距。

4. 什么是页边距

页边距是页面四周的空白区域。通常，可在页边距 （页边距：页面上打印区域之外的空白空间）内部的可打印区域中插入文字和图形。也可以将某些项目放置在页边距区域中：如页眉、页脚和页码等。

5. 什么是字体

字体是一种应用于所有数字、符号和字母字符的图形设计。也称为“样式”或“字样”。Arial 和 Courier New 是字体的示例。字体通常具有不同的大小（如 10 磅）和各种样式（如粗体）。

6. 行距有哪些类型

行距包括如下几种类型：

（1）单倍行距：将行距设置为该行最大字体和各种样式（如粗体）的高度加上一小段额外间距，额外的间距的大小取决于所用的字体。

（2）1.5 倍行距：为单倍行距的 1.5 倍。

（3）两倍行距：为单倍行距的 2 倍。

（4）最小值：最小行距应该同所在行的最大字体或图形相适应。

（5）固定值：固定的行间距，Word 不进行调节。

（6）多倍行距：行距按指定百分比增大或减小。例如，设置行距为 1.2 将会在单倍行距的基础上增加 20%。

7. 如何插入手动换行符

手动换行符结束当前行并将文本继续显示在下一行。例如，假设段落样式在段前包含多余的空格，若要省略两行短行文本之间的多余空格，如地址或诗歌之间的空格，可将手动换行符插入每行的后面，而不是按 Enter 键。

方法为：单击要插入换行符的位置，然后按 Shift+Enter 组合键。

8. 如何更改页边距

方法为：

（1）在“文件”菜单上，单击“页面设置”，然后单击“页边距”选项卡。

（2）在“页边距”下选择所需选项。

9. 如何更改默认页边距

若要更改默认页边距，则在选择新的页边距设置后单击“默认”。新的默认设置将保存在该文档基于的模板中，每一个基于该模板的新文档将自动使用新的页边距设置。

10. 什么是对称页边距

对称页边距就是指左侧页面的页边距是右侧页面的页边距的镜像。即内侧页边距等宽，外侧页边距等宽。

在这种情况下，左侧页面的页边距是右侧页面页边距的镜像。即内侧页边距等宽，外侧页边距等宽。

11. 如何设置对称页面的页边距

方法为：

（1）在“文件”菜单上，单击“页面设置”，然后单击“页边距”选项卡。

（2）在“多页”列表中，选择“对称页边距”。

（3）在“内侧”和“外侧”框中，输入对称页边距的值。

（4）单击“确定”按钮即可。

12. 什么是装订线边距

装订线边距就是，在要装订的文档两侧或顶部添加额外的空间的边距设置。装订线边距保证不会因装订而遮住文字。

13. 设置用于装订文档的装订线边距

装订线边距设置在要装订的文档两侧或顶部添加额外的空间。装订线边距保证不会因装订而遮住文字。

方法为：

（1）在“文件”菜单上，单击“页面设置”，然后单击“页边距”选项卡。

（2）在“多页”列表中，选择“普通”；在“装订线”框中，输入装订线边距的值；在“装订线位置”框中，单击“左”或“上”。

（3）设置完毕，单击“确定”按钮即可。

14. 什么是分节符

分节符就是为表示节的结尾插入的标记。分节符包含节的格式设置元素，例如页边距、页面的方向、页眉和页脚，以及页码的顺序。

15. 如何更改部分文档的页边距

方法为：

（1）首先选择要修改的页边距的文本。

（2）在“文件”菜单上，单击“页面设置”，然后单击“页边距”选项卡。

（3）在“应用于”框中，单击“所选文字”。Microsoft Word 自动在应用新页边距设置的文字前后插入分节符。如果文档已划分为若干节，可以单击某节或选定多个节，然后更改页边距。

提示!!

节是指文档的一部分，可在其中设置某些页面格式选项。若要更改例如行编号、列数或页眉和页脚等属性，请创建一个新的节。

（4）最后单击“确定”按钮即可。

16. 如何为页眉和页脚添加基础页码

方法为：

（1）单击“插入”菜单中的“页码”命令。

（2）在“位置”框中，指定是将页码打印于页面顶部的页眉中还是页面底部的页脚中。

（3）在“对齐方式”框中指定页码相对页边距的左右，是左对齐、居中还是右对齐；或是相对于页面装订线的内侧或外侧对齐。

（4）如果不希望页码出现在首页，可清除“首页显示页码”对话框。

（5）还可以选择其他所需选项。

（6）最后单击“确定”按钮即可。

17. 如何添加页码和其他信息，如日期和时间

方法为：

（1）在“视图”菜单上，单击“页眉和页脚”命令。

（2）如果要将页码置于页面底部，则单击“页眉和页脚”工具栏上的“在页眉和页脚间切换”。

（3）在“页眉和页脚”工具栏上，单击“插入页码”。

（4）还可以选择其他所需选项。

（5）最后单击“确定”按钮即可。

提示!!

页码会自动插入到页眉或页脚的左边距上。若要将页码移动到中间或右边，在“页眉和页脚”视图中，在页码前单击，然后按 Tab 键。

18. 如何在首页上显示或隐藏页码

方法为：

（1）如果要将文档分成许多节，则单击需要首页显示或隐藏页码的节，或选定多个需要首页显示或隐藏页码的节。

（2）单击“插入”菜单中的“页码”命令。

（3）选中或清除“首页显示页码”复选框。

（4）最后单击“确定”按钮即可。

19. 如何设置 Word 文档默认字体

Word 文档默认是宋体五号字，能不能修改这个默认字号和字体呢?

能，以将 Word 文档默认字体改为楷体五号字为例：

（1）单击“格式”菜单中的“字体”命令，然后单击“字体”选项卡。

（2）单击“中文字体”框中的“楷体-GB2312”，单击“字号”框中的“五号”。

（3）单击“默认”按钮。以后，所有基于当前模板新建的文档都将使用你选择的字体设置即楷体五号。

默认字体应用于基于活动模板的新文档，所以不同的模板可以使用不同的默认字体设置。

20. 如何让 Word 段首自动缩进两个汉字

平常用 Word 写文章时都要在段首缩进两个汉字，常用的方法有设置段落格式、标尺缩进等，但每次都要做重复的动作，确实有点累。能不能省点力气，让 Word 直接提供段首缩进两个汉字的功能呢?

能，方法为：

（1）启动 Word 2003，单击菜单命令“工具”/“选项”。

（2）在打开的“选项”对话框中切换到“常规”选项卡，然后选中底部的“使用字符单位”项。

（3）单击“确定”退出对话框。

（4）单击“文件”/“打开”菜单命令，来到用户模板所在的文件夹，在这里打开的是 C:\Documents and Settings\ chen wei\ApplicationData\Microsoft\Templates，在文件名列表中找到 Normal.dot，选中它，然后单击“打开”按钮打开。

提示!!

单击“工具”/“选项”，在打开的“选项”对话框的“文件位置”选项卡中可以查看“用户模板”所处的文件夹，如图3-1所示。

（5）单击菜单命令“格式”/“段落”，在打开的“段落窗口”对话框的“缩进和间距”选项卡中设置“特殊格式”为“首行缩进”，设置其右边的“度量值”为“2 字符”，然后单击“确定”退出对话框。

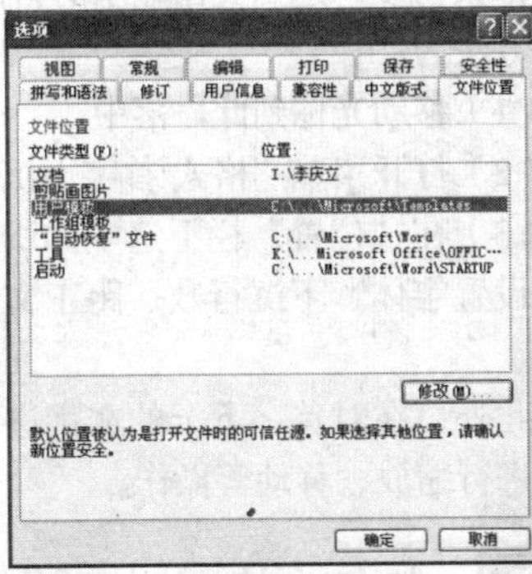

图 3-1

（6）单击“文件”/“保存”菜单命令，保存修改后 Normal 模板文件。

重新启动 Word，新建几个空白文档试试，可以发现段首自动缩进两个汉字。

21. 如何实现字号无限缩放

选中 Word 2003 文档中需要缩放的文字，按 Ctrl+Shift+“.”（Ctrl+“]”）组合键，就会看到选中的字不断变大，直至占满整个页面。如果按 Ctrl+Shift+“,”（或 Ctrl+“[”）组合键，则会看到选中的字不断缩小。

22. 如何使用标尺来快速精确地设置段落的缩进

你知道使用“段落”对话框中的“段落缩进”来为选定段落进行精确的段落缩进设置，你或许知道使用“标尺”来进行设置。但是前者往往比较麻烦，而后者不能进行精确的操作。那么如何能即快速又精确地设置段落缩进呢？

方法为：

（1）选定需要进行设置的段落。

（2）按下 Alt 键，同时使用鼠标拖动标尺上的游标。

此时，标尺上的游标并没有按照默认的跳度进行定位，而是很精确地在标尺上移动，而且在标尺上显示了离页边距的距离，该数字精确到小数点后两位，可以满足大多数情况下的需求了。

23. 如何将段落首字放大

我们平时在看一些杂志上的文章时，发现文章的第一个字显得比其他文字都大得多，达到突出显示的目的。如何实现这种效果呢？

方法为：

（1）移动光标到此段落中。

（2）打开菜单“格式/首字下沉”，弹出“首字下沉”对话框。

（3）在“位置”栏下选中你所需要的样式。还可以在“选项”栏下具体地设置字体、下沉行数、距正文的距离等参数，然后单击“确定”按钮即可。

此外，在对首字下沉的文字进行编辑时，你可以像对待文本框一样，对其进行缩放、移动等操作。

24. 如何在换页时不再频繁敲回车键

在编辑文档时，经常会遇到换页的情况，一般都会敲很多次回车键以生成新的页面。其实，这种方法是不可取的。因为在随后对前面的内容作了修改后，会直接影响到版面的排版效果。

因此应当使用下面的方法：

（1）当编辑到需要换页的位置时，打开菜单“插入/分隔符”，弹出“分隔符”对话框。

（2）选择“分页符”选项，单击“确定”按钮。这样就在插入的地方插入了一个分页符，它会保证插入点后面的文本另起一页进行显示。

提示!!

插入“分页符”的快捷方法是，按住 Ctrl 键后再按键盘上的 Enter 键。

25. 如何为部分文档页面创建不同的页眉或页脚

Word 会自动在整篇文档中使用同样的页眉或页脚。如果要为部分页面创建不一样的页眉或页脚时，需要先对文档进行分节，然后断开当前节和前一节中页眉或页脚间的连接。

方法为：

（1）如果还没有对文档进行分节，需要在使用不同的页眉或页脚的新节起始处插入一个分节符。

（2）单击要为其创建不同页眉或页脚的节。

（3）单击菜单命令“视图”/“页眉和页脚”，弹出“页眉和页脚”工具栏。

（4）单击“页眉和页脚”工具栏上的“显示前一页”按钮。

（5）修改已有的页眉或页脚。Word 会自动对后面各节中的页眉或页脚进行同样的修改。

（6）要为下一节创建不同的页眉或页脚，重复步骤（1）~步骤（5）。

26. 如何创建奇偶页不同的页眉和页脚

书本上的页眉和页脚往往因奇偶页的不同而不同。那么如何创建呢？

方法为：

（1）单击菜单命令“视图/页眉和页脚”，弹出“页眉和页脚”工具栏。

（2）单击“页面设置”按钮，弹出“页面设置”对话框，选择“版式”选项标签。

（3）选中“奇偶页不同”，单击“确定”按钮。

（4）将光标移动到奇数页的页眉和页脚中，进行创建和编辑。

（5）将光标移动到偶数页的页眉和页脚中，进行创建和编辑。

（6）单击“关闭”按钮，关闭“页眉和页脚”工具栏，结束操作。

27. 如何让页眉能自动反映文档标题

我们需要让页眉的内容能正确反映出当前页面所代表的内容。比如：在文档讲述到第 2 章内容时，页眉能显示“第 2 章”字样。我们可以利用“宏”来完成该功能。关键是要让页眉跟标题文字保持同步状态。

方法为：

（1）必须确保每个章节的标题都使用一定的“样式”，比如“标题 1”、“标题 2”等，或者是用户自定义的样式。

（2）使用 Ctrl+F9 组合键，插入代表“域代码”的花括号。

（3）在花括号中插入域代码：{STYLEREF “对象名称”}。其中对象名称为“标题 1”等样式。

（4）定义好页眉的外观，保存对模板的改动。

这样，当用户使用该模板编辑文件，键入新的文档标题后，页眉的文字也就会随之而改变了。

28. 如何去除页眉横线

有时，我们需要去除页眉下面的那条横线。该怎样操作呢？

方法为：

（1）单击“视图”/“页眉和页脚”菜单命令，并移动光标停留在页眉处。

（2）单击“格式”/“边框和底纹”菜单命令，弹出“边框和底纹”对话框。

（3）在“边框”设置中选择“无”，应用于选项栏中选择“段落”。

（4）单击“确定”按钮结束操作。

29. 如何使用大纲自动生成文档目录

在出版图书或者编写论文时，我们常常需要生成目录，手工设置工作量巨大，显然不大可能。这时可以使用 Word 自动生成文档目录。

方法为（如下操作要求已经在文档中设置了大纲级别的标题）：

（1）单击要插入目录的位置。

（2）单击菜单命令“插入”/“引用”/“索引和目录”。

（3）在弹出的“索引和目录”对话框中选择“目录”选项标签，如图 3-2 所示。

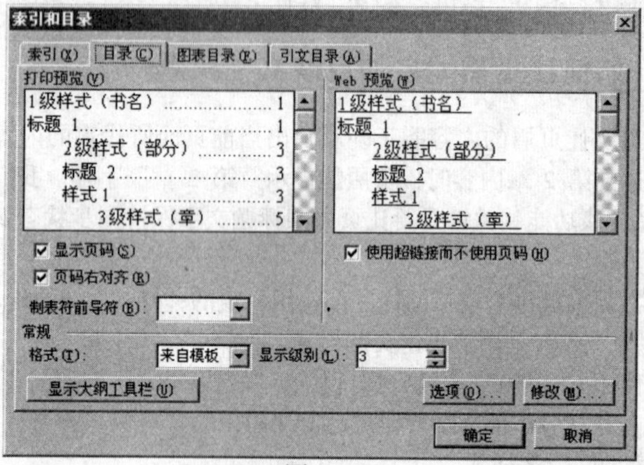

图 3–2

（4）在“格式”栏中选择需要的格式，如果需要，设置其他与目录有关的选项。

（5）单击“确定”按钮，此时在插入点就自动生成了文档目录。

30. 将文字设置为大纲级别

如果要从文档中提取目录，而该文档尚未使用大纲级别，就需要把那些需要设置成目录项的文字设置为相应的大纲级别。

将文字设置为大纲级别的方法为：

（1）执行菜单命令“视图/大纲”，切换到大纲视图。

（2）选中需要设置大纲级别的文字，在大纲工具栏中中选择需要的大纲级别（比如 2 级）即可。

31. 如何自动更新目录内容

当索引和目录在经过修改、删除等操作后，目录内容就不准确了。因此必须对它进行更新。如何自动更新呢？方法为：

（1）在需更新的目录中单击鼠标。

（2）按 F9 键，在弹出的“更新目录”对话框中选择“更新整个目录”。

（3）单击“确定”按钮，程序就自动执行更新操作。

32. 如何使用自定义的条目编制目录

在制作目录时，我们一般是利用系统提供给我们的样式和大纲目录。其实我们可以通过使用“标记目录项”将目录域插入到文档中来实现自定义目录的制作，方法为：

（1）选择要制作成目录的第一部分文本。

（2）按 Alt+Shift+O 组合键，在弹出的“标记目录项”对话框的“级别”框中选择级别并单击“标记”按钮。这样系统在选择的文本后自动插入了“目录项域”。

（3）若要标记目录项的其他条目，可用鼠标再次选择文本，并单击“标记目录项”框，此时“目录项”框将自动变成用户刚才选取的文本。再单击“标记”按钮。重复该步骤，直到完成目录项的所有条目设置，最后单击“关闭”按钮。

（4）单击要插入目录的位置，依次单击菜单命令“插入”/“引用”/“索引和目录”。

（5）单击“目录”选项卡，然后单击“选项”按钮，在出现的“目录选项”框中单击选择“目录项域”复选框，并清除“样式”和“大纲级别”复选框。

（6）单击“确定”结束操作。

这样，一个自定义的目录就生成了。

33. 如何为文档添加纹理背景

用户如果要使用有纹理的背景图案，可采用如下方法：

（1）单击菜单命令“格式”/“背景”/“填充效果”。

（2）在弹出的“填充效果”对话框中选择“纹理”选项标签，如图 3-3 所示。在“纹理”栏中选择需要的纹理图案。

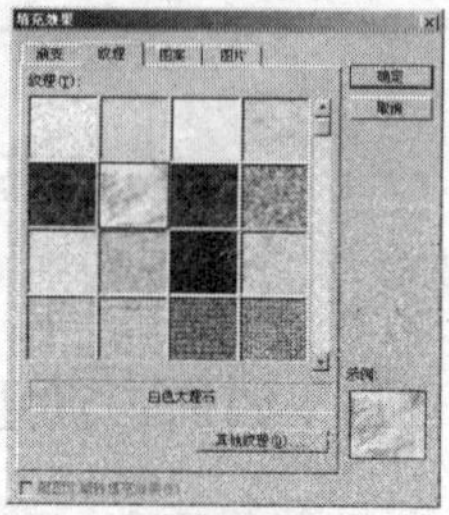

图 3-3

> 提示!! 如果没有自己需要的纹理图案，可以单击“其他纹理”按钮，选择自己预先准备的纹理图案。

（3）单击“确定”按钮，结束操作。

34. 如何为文档添加背景水印文字或图案

有时候，需要为文档添加水印效果的文字或图案。比如要在文稿上用水印文字表明文稿的用途和机密等级。那么如何添加水印呢？操作过程与添加渐变颜色类似。

方法为：

（1）单击菜单命令“格式”/“背景”/“水印”。

（2）在弹出的“水印”对话框中选择“图片水印”或“文字水印”。

①如果要添加水印图案，选择“图片水印”，然后单击“选择图片”，选择需要添加的图片。如果要让图片变得更加淡一点，选上“冲蚀”。此外还可以调整图片的缩放比例。

②如果要添加水印文字，就选择“文字水印”，然后选择需要添加的文字内容，以及文字的字体、大小、颜色以及版式等。

（3）最后单击“确定”按钮，结束操作。

35. 如何在打印预览下编辑文档

一般情况下，用户使用“打印预览”功能进行文档打印前的预览工作。一旦发现需要修改的地方，就单击预览界面下的“关闭”按钮，回到编辑视图下进行修改。

其实，我们可以在不退出预览的情况下直接对文档进行编辑。

方法为：单击打印预览工具条中的“放大镜”按钮 ，使其处于不按下的状态即可，就可以在打印预览界面中直接编辑文档了，而不用关闭打印预览。

36. 如何进行分栏排版

我们常常可以看到一些图书、报刊、杂志，将在一页中分成两栏、甚至三栏进行排版。也就是说，它是在页面中按垂直方向对齐，逐栏排列文字，文字在填满一栏后才转到下一栏排列。它可以有多种形式，可以排成两栏、三栏、六栏等，这是根据用户的实际需要进行设置的。

分栏排版的方法为：

（1）单击“视图”/“页面视图”，将视图切换到页面视图下。

（2）选定要进行分栏排版的段落。一般是整个文档的正文。

（3）单击菜单命令“格式”/“分栏”，在弹出的“分栏”对话框的“预设”栏中选择分栏的具体设置数，一般选择“两栏”为好；　在“宽度和间距”中设置栏的宽度和栏间的间距；如果想在栏与栏之间加上分隔线，选中“分隔线”。然后，可在预览框中浏览效果。

（4）单击“确定”按钮即可实现分栏效果，如图 3-4 所示。

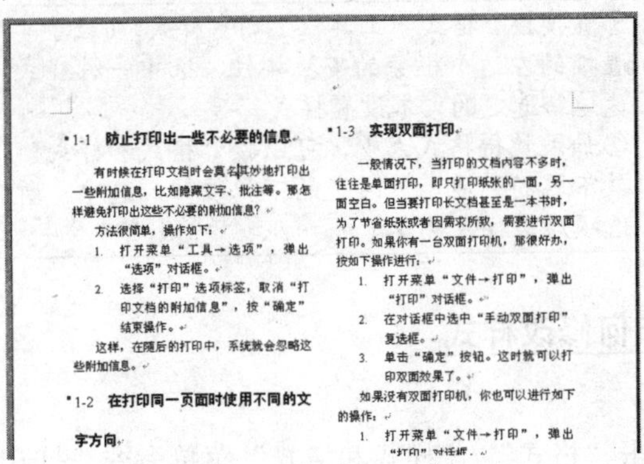

1-1　防止打印出一些不必要的信息

有时候在打印文档时会莫名其妙地打印出一些附加信息，比如隐藏文字、批注等。那怎样避免打印出这些不必要的附加信息？

方法很简单，操作如下：

1. 打开菜单“工具→选项”，弹出“选项”对话框。
2. 选择“打印”选项标签，取消“打印文档的附加信息”，按“确定”结束操作。

这样，在随后的打印中，系统就会忽略这些附加信息。

1-2　在打印同一页面时使用不同的文字方向

1-3　实现双面打印

一般情况下，当打印的文档内容不多时，往往是单面打印，即只打印纸张的一面，另一面空白。但当要打印长文档甚至是一本书时，为了节省纸张或者因需求所致，需要进行双面打印。如果你有一台双面打印机，那很好办，按如下操作进行：

1. 打开菜单“文件→打印”，弹出“打印”对话框。
2. 在对话框中选中“手动双面打印”复选框。
3. 单击“确定”按钮。这时就可以打印双面效果了。

如果没有双面打印机，你也可以进行如下的操作：

1. 打开菜单“文件→打印”，弹出“打印”对话框。

图 3-4

> 提示!! 如果对分栏排版后的栏间的间距不满意，还可以用鼠标进行适当的调整。方法为：将光标移到水平标尺的左、右页边距分界线上，当光标变为双向箭头形式时按下鼠标并拖动。

37. 如何设置下划线

如果想给文字设置下划线，或者修改它的颜色，不必使用“格式”菜单下的“字体”命令。因为 Word 2003 的“下划线”按钮带有一个下拉按钮，选中文字后单击它可以打开菜单，可以给文字设置其中提供的多种下划线。还可以打开“下划线颜色”调色板，直接修改下划线的各种颜色。

38. 如何使用样式

所谓样式，就是字体、段落、标题、正文等文档格式的集合。合理地使用样式，可以一次性对部分或整篇文档的格式进行快速设置。

使用样式的方法为：

（1）选中需要使用某个样式的文本（或者将光标定在该文本所在行）。

（2）单击“格式”/“样式和格式”菜单命令，打开“样式和格式”的任务窗格。

（3）在“请选择要应用的格式”下面的列表中，用鼠标左键单击所需要的样式（如“标题 1”），则该样式即应用于所选的文本上。

提示!!

①直接按“格式”工具栏上的“样式”（位于“字体”设置框的左边）框旁的下拉按钮，选中一种样式，也可快速地给选定的文本设置样式。

②如果觉得格式太少，可以按“格式和样式”任务窗格最下端的“显示”右边的下拉按钮，选中“所有样式”选项后，样式就多了。

39. 如何修改样式

方法为：

（1）单击“格式”/“样式和格式”菜单命令，打开“格式和样式”任务窗格。

（2）选中需要修改的样式，然后单击右边的下拉按钮，选中“修改”选项，打开“修改样式”对话框。

（3）对选定样式的格式进行重新设置后，单击“确定”按钮完成对样式的修改。

提示!!

(1) 如果希望更改的样式能永久使用，可以选中上述对话框中的“添至模板”选项。
(2) 修改 Word 内建的样式时 (如“标题 2”)，不能更改其样式名称，但可以在其名称后面加一个逗号后，添加一个别名。

40. 如何新建样式

方法为:

(1) 在 Word 2003 文档中，对一段文本设置好格式后，选中它。

(2) 单击“格式”/“样式和格式”菜单命令，打开“样式和格式”任务窗格。

(3) 单击任务窗格顶部的“新样式”按钮，打开“新建样式”对话框。

(4) 在“名称”栏中输入一个名称后，单击“确定”按钮结束操作。

41. 如何删除样式

方法为:

(1) 单击“格式”/“样式和格式”菜单命令，打开“样式和格式”任务窗格。

(2) 选中需要删除的样式，单击其右边的下拉按钮，选中“删除”选项，即可删除该样式。

提示!!

Word 内建的样式不能被删除，此时“删除”选项是灰色的。

42. 如何快速清除格式

直接粘贴的内容往往与当前文档的格式不匹配。此时，你可以使用 Word 2003 的“样式和格式”任务窗格或“样式”下拉列表快速清除格式。

方法为:

(1) 选中待清除格式的文本。

(2) 单击“样式”/“样式和格式”菜单命令，打开“样式和格式”任务窗格或“样式”下拉列表，单击其中的“清除格式”命令，则文本原有的格式就会被清除，代之以当前文档使用的默认格式。

43. 如何快速查看格式

Word 2003 文档的格式查看非常方便，只要你将“显示格式”任务窗格打开，再用鼠标单击要查看格式的某个段落，窗格中就会显示当前段落使用的各种格式。你也可以单击“帮助”菜单下的“这是什么？”命令（或按 Shift+F1 组合键），使光标带上一个大问号。用它单击待查看格式的某个段落，“显示格式”窗格会自动打开，提供当前段落格式的所有信息。

44. 如何创建跨栏标题

跨栏标题是公文之类的文档经常使用的格式。

创建跨栏标题的方法为：

（1）选中除标题以外的需要分栏的文字。

（2）单击“格式”菜单下的“分栏”命令，打开“分栏”对话框。

（3）根据分栏要求，选中“预设”下除了“一栏”外的某种分栏效果，如果需要的分栏数大于 3，可以在“栏数”框内输入或选择相应的数值；打开“应用范围”下拉列表，选择“所选文字”。必要时，还可在“栏宽”和“间距”框内调节相关参数。

（4）完成后单击“确定”按钮。

上述操作完成后，选中文档标题，单击“居中”按钮使其成为跨栏标题。

45. 如何创建分栏页码

Word 2003 文档分栏后，尽管一页有两栏乃至多栏文字。但程序仍然将文档视为一页，使用“插入”菜单中的“页码”命令不能给每栏文字设置页码。如果你需要给两分栏文字的页脚（或页眉）各插入一个页码，产生诸如 8 开纸上的两个 16 开页面的效果，可以采取如下方法：

（1）单击“视图”菜单下的“页眉和页脚”命令，然后切换至第一页的页脚（或页眉）。

（2）在与左栏对应的合适位置输入“第{={PAGE}*2—1 页”，在与右边对应的合适位置输入“第{={PAGE}*2”。输入时输入“第页”，再将光标插在两者中间，连续按两下 Ctrl+F9 组合键，输入大括号“{}”。然后在大括号“{}”内外输入其他字符，完成后分别选中“{={PAGE}*2—1”T“{={PAGE}*2”，单击鼠标右键选择快捷菜单中的“更新域”，即可显示每页左右两栏的正确页码。

> 提示!! ①如果文档分为三栏，并要在每栏下显示页码，可以将“第页”之间的域代码修改为“{={PAGE}*3—2”、“{={PAGE}*3—1”和“{={PAGE}*3”，然后按照上面方法进行更新，就可以显示各栏的正确页码，并由此得知四分栏甚至更多分栏的域代码如何设计。
> ②若要在更新域后修改域代码，可以将域代码选中，然后单击鼠标右键，选择出现的菜单中的“切换域代码”命令，即可看到完整的域代码。

46. 如何巧用格式刷

“格式刷”可以将文本中已有的格式用于其他地方。

方法为：选定要复制格式的文本，单击“格式刷”按钮，然后将“格式刷”刷过要应用此格式的文本。

> 提示!! 将选定格式复制到不同位置的方法是，双击“格式刷”按钮，按上法将格式复制于不同位置，完成后再次单击“格式刷”按钮即可。

47. 如何标记文档中的索引项

要编制索引，应该首先标记文档中的概念名词、短语和符号之类的索引项。

比如，我们要标记“史前时代”一词，方法为：

（1）选定“史前时代”词组。

（2）单击菜单命令“插入”/“引用”/“索引和目录”，弹出“索引和目录”对话框。

（3）单击“索引”选项卡，然后单击其中的“标记索引项”按钮，弹出“标记索引项”对话框。

（4）单击“标记”按钮，最后单击“关闭”按钮。

这时在“史前时代” 词组后面会出现“{XE“史前时代” }”的标志，它是当前索引的域代码。

提示!!

①可以通过单击工具栏上的“显示/隐藏”按钮进行隐藏或显示标志。②如果要把文档中所有出现“史前时代”一词的地方索引出来，可在“标记索引项”对话框中单击“标记全部”按钮来实现。

48. 如何提取已标记的索引项

标记所有索引之后，就可以提取所有标记的索引了，方法为：

（1）将光标移到文档最后，单击菜单命令“插入”/“引用”/“索引和目录”，弹出“索引和目录”对话框。

（2）单击“索引”选项卡，可以在该对话框中进行相关设置。

（3）设置完毕，单击“确定”按钮即可。

这样，一个索引就出现在光标处。如果之前选择的是“标记全部”，则索引会标记出该单词所出现的页号。

49. 如何为文档添加渐变背景

用户为了装点文档，需要为文档添加背景图案，那么如何添加具有渐变颜色的背景呢？方法为：

（1）单击菜单命令“格式”/“背景”/“填充效果”。

（2）在弹出的“填充效果”对话框中选择“渐变”标签。如图 3-5 所示。

（3）可以在“颜色”框里选择需要填充的渐变颜色和颜色的深浅；在“透明度”框里，选择背景的透明度；在“底纹样式”选择渐变的方向。然后，在“示例”栏里可以即时查看效果。

（4）最后单击“确定”按钮，结束操作。

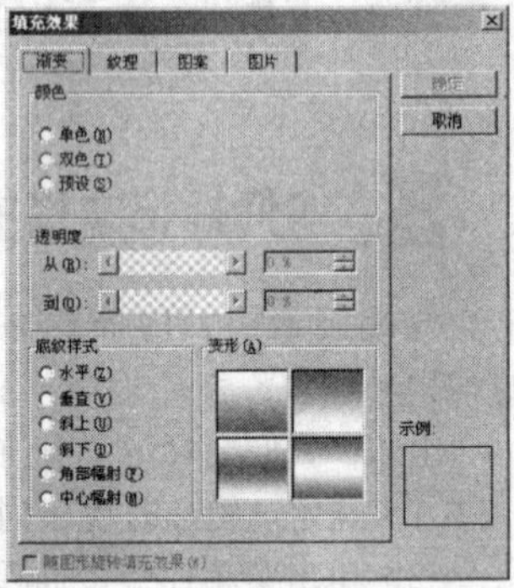

图 3-5

50. 如何实现文本框相互转换

横排和竖排文本框的区别在于其中文字的排列方式。无论哪一种文本框，只要你选中其中的文字单击鼠标右键，选择快捷菜单中的“文字方向”命令。就可以在对话框中选择文字的排列方式，从而实现两种文本框相互转换。

51. 如何设置混合页面

某些特殊文档需要混合设置页面，例如第一页为纵向第二页却是横向。此时采取如下方法：

（1）单击“插入”/“分隔符”菜单命令，在打开的“分隔符”对话框中选中“分节符类型”下的“下一页”，然后单击“确定”按钮。

（2）单击“文件”菜单下的“页面设置”命令，在“页边距”选项卡中选择好页面方向并单击“确定”按钮，就可以看以分节符后面的页面发生了变化。

如果想在该节后面的某页另行设置页面方向，只要在该页的页首再次插入分节符，就可以使用相同方法再次改变页面方向了。

52. 如何在同一文档中设置不同的页面

在实际工作中，会遇到一个文档中某几页与其他页的页面大小不同的情况，特别是图表和文档混排的时候。比较“笨”的方法是将同一个文档的内容拆分为若干个文档分别设置页面，这样做自然是效率比较低，而且也不方便以后的管理和查找。下面介绍一个方便快速的方法。

在这里以将某文档从某段起有部分内容需要设置为 A3 幅面、横向，其余为 A4 幅面、纵向为例。

（1）单击“文件”/“页面设置”菜单命令，将整个文档的页面设置成 A4 幅面、纵向。

（2）将光标移到需要设置为 A3 幅面的内容开始处，单击“插入”/“分隔符”菜单命令，在弹出的“分隔符”对话框的“分节符类型”中选择“下一页”按钮。此时在上一页的末尾将出现一个标注。

如果没有看到标注，可单击“显示/隐藏编辑标记”按钮。

（3）此时光标自动放于此段的开始处，单击“文件”/“页面设置”命令，在弹出的对话框中选择 A3 幅面、横向。

（4）将光标移至需要恢复为 A4 幅面的文档的开始处，单击“插入”/“分隔符”菜单命令，在“分节符类型”中选择“下一页”选项。

（5）单击“文件”/“页面设置”命令，将文档恢复为 A4 幅面、纵向。

（6）单击“显示比例”右边的下拉按钮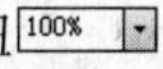，选择缩小 25%看看效果。

53. 如何在 Word 文稿中快速排序

在用 Word 2003 编辑公文稿时，常常会遇到对人员名单要按姓氏笔画或音序进行排列的情况。

在 Excel 表格或 Word 表格中都很容易做到，对于 Word 中普通的文本内容，有没有快速有效的方法呢？

有，方法为：

（1）先将人员名单录入文档，每个姓名输入后用按键盘上的 Enter 键换行，即每个人的名字各占一行。

（2）名单全部输入好后，选中人员名单中的全部文字和回车符，单击“表格”菜单中的“将文字转换成表格”命令，这时每个人的姓名各占表格中的一行。

（3）再单击“表格”菜单中的“排序”命令，在“排序”对话框的“类型”一栏中，根据需要选择“笔画”或“拼音”。如果名单中的第一个人不参加排序，必须排在第一位，那么还要选择“有标题行”，然后单击“确定”按钮，从而实现在表格中对人员名单的排序。

（4）最后再单击“表格”菜单下的“将表格转换成文字”命令，达到完成对人员名单排序的目的。

由于一行中只排一个人的姓名往往符合实际文稿的要求，这时只要再将名字后面的回车符删去即可。

54. 如何实现叠题的制作

翻开报纸，除了抢眼的标题和精彩的图片外，还总有些诸如“特别企划”、“跟踪报道”之类的小题花让人眼睛一亮，印象尤深。它们是怎么实现的呢？

这里就以“特别报道”这四个字为例来说明。

（1）在 Word 中输入“特别报道”并将它们选中。

（2）单击“格式”菜单下“中文版式”子菜单的“合并字符”选项，出现“合并字符”对话框。

（3）首先将“字体”设为“黑体”、再将“字号”设为“14”（也就相当于“小四”号）。

（4）单击“确定”，“特别报道”就乖乖地叠在一起了。

55. 如何实现文字的纵横混排

单击“格式”菜单下的“文字方向”可以将整篇文档掉个过儿，但怎么样在同一字段里既有横排的文字又有竖排的文字呢？这样的编排在杂志类的印刷品中是常见的编排方式。

下面以本文的标题“文字的纵横混排”为例进行讲解。

（1）先将标题输入到 Word，然后将文字方向更改为“纵向排列”。

（2）选择需要调整方向的文本，比如“文字”这个词，然后单击“格式”菜单下“中文版式”子菜单的“纵横混排”选项。此时“文字”一词自动变成了“横向”文本。当然了，如果整个标题是横向的，那么此时“文字”则无疑是纵向的了。

（3）单击“确定”按钮，结束操作。如果觉得“文字”长了些，可单击“字符放缩”下拉菜单中的“90%”项。

56. 如何实现正文双行合一

Word 对叠题的文字有“最多六个”的限制，那么我们想要叠加较长的标题甚至是一句话该怎么办呢？方法为：

（1）随便输入一行文字，比如本文的开头一段。

> **提示!!** 尽管 Word 将这一功能称之为“双行合一”，但事实上，Word 只能识别处在同一段落的文本。这就意味着，如果选中的文本中有“分段”或“硬回车”标记，那么 Word 就无法识别，而只会选取其中第一段的文字。

（2）选中输入的文字，然后单击“格式”菜单下“中文版式”子菜单的“双行合一”选项，此时可以在“预览”框中看到，Word 已将它们合并作为一段文字处理了。

（3）单击“确定”按钮，会发现这一段文字已被均分成两行，并可作为同一段落处理了。

显而易见，“双行合一”是类似“引题”或者“编者按”之类文字的最佳处理方式。

39. 如何让首字下沉

方法为：

（1）单击要用下沉的首字开头的段落，该段落必须含有文字。
（2）单击“格式”菜单中的“首字下沉”命令。
（3）单击“下沉”或“悬挂”选项，然后选择其他所需选项。
（4）单击“确定”按钮即可。

3-2 格式、版式故障处理速查

1. 在页眉或页脚中出现{PAGE}、{DATE} 或其他代码

向页眉或页脚添加页码、日期、时间等内容时，Word 将插入相应的域。域确保了页码在更改文档时能自动更新，而日期、时间和其他内容能在打印文档时更新。如果看到的是域代码（如 {PAGE} 或 {DATE}）而非实际的页码、日期、时间等，那么请按 Alt+F9 组合键。

2. 看到的是 {LISTNUM \S 5}，而不是项目编号

插入项目编号后，看到的是域代码。

要切换域代码和域结果的显示，则单击此域，然后按 Shift+F9 组合键。按 Alt+F9 组合键可显示或隐藏文档中的所有域代码。

提示!!

域指令用域字符（{ }）括起来。例如，{ LISTNUM }。确保不要删除或移动引号或其他域指令。

3. 对字符格式的更改影响到了整个段落和后续段落

（1）如果选定某段中的所有文字（除了段落标记），然后修改所选文字的字符格式，那么 Word 也会将新的字符格式应用于段落标记。随后，当按 Enter 键开始新的一段时，新的字符格式就会被带到后续的各个段落中。这是因为一个段落的格式包含在它前面的段落标记中。

（2）若要只设置当前段落中所有文字的格式，而不改变段落标记及后续段落的格式，则先选定要设置其格式的文字，并修改其字符格式；然后选定段落标记，按 Ctrl+Shift+Z 组合键，这样就取消了段落标记中的字符格式。再开始新的段落时，段落标记将包含未修改的字符格式设置。

提示!!

① 如果看不到文档中的段落标记，可能是由于它们已被隐藏。请单击“工具”菜单中的“选项”命令，再单击“视图”选项卡，选中“段落标记”和“隐藏文字”复选框。
② 如果文档中包含修订，并且需要在屏幕上显示修订，请指向“工具”菜单中的“修订”子菜单，然后单击“突出显示修订”命令，选中“在屏幕上突出显示修订”复选框。

4. 下标的下划线没有与普通文字的下划线对齐

当给文字添加了下划线，然后对其中的部分文字应用下标格式时，你会发现两种文字的下划线没有对齐。

可以不使用下划线格式，而采用在文本下画一条直线的方法。方法为：单击“绘图”工具栏上的“直线”按钮，在画线时按住 Shift 键，就能画出满意的下划线。

5. 文档将某些文字显示为方框

可分如下两种情况进行处理：

（1）可能没有启用该语言进行编辑

如果在文档、演示文稿、电子表格或窗体中应当出现正确字符的地方出现了方框，那么可能因为没有启用该语言进行编辑，或没有支持该语言的字体。应启用该语言进行编辑以显示字符，操作步骤如下：

① 指向 Windows“开始”菜单中的“程序”子菜单，再指向“Office 工具”子菜单，然后单击“Microsoft Office 语言设置”命令。

② 在“启用的语言”选项卡上，选中需要使用的语言旁的复选框。

启用该语言进行编辑还将在系统中安装相应的字体以显示字符。

（2）可能使用了不支持该语言的字体

如果在启用该语言进行编辑之后，Office 文档中仍有方框出现，请尝试用其他字体设置文字的格式，使字符能正确显示。Arial、Times New Roman 以及其他一些字体能支持所有欧洲语言。Microsoft Office 2000 自带了几种亚洲文字的字体：

MS Mincho（日语）
PMingLiu（繁体中文）
Simsun（简体中文）
Batang（朝鲜语）

6. 无法在链接文本框之间移动

如果已经更改了链接文本框中文字的方向，就可能无法使用“文本框”工具栏上的“下一文本框”或“前一文本框”按钮在链接的文本框之间移动。

尝试以下的解决方法：

（1）单击“文本框”工具栏上的“更改文字方向”按钮来更改文本方向。

（2）单击“文本框”工具栏上的“下一文本框”或“前一文本框”按钮在链接的文本框之间移动。

（3）单击文档中文本框以外的任何位置，然后单击一个文本框将其选中。再单击“文本框”工具栏上的“下一文本框”或“前一文本框”按钮在链接的文本框之间移动。

7. 复制链接文本框时，丢失了其中的文字

在复制链接文本框时，必须同时复制链条内（即文字部分）的所有文本框。如果只复制了其中的一部分文本框，则只会复制文本框，而不会复制其中的文字。要复制文本框内的部分文字，可选定所需文字，再进行复制和粘贴。可直接将所选文字粘贴到自己的文档、另一文本框或链接文本框链条中。

8. 无法统计文本框中的字数

使用“工具”菜单中的“字数统计”命令时，Word 在统计文档的字数和行数时将把所有文本框中的内容排除在外。

要统计文本框中的字数，必须先选定所有包含要统计的文字的文本框。要选定多个文本框，请按住 Shift 键并单击各个文本框，然后，单击“工具”菜单中的“字数统计”命令。

要统计链接文本框中的字数，只要单击链接文本框链中的最后一个文本框（不要选择链中前面的文本框），然后单击“工具”菜单中的“字数统计”命令。

9. 文档中有多余的分页符

可能执行了下列操作之一：

（1）插入了人工分页符。要删除该分页符，可切换到普通视图中，选定该分页符，然后按 Delete 键。

（2）设置了分页选项。以下分页选项可控制自动分页的位置："段中不分页"、"与下段同页"或"段前分页"。要删除文本中的分页格式，请选定后面带有多余分页符的段落，然后单击"格式"菜单中的"段落"命令，然后单击"换行和分页"选项卡。清除"段中不分页"、"与下段同页"或"段前分页"复选标识。

（3）插入了分节符。"下一页"、"奇数页"或"偶数页"分节符可导致自动分页。要禁止分节符进行分页，则单击分节符后的节中的任意位置，再单击"文件"菜单中的"页面设置"命令。接下来单击"版式"选项卡中的"节的起始位置"框中的"接续本页"选项。单击"确定"按钮，结束操作。

10. 转换后文档中的字体发生变化

用其他文字处理程序创建的文档可能含有计算机中尚未安装的字体。如果打开的文档中包含这样的字体，Word 会将字体替换为已安装的字体。

如果希望控制要替换的字体，方法为：

（1）单击"工具"菜单中的"选项"命令。

（2）在打开的"选项"对话框中单击"兼容性"选项卡，然后单击"字体替换"按钮，然后选择所需选项。

（3）单击"确定"按钮结束操作。

11. 不能删除某些页码

（1）文档有分节。如果删除页码，Word 将自动删除整篇文档的所有的页码。但是，如果文档分成多节，并且它们之间的连接已断开，则 Word 只删除当前节的页码。

（2）文档首页或奇数页和偶数页的页眉或页脚不同。如果文档首页或奇数页和偶数页的页眉或页脚不同，就必须分别删除各个不同的页眉或页脚中的页码。

12. 无法平衡报纸的分栏

如果当前文档是从其他应用程序转换来的，可能需要调整兼容性属性：

（1）单击“工具”菜单中的“选项”命令。

（2）在打开的“选项”对话框中单击“兼容性”选项卡。清除“不在接续节的起始位置平衡栏”前的复选标识。单击“确定”按钮关闭对话框。

（3）可能有干扰报版分栏平衡的段落格式。单击“格式”菜单中的“段落”命令，在打开的“段落”对话框中单击“换行和分页”选项卡，清除“孤行控制”、“段中不分页”、“与下段同页”和“段前分页”项前的复选标识。单击“确定”按钮关闭对话框。

13. Web 页显示错误语言的字符

如果 Web 页被编码为其他语言，则 Word 会尝试判断该语言。如果在浏览器中打开页面时 Word 显示了对该语言来说是错误的字符，你可自己选择页面所使用的语言编码。有些语言有多种编码，所以请尝试每种编码，直到可以阅读其中的文字。

（1）单击“工具”菜单中的“选项”命令，单击“常规”选项卡。

（2）单击“Web 选项”按钮，然后单击“字符集”选项卡。

（3）在“重新加载当前文档”下，选择该页面所使用的语言编码。

14. 使用的字体没有显示在文档中

计算机或打印机可能没有提供所使用的字体。可以将其替换为其他字体。

（1）单击“工具栏”菜单中的“选项”命令。

（2）在打开的“选项”对话框中单击“兼容性”选项卡。

（3）单击“字体替换”按钮，在“字体替换”的“文档所缺字体”中单击缺少的字体名称。

（4）在“字体替换”框中单击另一种字体。

（5）如果要将所缺字体永久转换，则单击“永久转换”按钮；否则，直接单击“确定”按钮结束操作。

15. 一行中的图形或文字像是被裁掉了一部分

一般情况下，行距取决于各行中文字的字体和字号。如果某行包含大于周围其他文字的字符，如图形或公式等，Word 会增加该行的行距。

然而，如果在“格式”菜单中的“段落”对话框中的“缩进和间距”选项卡上所指定的固定行距过小，无法容纳大文字或图形，那么该文字或图形就只能显示出一部分。要看到完整的文字或图形，则增加“设置值”

框中的行距值，或在“行距”框中选择除“固定值”以外的其他选项。最后单击“确定”按钮结束操作。

16. 删除文字时文本格式发生变化

如果删除了段落标记，则下一段将与该段合并，并采用下一段的段落格式及样式。如果要恢复段落标记及原有格式，则单击“常用”工具栏上的“撤销”按钮或直接使用快捷键 Ctrl+Z。

17. 关闭自动格式设置功能后，Word 仍在为文档设置格式

首先确保已经在正确的选项卡上关闭了各个选项。然后单击“工具”菜单中的“自动更正”命令，可以关闭两种类型的自动格式设置功能：

“键入时自动套用格式”控制着在你键入时，Word 将进行哪些自动更改。

“自动套用格式”控制着在你通过一次单独操作设置文档格式时，Word 将进行哪些自动更改。

如果上述两种类型都与遇到的问题无关，则尝试以下解决方法：

（1）总是出现不需要的符号。如果在清除了“键入时自动套用格式”选项卡中的“符号字符（--）替换为符号（—）”复选框之后，Word 还继续插入符号，则可能是由于一个或多个符号被设置为“自动更正”词条。此时单击“工具”菜单中的“自动更正”命令，再单击“自动更正”选项卡，查看“替换”框内是否含有 Word 自动替换的符号。可以在列表中选中该词条，然后单击“删除”按钮将其删除，也可以通过清除“键入时自动替换”复选框，彻底关闭“自动更正”功能来解决问题。

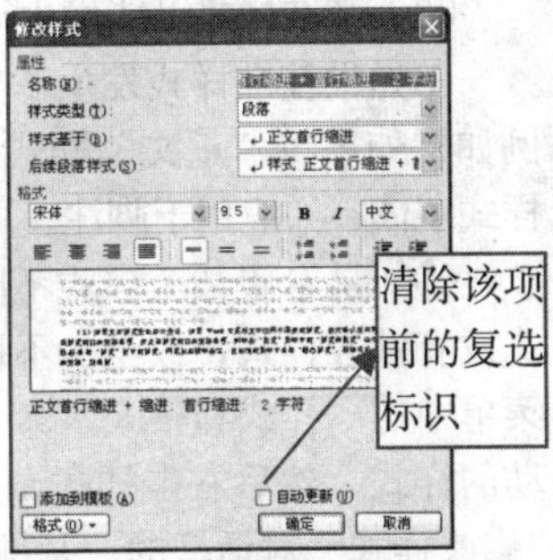

图 3-6

（2）文本样式发生意外变化。如果 Word 总是对文字应用不需要的样式，首先确认没有打开该样式的自动更新选项。要关闭样式的自动更新选项，则单击“格式”菜单中的“样式和格式”命令，然后选择“样式”框中的样式，用鼠标右键单击它，在出现的菜单中选择“修改样式”，在打开的“修改样式”对话框中清除“自动更新”前的复选标识即可，如图 3-6 所示。

（3）Word 总是将文字设置为标题。如果在清除了“键入时自动套用格式”选项卡中的“标题”复选框后，Word 还是继续将文字设置为标题，则清除“键入时自动套用格式”选项卡中的“基于所用格式定义样式”复选框，然后单击“确定”按钮结束操作。

18. 文字被错误地设置为超级链接

如果键入的文字包含 at 符号（@），Word 可能会将其解释为电子邮件地址，并自动应用超级链接格式。可关闭自动将 Internet 及网络路径替换为超级链接的选项，方法为：

（1）单击“工具”菜单中的“自动更正选项”命令，在打开的“自动更正”对话框中单击“键入时自动套用格式”选项卡。

（2）清除“键入时自动替换”下的“Internet 及网络路径替换为超级链接”复选框。

（3）单击“确定”按钮结束操作。

19. 样式发生意外变化

（1）可能启用了此样式的自动更新功能。如果启用自动更新功能，则修改样式时，该样式将自动更新，这样可使文档中的元素（比如标题）保持一致。关闭此功能的方法是：单击“格式”菜单中的“样式”命令，选择“样式”框中的样式，然后单击“更改”按钮。如果已经选中“自动更新”复选框，请清除该复选框。

（2）基准样式可能发生了变化。

①如果基准样式发生了变化，基于该样式的所有样式也将发生变化。例如，如果将“正文”样式的字体改为黑体，Word 将改变基于此样式的样式字体，如应用于脚注、页眉、页脚和页码的样式。

②如果希望某个样式不因改动基准样式而发生变化，则必须保证此样式没有基准样式，或至少不以正在改动的样式为基准。首先单击“格式”菜单中的“样式和格式”命令，在出现的再单击“样式和格式”框中要改动的样式，然后右击样式，在出现的菜单中单击“修改样式”，随后单击“修改样式”对话框的“基准样式”框中的“（无样式）”，或选择一种与正在更改的基准样式不同的样式。最后单击“确定”按钮结束操作。

（3）文档基于的模板发生了变化。如果你更改了某个模板中的样式，随后重新打开了基于此模板的文档，则该文档中的样式有可能根据模板中新定义进行更新。如果不希望在打开基于特定模板的文档时，对文档中的样式进行更新，则单击“工具”菜单中的“模板和加载项”命令，在打开的“模板和加载项”对话框中清除“自动更新文档样式”复选标识。最后单击“确定”按钮结束操作。

（4）包含样式定义的模板可能丢失或者损坏。如果包含样式定义的模板丢失或者损坏，当前文档将使用 Normal 模板中的样式定义。

> 提示!!
>
> 所谓“Normal 模板”，是指可用于任何类型文档的通用模板。当启动 Word 或单击“新建空白文档”按钮 时，Word 将基于 Normal 模板新建一个空白文档。

20. 应用样式会取消加粗、倾斜或下划线格式

对文本应用段落样式或字符样式，可能会改变文本原有的字符格式。例如，当对加有下划线的文字应用内置标题样式（如标题 1）时，下划线将消失。如果先应用样式，再设置字符格式，则不会出现此问题。

21. 无法使用“样式和格式”重新定义“正文”样式

通常，当你对文本应用了一种样式，然后更改此文本的格式，再使用“样式”框重新应用该样式时，Word 会向你提供两种选择：你可以根据新格式更新样式；也可以重新应用上次定义的样式。

但是，当你对文字应用“正文”样式时，Word 不会提供更新样式的选项。Word 不会提示你重新定义样式或重新应用原样式，而会自动重新应用原有的正文样式，取代你对格式所做的更改。

要重新定义“正文”样式，则执行下列操作：

（1）单击“格式”菜单中的“样式和格式”命令。

（2）右击出现的“样式和格式”任务窗格中的“正文”样式，在出现的菜单中单击“修改样式”。

（3）在打开的“修改样式”对话框中，如果要永久保留对“正文”样式的新定义，则选中“添至模板”前的复选标识。

（4）单击“格式”按钮，再单击需要改变的属性（例如“字体”或“编号”）。

（5）进行所需更改，然后单击“确定”按钮。

（6）对要修改的其他属性，重复第（4）和第（5）步。

22. 添加或删除项目符号后，自定义制表符消失

如果将项目符号添至包含自定义制表位和制表符的文本行中，或删除其中的项目符号，Word 会删除制表符而保留制表位。

可执行下列操作之一：

单击希望制表符出现的位置，然后按 Tab 键以重新插入制表符。

避免在包含自定义制表位和制表符的项目中添加或删除项目符号。

23. 报纸样式分栏中的表格消失

表格的宽度大于报栏的宽度时，会发生这种情况。

请尝试以下解决方法之一：

方法 1：如果表格是在对文档进行分栏之前插入的，可调整表格的宽度：将光标移动到表格内部，单击“表格”菜单的“选择”子菜单中的“表格”命令，再单击“表格”菜单的“自动调整”子菜单中的“根据窗口调整表格”命令。

方法 2：对文档进行分栏之后，再插入表格。

24. 标尺或格式设置变暗或空白

如果同时选定两段或多段含有不同格式的段落，Word 就不能同时显示不同的格式设置。在水平标尺上，所选内容中第一段的缩进和制表位标记将以暗色显示。若要将某种格式应用于不同格式的所选段落，你仍然可以调节标尺设置，单击工具栏按钮，或者选中“段落”对话框中的暗色或空白的选项。

提示!!

水平标尺就是横穿文档窗口顶部并以度量单位（例如英寸）作为刻度的水平标尺栏。

25. 段落间、页面顶部和底部有多余的间距

一些垂直对齐设置可以更改段落间的间距大小。如果垂直对齐为居中，Word 将段落移到页面的中间，如果垂直对齐为两端对齐，Word 会平均分布段落，以填充垂直间距。

若要检查垂直对齐，则单击“文件”菜单上的“页面设置”，再单击“版式”选项卡，在“页面”之下，注意“垂直对齐方式”的设置。

第4章

Word 2003表格、图表应用技巧速查

Office 2003 高效办公速查 1000——→本章内容

1. 如何创建任意行数或列数的表格
2. 如何给跨页的表格自动添加表头
3. 如何自动调整表格的大小
4. 如何防止表格跨页断行
5. 如何移动表格

……

1. 如何创建任意行数或列数的表格

在进行文档编辑时，有时需要插入一些类似数据库中数据项一样的数据文件，这时就需要用到表格。那么如何在 Word 中添加任意多行或列的表格呢?

方法为:

（1）将鼠标定位到需要插入表格的地方。

（2）单击菜单命令“表格”/“插入”/“表格”，打开“插入表格”对话框。

（3）在“表格尺寸”中输入需要创建的表格的行数和列数。

（4）如要对表格使用“自动套用格式”，则单击“自动套用格式”来选择一种格式。此外，还可以在“‘自动调整’操作”中选择一种。

（5）如果要使以后插入的表格使用当前表格的格式时，则选中“为新表格记忆此尺寸”。

（6）单击“确定”按钮，结束操作。

2. 如何给跨页的表格自动添加表头

在 Word 中用户可能要使用有许多行的表格。而当行数超过屏幕高度后，我们在编辑表格下面的数据时，往往因不知道所编辑的列代表什么意思而要重新回到表格开头去看列标题。这种操作显得麻烦，而且容易出错。下面介绍一种在每时每刻都能看到相应的列标题的方法:

（1）选中表格的主题行（列标题）。

（2）单击菜单命令“表格”/“标题行重复”即可。

这样，当浏览或打印文件时，就会发现每一页的表格都有标题了。在编辑表格时，也会方便很多。

3. 如何自动调整表格的大小

对于添加了数据后的表格，有时需要对其进行调整，如果对它的要求不是很好的话，可以让系统自动对它进行调整。Word 的自动调整功能有很多：比如“根据内容调整表格”、“根据窗口调整表格”、“平均分布各列”、“平均分布各行”、“固定列宽”等。下面分别讲解。

（1）“根据内容调整表格”。有时在某些单元格中输入了太多的数据，表格的各行各列的高度或宽度极不平衡，特别难看。这时，如果使用“根据内容调整表格”菜单命令，表格就会根据表格中文字的多少来自动调整表格，使得各个行的高度和列的宽度更合理一点。

（2）“根据窗口调整表格”。有时需要放大或者缩小窗口，比如缩小窗口，这样，有一部分窗口就不能看到，此时如果使用“根据窗口调整表格”菜单命令，表格的宽度就全部显现在窗口内了。

（3）“平均分布各列”和“平均分布各行”。一般来说，如果表格的行高或列宽相等时表格最漂亮。所以，当表格中各个单元格中的文本内容有多有少使得行高或列宽不等，需要使它们相等时，便可以执行该方法。

（4）“固定列宽”。用户可以事先设置好列的宽度，然后再来输入数据。此时，希望表格的列宽不会随着数据的多少而改变时，可以在输入数据前先执行该命令。这样，不管单元格中的数据再多，列宽都不会再改变，除非解除这个命令。

以上这些操作的方法是通过执行“表格”/“自动调整”菜单命令下面的“根据内容调整表格”、“根据窗口调整表格”、“平均分布各列”、“平均分布各行”和“固定列宽”等命令来完成的。

4. 如何防止表格跨页断行

当表格过大时，表格中的文字会被页面分成两部分，从而影响表格的美观，如何防止表格跨页断行?

方法为：

（1）选中需要处理的表格。

（2）单击菜单命令“表格”/“表格属性”或者单击鼠标右键后选择“表格属性”，弹出“表格属性”对话框。

（3）选择“行”选项卡，取消“允许跨页断行”复选框。

（4）最后单击“确定”按钮。

此后 Word 表格中的文字就不会再出现跨页断行的情况。

5. 如何移动表格

Word 2003 表格的移动非常方便，你只要将光标停留在表格内部。当表格移动控点出现在表格左上角后，将鼠标移动到控点上方。片刻鼠标指针即可变成四向箭头，此时就可以将表格拖动到页面的任意位置。

6. 快速拆分表格

对于已制作好的表格，如果要把它快速拆分为两个表格，请问有没有办法？

有，方法为：先将光标移动到即将拆分成第二个表格的首行上，然后同时按住键盘上的 Ctrl+Shift+Enter 组合键，便可在光标前插入一个空行，这样就把原来的一个表格分成了两个表格。

7. 如何将文本内容转换为表格

有时用户需要将文本内容制作成表格形式，这样便于观察和查找。

方法为：

（1）在转换之前，需要对所要转换的文本进行一些必要的编辑。就是需要统一文本内容之间的分隔符。分隔符可以任意设置，比如制表符、逗号、分号等甚至可以是一些不常用的分隔符。

（2）选择需要进行转换的文本。

（3）单击菜单命令“表格”/“转换”/“将文本转换为表格”，弹出“将文字转换成表格”对话框。

①在“文字分隔位置”栏中，选择分隔符，供系统转换时自动识别，在这里选择“逗号”。如果用户选择的是一些不常用的分隔符，则可以选中“其他字符”，并在随后的编辑框中输入该分隔符。

②在“表格尺寸”栏中选择需要转换成的表格的行数和列数。

③在“‘自动调整’操作”栏中选择表格的一些属性。比如“固定列宽”、“根据内容调整表格”、“根据窗口调整表格”等。

④在“表格样式”中还可以设置表格自动套用格式。

（4）单击“确定”按钮，结束操作。

8. 巧用分隔法让一栏同存两表格

Word 中的表格两侧是不能插入其他表格的，所以无法让两个表格处在同一栏上。不过我们可以把一个表格“一分为二”来间接得到双表格。

方法为：

先选定表格中间作为“分隔”的某列，然后通过“边框和底纹”对话框中的“预览图”取消所有的横边框，就可得到“双表格”了。

9. 如何使文字环绕在表格周围

图片可以进行“图文环绕”设置，同样，表格也可以跟文字进行环绕设置。

方法为：

（1）选中表格的任何一个单元格。

（2）单击鼠标右键，从弹出的菜单中选择“表格属性”。

（3）在弹出的“表格属性”对话框的“文字环绕”一栏中，选择“环绕”。如果要对环绕进行进一步设置，可以单击“定位”按钮，对表格的定位方式进行设置。

（4）单击“确定”按钮，结束操作。

此时文字就可以在表格周围进行自由的布局了。

10. 如何让表格左右两边绕排文字

如果要在表格右侧（左侧）输入文字，Word 一般会提示“此操作对行结尾无效”的错误信息。这时可以采用如下方法来实现：

（1）先把该表格的最后一列（或第一列）合并成一个单元格，并且设置好该单元格只有左边（或右边）有边框。

（2）然后在该单元格中输入文字，就可以绕排在表格的一边了。

11. 利用表格分栏、竖排文字

编辑一个如报刊那样的文字排版效果（文字横、竖错落有致）的文件，如果用文件段落格式来排版好像效果不是很好，我们可以利用表格分栏来实现这种灵活多样的文字排版要求。方法为：

（1）首先把各栏（块）内容分别放入根据需要绘制的一个特大表格单元格中（如和报纸版面一样大的表格）。

（2）再合理设置好各个栏（块）内的文字排版样式。

（3）最后再设置好各个栏的边框（如无边框）等，这样就能得到如报纸上的排版效果了。

12. 如何让表格中的文本缩进

Word 2003 表格中的 Tab 键用于“跳格”，按 Tab 键光标会跳到下一个单元格，不能实现文本的缩进。如果想让表格中的文本缩进，可以按 Ctrl+Tab 组合键，光标就会像普通文本那样在表格中缩进。

13. 如何利用文本框的功能为表格添加更多的特效

在 Word 中，我们可以为文本设置很多特效。而对于表格，除了可以使用“自动套用格式”以及一些基本的设置（比如添加单元格背景等）外，Word 并没有更多的效果设置提供给我们。难道就不能给表格添加像文本那样的个性化的效果了吗？

能，方法为：

（1）在需要插入表格的地方预先插入一个文本框。

（2）在文本框中插入一个同样大小的表格。

（3）打开“表格属性”对话框，将文本框的内边设置为 0，表格的外边框设置为无。

接下来就可以为文本框添加各种特效了。

14. 如何快速缩放表格

如果想对表格作快速缩放，方法为：将光标停留在表格内部，直到表格尺寸控点（一个小“口”）出现在表覆盖的右下角。移动鼠标至表格尺寸控点，出现向左倾斜的双向箭头后，沿箭头指示方向拖动即可实现表格的整体缩放。

15. 有哪几种插入行的方法

在插入表格的时候，有时不能精确估计到底要插入多少行，因此会暂且随便插入一定数量的行。这样，在编辑的过程中，可能因数据的增多而需要增加行。那么有哪几种插入行的方法呢？总结起来有两种：菜单法和快捷法。

菜单法的操作方法为：

（1）移动鼠标到需要插入行的位置。

（2）单击菜单命令“表格”/“插入”，在出现的子菜单中选择“行（在上方）”、或者“行（在下方）”即可。

快捷法的操作方法为：

（1）移动鼠标到需要插入行的行尾。

（2）按键盘上的 Enter 键，就在该行下面自动添加了一行。

此外，如果需要一次性插入多行，则先选中要插入的位置前面的多个行，然后使用“菜单法”，此时就会一下子插入跟所选表格行数一样多的行。

16. 如何快速删除表格中数据

在复制粘贴一张表格后，想对其中的数据进行删除，但不删除表格，有没有简单的方法?

有，方法为：

（1）如果只删除某项单元格中数据，则选中要删除的单元格中的数据，再按 Del 键，便可把所有数据删除。

（2）如果选中整行或整列、整个表格时，按空格键则可删除已选中的行、列或整个表格中的数据。

17. 如何合并多个单元格

对表格的操作中，除了拆分单元格外，合并单元格也是一个经常要使用的功能。它能将选中的多个单元格合并为一个单元格。那么如何合并多个单元格呢?

方法为：

（1）选中要进行合并的单元格。

（2）单击菜单命令“表格”/“合并单元格”。这样，所选择的单元格就合并为一个独立的单元格了。

如图 4-1 所示是合并之前的表格。如图 4-2 所示是第一列的两个单元格合并为一个单元格后的表格。

<table>
<tr><td>↵</td><td>↵</td><td>↵</td><td>↵</td><td>↵</td></tr>
<tr><td>↵</td><td>↵</td><td>↵</td><td>↵</td><td>↵</td></tr>
</table>

图 4–1

<table>
<tr><td rowspan="2">↵</td><td>↵</td><td>↵</td><td>↵</td><td>↵</td></tr>
<tr><td>↵</td><td>↵</td><td>↵</td><td>↵</td></tr>
</table>

图 4–2

18. 如何巧妙绘制斜线表头

相信在 Word 2003 里设计表格的人都有这样的感觉，使用“绘制斜线表头”制作出的斜线表头不太令人满意。如果是两等分的表头还好办，如果遇上三分或更复杂一些的斜线头，字体设大了，表头单元太小，则无法包含所有标题内容；字体设小了，看不清楚，表格看起来又不美观。

下面介绍一个妙法：

（1）在表头单元格里依次输入三行内容：数项、量目、日期，按三分表头的大致位置进行排列，设计好字体大小。

（2）单击“表格”/“绘制斜线表头”菜单命令，选择其中的表头二，不输入任何文字内容，直接单击“确定”按钮即可。

如果字的位置不合适的话，再进行调整，以达到最佳位置。这样制作出的表头清晰、漂亮、好看。

其他样式的表头也可采取同样的方式制作。

19. 快速变换表格虚实线条

在制作好表格后，如果需要对多行或多列的表线虚化（无边框），或者是要使虚化的线条实化，请问有没有办法呢?

有，方法为：

（1）选中需要虚化的表格线条，然后在其上单击鼠标右键，选择“表格属性”选项。

（2）在新打开的“表格属性”对话框中选择“表格”选项卡下的“边框和底纹”按钮，然后在打开的“边框和底纹”对话框中“设置”下选择“无”。

（3）单击“确定”按钮，结束操作。

20. 让 Word 表格实现自动填充

如果经常在 Word 的表格里输入序号，肯定会觉得还是在 Excel 里输入序号简单，因为在 Excel 里有自动填充的功能。其实对于有序的编号或相同的内容在 Word 里也可以实现自动填充，我们可以利用它提供的项目符号和编号的功能来完成。下面以表 4-1 为例来进行说明。

表 4-1

编　号	姓　名	年　龄	职　称
001	李尉	48	高级工程师
002	赵军	38	总工程师
003	庞龙	27	助理工程师
004	曾帅	32	高级工程师

（1）选中要输入编号的单元格，单击“格式”/“项目符号和编号”菜单命令，在打开的对话框中单击“编号”选项卡，然后随便选择一种格式，单击“自定义”按钮，打开“自定义编号列表”对话框。

（2）选择编号样式为 1，2，3…，把“编号格式”1 后面的点删除掉，并在前面输入固定不变的编号，如本例输入的“001”。还可以设置编号的字体、起始编号、编号位置等选项。

（3）设置完毕，单击“确定”按钮即可。

以后只要移动光标到表格中最末一个编号所在的行的末尾，然后按键盘上的 Enter 键，则会在表格中自动出现一个带编号的行。

提示!! 对于内容相同的单元格，如本例中的职称一列，可以在“编号样式”里选择“无”，在“编号格式”里输入要填充的内容。本例输入“高级工程师”。

21. 如何快速调整表格的宽度

调整表格宽度，可以通过对话框进行精确的调整。此外，我们可以利用鼠标进行更快捷的调整。

方法为：

如果想改变某一列的宽度但保持整个表的宽度不变，则只需要简单地按住鼠标拖动那一列的右边界改变即可。

如果想在拖动的时候，改变整个表格的宽度为相同的宽度，则在拖动时按住 Shift 键即可。

如果想让表格中的每一列都有相同的变化量，则按住 Ctrl 键再拖动鼠标即可。

22. 轻松微调行列宽度

在 Word 中制作表格时，有时需要对行列宽度进行一些微调，请问除了进行表格属性设置外，有没有其他更方便的方法呢？

在进行 Word 表格编辑时，如果要知道行或列的宽度，只需在按住鼠标左键调行的同时按下右键，标尺上（调整行时会在垂直标尺上显示，而在调整列时会在水平标尺上显示）就会显示出行或列的尺度。

提示!! 此时表格标尺的精确度为 0.01 字符。

23. 如何调整单元格中文字的水平对齐方式

在单元格中输入了数据后，会发现文字以单元格的位置并不令人满意。比如想对表格中的标题文字进行“居中对齐”。需要对它们进行适当的调整。那么如何调整单元格中文字的水平对齐方式呢？

方法为：

（1）选择需要进行对齐操作的整个表格或表格中的行或列甚至是单

元格。

（2）单击鼠标右键，在弹出的菜单中选择“单元格对齐方式”，其右侧出现一个对齐方式子菜单。

（3）根据不同的需求，选择合适的对齐方式即可。

24. 表格内数据按小数点对齐

单位的财会人员常要对一些表列的数据以小数点进行对齐，请问要实现它该如何操作？

可利用 Word 的制表位功能达到目的，方法为：

（1）按正常方式在 Word 表格中输入有关数字，然后以列为单位将需要实现按小数点对齐的单元格定义为块。

（2）单击“视图”菜单的“标尺”命令，显示出 Word 的标尺栏（如果用户的标尺栏处于显示状态，则可跳过此步骤）。

（3）在该列上端标尺栏上用鼠标左键双击，打开“制表位”对话框。

（4）在“制表位”对话框的“对齐方式”列表框中选择“小数点对齐”选项，单击“确定”按钮后关闭对话框。

此时，标尺栏上便会出现一个“小数点制表符”，拖动标尺栏上的“小数点制表符”，使小数点处于表格的适当位置，便可使该行数据以小数点对齐。

25. 如何将表格与页面的中间对齐

当一张表格较小时，你可能希望能够将表格显示在纸张的中间，以求较好的显示效果。方法为：

（1）单击表格，然后单击“表格”菜单中的“表格属性”命令。

（2）在打开的对话框中单击“表格”选项卡，然后单击“对齐方式”下的“居中”。

（3）单击“确定”按钮，结束操作。

26. 如何调整单元格中文字和边框的间距

在编辑一般的文档时，有“页边距”这个说法，也就是文字离页面边缘的距离。同样，在表格的单元格中，也有文字离单元格的距离一说。那我们如何调整它呢？

方法为：

（1）选中需要调整的表格。

（2）单击鼠标右键，在弹出的菜单中选择“表格属性”。

（3）在弹出的“表格属性”对话框中选择“单元格”选项卡，然后单击“选项”按钮，在弹出的“单元格选项”对话框中设置单元格中的文字与单元格边框上下左右的间距。

（4）单击“确定”按钮，结束操作。

27. 如何为表格添加各种边框和底纹

我们不仅可以给文档中的一般文字添加边框和底纹，也可以为表格中的文本和数据添加同样效果的边框和底纹。

方法为：

（1）选择要添加边框和底纹的整个表格或者部分行列或单元格。

（2）单击菜单命令“格式”/“边框和底纹”，弹出“边框和底纹”对话框。

（3）按需要可以分别或者同时采取如下的措施：

要为表格添加边框，方法为：

①单击“边框”选项卡，如图 4-3 所示。

②在“设置”栏中选择所选表格或行或列或单元格需要显示的边框，并可在右侧“预览”中进一步设置需要显示或隐藏的边框，甚至可以添加斜线；在“线型”栏中选择一种线型，比如实线、虚线等；在“颜色”栏中选择线条的颜色；在“宽度”栏中选择线条的宽度。

要为表格添加底纹，方法为：

①选择“底纹”选项卡。

②在“样式”栏中选择底纹的样式，如图 4-4 所示；在“颜色”栏中选择底纹的颜色；最后单击“确定”按钮结束操作。

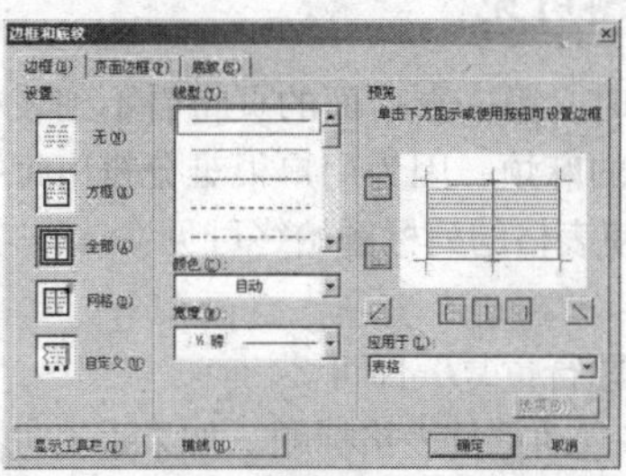

图 4–2

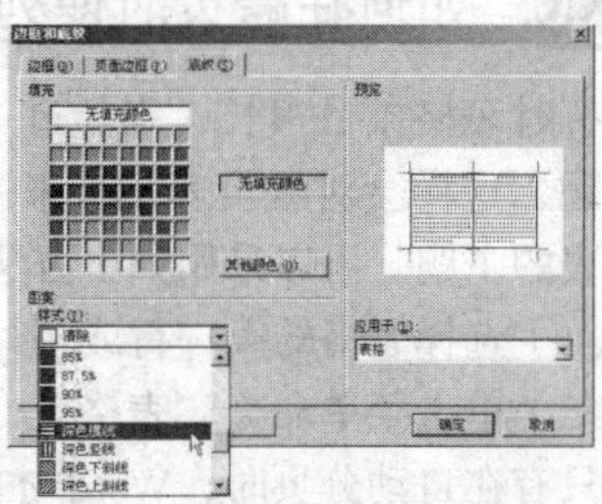

图 4–3

28. 如何按文字的大小来调整单元格宽度

有时候在单元格中输入文字时，会因为每个单元格的文字个数相差太多而使得表格的一些单元格浪费很多空白。那么该如何解决这样的问题呢？

方法为：

（1）选定需要进行匹配的列。

（2）单击“格式”/“段落” 菜单命令，在弹出的“段落”对话框的“对齐方式”框中选择所需要的对齐方式。

（3）单击“表格”/“自动调整”/“根据内容调整表格”菜单命令即可。

29. 如何使用表格的“自动套用格式”功能

可以为表格添加一些效果使它显得更加丰富多彩。除了手工调整外，其实 Word 为我们提供了许多早已定义好的表格样式。

方法为：

（1）选择需要使用“自动套用格式”的表格或者将光标定位在其中任何一个单元格中。

（2）单击菜单命令“表格”/“表格自动套用格式”，弹出“表格自动套用格式”对话框。

（3）在“类别”中选择“所有表格样式”，在下面的“表格样式”列表中选择一种自己需要的样式。此时可以在下面的预览框中观看效果。

（4）在“将特殊格式应用于”一栏中，如果不希望把这个自动套用格式应用到比如“标题栏”、“末行”、“首列”、“末列”中的一项或多项时，只要取消选中状态即可。

（5）单击“确定”按钮，结束操作。

30. 如何在跨页时使列标题可见

有时表格条目很长，当超过一页时，第一页后面的页将看不到表格的列标题，这样会对编辑表格带来一定的麻烦，因为用户很难分辨出每一列所代表的主题。可以采用如下方法来使表格的列标题始终可见：

（1）选择表格的第一行或多行。

（2）单击菜单命令“表格”/“标题行重复”即可。

只有在自动分页时，Word 才能够自动重复表格标题。如果手工进行分页，表格标题将不会重复。而且，重复的表格标题只有在打印预览视图或当打印文档时才可见。

31. 如何给表格排序

Word 2003 表格的排序功能进一步增强，可以像 Excel 那样以多个关键字为依据进行排序。关键字的类型可以是笔画、数字、日期和拼音，且每一关键字均可单独设置排序方式。

方法为：将光标移动到排序关键字所在的单元格中，然后单击“表格”菜单下的“排序”命令，就可以在出现的对话框的“类型”下拉列表中选择排序方式了。

32. 快速在铅笔和擦除工具间转换

在 Word 中绘制表格，常常要用到铅笔和擦除工具，单击工具按钮转换比较麻烦，有没有什么方法可以在它们之间快速转换?

有，方法为：选中铅笔工具后，要使用擦除功能，只要按住 Shift 键即可。

33. 如何将姓名按姓氏笔画排序

在举办会议时，需要对与会者的姓名按照姓氏笔画进行排序。那怎么用 Word 中的排序功能对其进行排序呢?

方法为：

(1) 将需要排序的姓名写出来，每个姓名占一行。

(2) 选中所有需要排序的姓名，单击菜单命令“表格”/“排序”，弹出“排序”对话框。

(3) 在“排序文字”对话框里，“排序依据”项选择“段落数”，“类型”项里根据各自的要求，选择“笔画”排序方式。

(4) 在其后的二选一框里选择“递增”或者“递减”方式后，单击“确定”按钮即可。

这样，之前随意输入的姓名就按照姓氏笔画顺序被排列得井井有条了。

34. 如何利用临时文档加快插入公式的速度

在 Word 中编辑一些文档时，比如制作一份数学试卷，会碰到一些数学公式。如果需要编辑的公式少倒无所谓，但一旦需要插入很多公式的话，用户必须在同一个文档中每次都要调用一次“公式编辑器”，这种不停的切换会浪费很多时间。那么该怎么解决这一问题呢?

方法为：

（1）建立一个新的文档，用做临时文档。

（2）在需要插入一个公式时，在该临时文档中用“公式编辑器”编辑公式，然后将编辑好的公式复制到剪贴板中。

（3）回到原文档中，再将公式粘贴到需要的位置即可。

这种通过窗口直接切换的方法来代替在同一文档中不停地在“公式编辑器”和文档编辑状态之间进行切换要方便得多。

35. 如何在表格中进行自动求和

Word 中可以实现一些简单的数据计算，其中使用比较频繁的一个是数据求和。那么如何使用这项功能呢？

方法为：

（1）单击菜单命令“视图”/“工具栏”/“表格和边框”，弹出“表格和边框”工具栏。

（2）移动光标到某个单元格中。

（3）单击“表格和边框”工具栏上的“自动求和”按钮 Σ ，就可以方便地计算每一列或一行的数据总和。

提示!!

对一列数值进行求和时，光标要放在此列数据的最下端的单元格，而不能放在上端的单元格中；对一行数据进行求和时，光标要放在此行数据的最右端的单元格中，而不能放在最左端的单元格中；当求和单元格左方或上方表格中都有数据时，系统默认先求列的和。

36. 如何在后续各页上重复表格标题

当表格有多页时，在每一页首行中显示表格的标题行，能够方便阅读和编辑，以下的方法让 Word 在后续各页上重复表格标题：

（1）选择一行或多行标题行，所选的行中必须包含表格的首行。

（2）单击“表格”菜单中的“标题行重复”命令即可。

提示!!

①只有在页面视图或打印出的文档中才能看到重复的表格标题。
②Word 虽然能够依据分页符自动在新的一页上重复表格标题，但如果在表格中插入了手动分页符，则 Word 无法重复表格标题。

37. 如何在 Word 中快速计算

用 Word 2003 进行文字编辑时，有时可能需要对文中的一些数据进行运算，或者核对一下算式中的结果对不对。

方法为：

（1）移动光标到文档中需要插入计算结果的地方，然后单击“表格”/“公式”菜单命令。

（2）在打开的“公式”对话框中的“=”后面输入要计算的算式，然后单击“确定”按钮即可。

如果说算式就是文档中的文字，那么就更简单了，只要先将文档中的算式复制，然后在“公式”对话框的“=”后面粘贴即可。不过这时的“粘贴”操作要用 Ctrl+V 组合键了。

38. 在表格中快速进行计算

利用 Word 制作好一张成绩后，想对学生成绩进行求和计算，是否可以利用 Word 自动完成？

可以，方法为：

（1）完成数据输入后，把指针移到准备输入公式的单元格。

（2）单击菜单命令“表格”/“公式”，出现“公式”文本框输入公式，再单击“确定”按钮便可得出利用该公式计算得出的数据。同时，在“公式”对话框中“粘贴函数”下拉列表下有很多函数供选用，通过选择便可完成很多复杂的计算任务。

39. 如何把网页内容转换成 Word 表格

前些天笔者写稿子，上网查了许多产品资料，由于内容很多，想整理成表格的形式保存在 Word 文档中。可是每一种产品在一个网页上，而且都使用冒号分组形式（Aaaaaaaaaa:bbbbbbb），不能直接保存为表格。如果先在 Word 2003 中建好表格，再一项一项输入很费事，经过多次试验，终于找到了一个快速解决的好办法。

（1）首先在 Word 2003 中打开一个空的文档。

（2）把网页打开，用鼠标选中想要保存的内容，然后拖到任务栏上的 Word 图标上，稍等片刻，在打开的窗口中释放鼠标左键。这时会出现一个“粘贴选项”按钮，单击右边的三角形，在菜单中选择“仅保留文本”，这时网页上讨厌的格式就都不见了，还可以把网页中的图标和图片去掉，这样就完成了拷贝任务。

（3）如果粘贴后没有看到“粘贴选项”按钮，只要在“工具”/“选项”/“编辑”选项卡中勾选“显示粘贴选项按钮”即可。

（4）接下来把这些文字内容转换成表格。按键盘上的 Ctrl+A 组合键选中所有内容，然后单击“表格”/“转换”/“文本转换成表格”菜单命令，在出现的对话框中调整列数为“2”，选中“根据文字内容调整表格”，在“文字分隔位置”中选择“其他字符”选项，然后在后面的文本框中输入“:”（冒号），单击“确定”按钮后开始转换。

40. 如何将表格中的数据转换为文本内容

有时，需要将一个表格中的数据转化为文本形式进行存储，这样可以节省一些磁盘空间。那怎么将表格中的数据转化为文本呢?

方法为:

（1）将光标定位在表格上任何一个位置之后(不要用鼠标选定区域)。

（2）单击菜单命令“表格”/“转换”/“表格转换成文字”，弹出“表格转换为文本”对话框。

（3）在“文字分隔符”栏中选择一个分隔符，比如“逗号”。

（4）单击“确定”按钮结束操作。

这样表格线就消失了，取而代之的是“逗号”，即表格中的数据被逗号相隔。不过还是保持着原来表格的布局。

41. 如何在单元格中使用数学公式

用户可以在 Word 的表格中，使用比较简单的四则运算和函数运算。

方法为:

（1）首先将插入点定位在需要记录结果的单元格中。

（2）单击菜单命令“表格”/“公式”，弹出“公式”对话框。

（3）在“公式”框中的等号后面输入运算公式或“粘贴函数”，然后单击“确定”按钮即可。

一般来说，公式可以自行输入。比如“=(A2+B7)/2”即表示每一列的第二行加第二列的第七行然后除以 2。

提示!! 表格中的列数可用 A、B、C、D 等来表示，行数用 1、2、3、4 等来表示。

42. 如何设置单元格中文字的垂直对齐方式

在编辑表格时，用户用得最多的是调整表格的水平对齐方式。其实，表格还有垂直对齐方式，一直被用户所忽略。而通常情况下，Word 表格中的文字采用的垂直对齐方式默认的是顶端对齐，即无论表格内容的多寡，其文字的排列都是向“顶”看齐。这在有些情况下就显得不太美观了。许多一般的用户为了解决这个问题都采用了手工插入空行的办法。这种操作比较麻烦，效果也不太好。利用 Word 表格的垂直居中功能就可以解决这一问题。

方法为：

单击菜单命令“表格”/“绘制表格”，或单击快捷工具栏上的“表格和边框”按钮，弹出“表格和边框”工具栏，如图 4-5 所示。

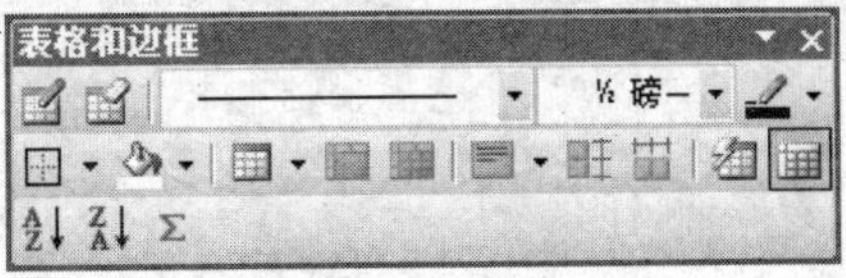

图 4–5

（1）移动光标到需要垂直居中的单元格上。

（2）单击“表格和边框”工具栏上的“垂直居中”按钮。此时，表格中的文字就会居中排列。

43. 用“+”、“–”号巧制表格

一般的 Word 用户都会表格制作，但如果只利用键盘上的“+”号和“–”号来快速完成表格制作，可能很多朋友都不会，它的具体操作方法又是如何进行的呢？

利用键盘上的“+”与“–”号制作表格，有时会给我们带来更高的效率。在制作前首先得明白“+”号表示下面将产生一列线条，而“–”号起到连线的作用，其具体制作方法是：首先在要插入表格的地方输入“+”号，用来制作表格顶端线条，然后再输入“–”号，用来制作横线（也可以连续输入多个“–”号，“–”号越多表格越宽），接着再输入一些“+”号（“+”号越多，列越多）。完成后再按回车键，便可马上得到一个表格。

提示!!

用此方法制作出的表格只有一行，若需制作出多行的表格，则可将光标移到表格内最后一个回车符号前，按 Tab 键或回车键（Enter），即可在表格后插入行。

第 5 章

Word 2003 图片、多媒体应用技巧与故障速查

Office 2003 高效办公速查 1000——→本章内容

5-1 图片、多媒体应用技巧速查

1. 如何压缩文档中的图片

通常情况下，图文混排的 Word 文档一般都比较大，若要减小文件的体积，可以利用 Word 2003 提供的图片压缩功能来实现。

（1）打开图文混排的 Word 文档。

（2）单击“视图”/“工具栏”/“图片”命令，在“图片”工具栏单击“压缩图片”按钮。在弹出“压缩图片”窗口时，可以根据实际需要来指定是压缩文档中的所选定的图片还是压缩文档中所有的图片，将“压缩图片”复选框勾选，然后单击“确定”按钮即可。

提示!!

在“文件”菜单的“打开”或“另存为”对话框中，选择“工具”/“压缩图片”命令也可以打开“压缩图片”窗口；另外支持混排文档图片压缩的还有 Excel 和 PowerPoint。

2. 如何在图片中输入文字

如果插入 Word 2003 文档的图片需要添加图 1、图 2 之类的文字，可以采用下面的方法：

（1）首先将图片插入文档，然后单击“插入”/“文本框”子菜单下的“横排”命令。

（2）等到十字光标出现后，就会在图片上建立一个文本框，然后在其中输入需要的文字。

（3）打开“设置文本框格式”对话框，将文本框的填充和线条颜色设置为“无”，文字就会非常自然地显示在图片上。

3. 用图像替换文字

在使用 Word 时可以用文本替换功能来把图片用文字来替换，可是在“替换为”文本框中却无法输入图像。有没有办法用图片来替换文字呢？

有，但由于在“替换为”文本框中我们无法输入图像，所以可以试试下面的方法来实现用图片替换文字：

（1）通过图像编辑软件（如系统自带的画图、专用软件 Photoshop 等）打开要替换的图像，然后在编辑区中选定该图像，再单击编辑界面中的复制命令（一般都有的）将图像复制到系统剪贴板上。

（2）打开 Word 程序，在 Word 中单击“编辑”菜单中的“查找”选项，在出现的对话框中选择“替换”选项卡。

（3）在出现“查找内容”文本框中输入要替换的文字，并在“替换为”文本框中输入“^c”（其中 c 字符要小写）。

（4）单击“替换”按钮后，Word 就会自动以粘贴板中的内容替换“查找内容”文本框中的指定的文字内容了，也就实现了用图片来替换文字。

4. 如何修改图片格式

通常，Word 2003 粘贴的图片只能保持其原有的格式。而“选择性粘贴”可以轻松完成图片格式转换和粘贴双重任务，

方法为：

（1）选中图片，按 Ctrl+C 组合键将图片放入剪贴板。

（2）切换到欲粘贴图片的文档，然后单击“编辑”菜单下的“选择性粘贴”命令，打开“选择性粘贴”对话框。

（3）在剪贴板存放 BMP 格式图片时，可以看到对话框中有“图片 BMP 图像对象（Windows 图元文件）”、“位图”和“与设备无关的位图”三种类型，只要选中其中的一种，然后单击“确定”按钮就可以将图片插入文档。

5. 如何精确定位绘图

对于绘制普通文档插图的绘图，Word 2003 丝毫没有问题，但是如果要进行图形的少量移动、对齐和连接等操作，却是需要动一番手脚来进行设置。

方法为：

（1）执行“文件”/“页面设置”菜单命令，选择“文档网格”选项卡，然后单击“绘图网格”按钮。

（2）在出现的“绘图网格”中，在“网格设置”中重新设置水平间距为 0.01 字符和垂直间距为 0.01 行。

（3）单击“确定”按钮。

设置好后，用 Ctrl 键和四个方向键，就可以实现对某个图形的少量移动，从而可以精确细致地绘制出漂亮的图形。

6. 如何给图片编号

为 Word 文档中的图片编号是一件比较麻烦的工作，一旦增加或删除了中间的某个图片，所有编号就得重新修改一遍。

其实这个问题很好解决，具体方法为：

（1）单击“插入”/“引用”子菜单下的“题注”命令打开“题注”对话框。

（2）可以单击“选项卡”框右边的下拉按钮，在下拉列表中选择编号前缀，如“图表”、“表格”等。

（3）如果其中提供的编号前缀不符合你的要求，可以单击“新建选项卡”按钮，在打开的对话框中输入需要的编号前缀，从而在“选项卡”下拉列表中选用。

（4）此后每打开“题注”对话框并单击“确定”按钮一次，光标所在位置就会出现以 1 为间隔递增的图片编号。

提示!!

如果文档编辑过程增加了图片，则只管在当前光标位置按自然顺序插入图片编号，则后面的编号会自动修改。如果文档编辑过程删除了图片，则只需将该图片的编号删除，在任意一个编号上单击鼠标右键，选择快捷菜单中的“更新域”命令，所有图片编号就会重新按顺序排列了。

7. 如何根据网格对齐 Word 文档中的图形

可以利用“绘图网格”命令对齐 Word 文档中的图形。

方法为：

（1）单击“绘图”工具栏上的“绘图”菜单，然后单击“绘图网格”命令。

（2）如果要使图形对象自动与不可见的网格对齐，则选中“对象与网格对齐”复选框；如果要使对象自动与穿过其他图形垂直或水平边缘的网格线对齐，则选中“对象与其他对象对齐”复选框。

8. 如何将组合图形拆散为各个单独图形

对“图形”对象进行组合后，如果发现有不满意的地方，需要对其中的部分图形对象进行进一步的修改时，就需要把它们重新分解开来进行单独的编辑和调整。

方法为：

（1）选择要拆散的图形。

（2）用鼠标右击该图形，在弹出的菜单中选择“组合”/“取消组合”即可。

此后，用户可以根据需要对个别的图形对象进行编辑。完成之后还可以重新执行“组合”操作，甚至可以再添加一些图形，进行更多的组合。

9. 将 Word 文件转换为图形文件

有些用户没有安装 Word 程序，而需将一个配有图片资料的 Word 文件拿到这类用户计算机上进行观看，请问有没有办法在 Word 中快速把 Word 文件转换为图形文件？

有，方法为：

（1）将要转换的 Word 文件保存并关闭。

（2）新建一个空白 Word 文件，然后将刚才保存的文件的图标直接拖到该空白 Word 文件中，就大功告成了。

10. 如何将图片移到合适的位置

初次使用 Word 2003 的插入图片功能时，往往会对如何放置突然出现的图片束手无策，不知如何移到合适的位置。

其实这很简单，图片被放进 Word 文档中时，会自动默认与一个可见的网格对齐，以确保所有内容整齐地排列。如果需要精确地控制图片的放置位置，可以在拖动对象时按住 Alt 键，以暂时忽略网络，然后就可以看到该图片将平滑地移动，而不是按照网格间距移动。

如果图片不需要与文字对齐，用户可以使用这一技巧。为了确保该功能可用，可以双击该图片，在弹出的“图片格式”对话框中选择“版式”选项卡，然后“选择环绕方式”区域下非嵌入式的任意一种方式，最后单击“确定”按钮即可。

11. 如何反复使用绘图工具

Word 2003 的绘图工具只能使用一次，如果你想反复使用某一绘图工具，可双击这个绘图工具按钮。当你不再使用这个工具时，可以用鼠标单击该按钮或按 Esc 键。如果需要换用另一个绘图工具，可以直接单击或双击将要使用的按钮。

12. 巧取 Word 文件中的图片

有时在他人的 Word 文件中发现有自己特别喜欢的图片，并想要把它保存下来，可以采用下面这个最佳方法：

（1）打开要取图片的那个 Word 文件，单击“文件”/“另存为”菜单命令。

（2）在出现的“另存为”对话框中选择好文件名和路径后，并从“保存类型”下拉菜单中选择“Web 页”方式。

（3）单击“保存”按钮后，去所选择的保存路径下看看，此时会发现一个与选择的文件名相同名称的文件夹。进入该文件夹，此时所要的图片已在里面了，但要注意的是每个图都有两个图形文件对应，要选择那个容量大的图片文件。

13. 如何将文字转化为图形

有时候由于某些特殊原因需要将 Word 文件的全部内容或部分文字转化为图形形式。在 Word 能实现吗？能，方法为：

（1）打开需转化为图形格式的文件，单击“插入/对象”命令，在“对象类型”下拉列表中选择“Microsoft Word 文件”项，单击“确定”按钮。

（2）Word 系统会自动新建一个文件，在该文件中输入需要转换为图形的文字（可以通过“复制/粘贴”操作来实现），输入完毕后，关闭该文件窗口。

（3）在原文件窗口中单击“文件”/“另存为 Web 页”菜单命令，在文件名文本框中输入该文件的文件名，如 123，然后单击“保存”按钮。

（4）在该文件的保存目录下找到一个名为“文件名.files”（如：123.files）的文件夹，在该文件夹下找到一个.gif 格式的文件，比如这里的 123.gif 的文件，该文件就是转化后的图形文件。

14. 如何调整图形间的叠放次序

在进行多个图形编辑时，图形之间有可能相交，那么就存在一个谁遮盖谁的矛盾了，在上面的图形能够被看到，而在下面的被遮掩的图形的部分内容就看不到了。在默认情况下，先添加到 Word 文档中的图形会被后来添加进来的图形所遮掩。我们可以很容易地调整图形间的上下叠放次序。方法如下：

（1）选择一个需要进行调整的图形对象。

（2）单击鼠标右键，选择“叠放次序”下的任意一个菜单，比如“置于顶层”。这样，该图形对象就被放到所有其他图形的最上层，它就不会被其他对象遮掩了。

15. 如何对“图片”对象进行组合

在 Word 文档中，我们可以对多个“图形”对象进行组合，但无法组合多个“图片”对象。难道就没有别的办法了吗？

可以借助“画图”程序达到目的，方法为：

（1）新建一个空白 Word 文档，在文档中插入要组合的所有图片，调整好各图片大小及位置。

（2）选中这些图片，然后单击菜单命令“编辑”/“复制”。

（3）启动“画图”程序，然后单击其“编辑”/“粘贴”菜单命令，则选中的图片就粘贴到了画图文档中。请记住保存图片。

（4）在要编辑的 Word 文档中，单击菜单命令“插入”/“图片”/“来自文件”，找到刚才保存的文件，单击“插入”按钮，组合在一起的图片就插入到文档中了。

16. 如何使用图片表示项目

使用图片来表示项目是 Word 2003 的新功能，这样将使文档的内容更加丰富，更加美观，按照以下步骤进行操作：

（1）通过“格式”菜单中的“项目符号和编号”命令打开“项目符号和编号”对话框，选取“项目符号”选项卡。

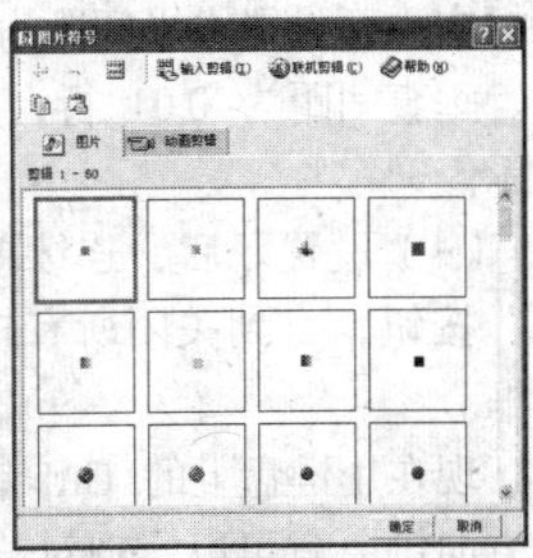

图 5–1

（2）单击“图片”按钮，将会出现如图 5-1 所示对话框。

（3）选取喜好的图片，在鼠标右键菜单中单击插入，这样，所选择的图片就作为了项目符号。

17. 如何在指定位置一次性插入多个图片

我们有时需要在 Word 文档中插入多个图片文件，通常是一个一个图片插入，其实有个简单的方法可以一次性地完成多个图片的插入工作。

方法为：

（1）在保证所有要插入的图片文件位于同一个文件夹的前提下，单击菜单命令“插入”/“图片”/“来自文件”。

（2）在弹出的“插入文件”对话框中，按住 Ctrl 键不放，然后依次单击不连续的图片文件，或按住 Shift 键再单击排列位置连续的第一个文件和最后一个文件。

（3）单击“确定”按钮，结束操作。

18. 如何实现绘图的精确定位

Word 2003 本身提供了绘图工具，功能比较强大，一般可以满足绘制普通文档插图的需要。不过在使用过程中，如进行图形少量移动、对齐和连接等操作，却怎么也调整不好，达不到要求，这时该怎么办呢？

要实现精确绘图，就要改变绘图单位。方法为：

（1）单击“文件”/“页面设置”菜单命令。

（2）单击“页面设置”中的“文档网格”选项卡，然后单击“绘图网格”按钮。

（3）在打开的“网格设置”对话框中重新设置水平间距为 0.01 字符、垂直间距为 0.01 行，如图 5-2 所示。

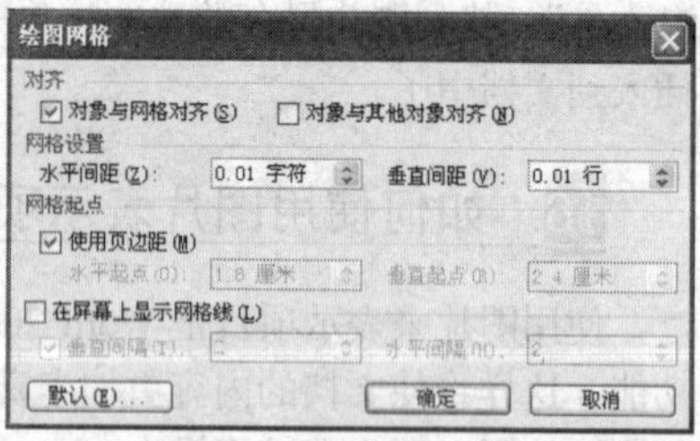

图 5-2

（4）设置好后，连续单击“确定”按钮，直到关闭所有打开的对话框。

现在用键盘上的 Ctrl 键配合四个方向键，就可以实现对某个图形的少量移动，从而可以精确细致地绘制出漂亮的图形。

19. 如何组合"图片"

在 Word 文档中不能直接把两个或两个以上的图片组合在一起，但是可以借助 Windows 附件中的"画图"工具达到这个目的。

方法为：

（1）首先在 Word 中插入要进行组合的所有图片。

（2）打开"画图"工具，将文档尺寸调到足以放置刚在 Word 中插入的所有图片为止。

（3）将插入 Word 中的图片按原大小一个一个复制并粘贴到"画图"程序中的文档里面，每复制、粘贴一个，就在"画图"中调整一下位置，直到所有的图片都复制并粘贴到"画图"中并调整好位置为止。

（4）选中"画图"中所有的图片，将其复制并粘贴到 Word 中即可。

> 提示!! 在将 Word 中的图片粘贴进"画图"工具之前，一定不要将图片进行缩放操作，否则，最后得到的图片将是模糊不清的，更无法用于发片、出版印刷。

20. 如何快速排列或移动多个图片

如果要对文档中的多个图片进行移动，一个个地移动显然是件很麻烦的事，而且很有可能会改变图片之间的相对位置。这时我们可以利用 Word 中特有的功能进行排列。

方法为：

（1）按住 Shift 键的同时依次单击想要移动的每一个图片来选中它们。

（2）用鼠标拖曳或者用键盘上的方向键进行上下左右的移动操作即可。

此外，如果要对齐多个图片，则可单击绘图工具条上的"绘图"按钮，在弹出式菜单中选择"对齐或分布"选项，并选择一种对齐或分布的方法，如图 5-3 所示。

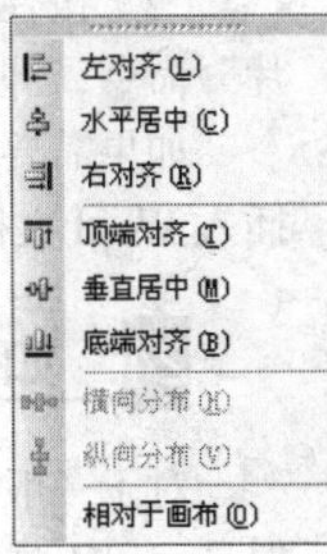

图 5-3

21. 快速实现图片裁剪

在对图文混排的 Word 文件进行排版时，如果需要对相关图片进行裁剪以调整其大小，有没有方法能快速实现呢？

有，方法为：

（1）单击“视图”/“工具栏”/“图片”命令，显示“图片”工具栏。

（2）使用“图片”工具栏上的“裁剪”按钮，就可以直接裁剪图片了。

22. 快速还原图形尺寸

有的时候，对文档中放置的图片作适当修改后，如果结果不令人满意，想还原后重新修改，那么操作步骤为：按住 Ctrl 键，双击该图片，即可快速还原到图片修改前的状态。

23. 如何插入 Excel 图片表格

Excel 表格插入 Word 的通常做法是将它复制到剪贴板，然后再粘贴到 Word 文档。这种做法存在一定的缺陷，例如，表格中的数据格式受 Word 的影响会发生变化，产生数据换行或单元格高度变化等问题。如果你不再对表格内容进行修改，可以将 Excel 表格用图片格式插入 Word 文档。

方法为：

（1）选中 Excel 工作表中的单元格区域。

（2）按住 Shift 键，打开 Excel 的“编辑”菜单，然后单击“复制图片”命令，即可按粘贴图片的方法将它插入 Word 文档。

如果需要在图形处理程序中插入 Excel 表格，或者需要将 Excel 图表插入 Word 文档，同样可以采用上述方法。

24. 如何使图形旋转指定角度

对于一般的图片来说，我们可以为它进行 90 度、180 度的旋转操作。但是一般不提供任意角度的旋转效果。而对于图形，Word 提供了任意角度旋转的功能。方法如下：

（1）选择要进行旋转的图形。

（2）单击“绘图”按钮，选择“旋转和翻转/自由旋转”。

（3）移动光标到图形的几个绿色的控制点上，这时，光标变成“旋转圈状”。

（4）只要拖动鼠标，就可以任意旋转角度，最后释放鼠标即可完成操作。

25. 如何使用绘图画布

Word 2003 以前版本的绘图工具存在一个较大的缺点：一旦图形绘制完毕，将很难对其中的某个部分进行修改，只能进行比例缩放、左右移动等操作。

Word 2003 新增的“绘图画布”可以解决上述问题，它实际上是文档中的一个特殊区域。用户可以在其中绘制多个图形，其意义相当于一个“图形容器”。因为形状包含在绘图画布内，画布中所有对象就有了一个绝对的位置，这样它们可作为一个整体被移动和调整大小，还能避免文本中断或分页时出现的图形异常。

使用绘图画布的方法为：单击“插入”/“图片”子菜单下的“绘制新图形”命令，即可将绘图画布插入文档；另一种更简单的方法是：单击绘图工具栏中的图形绘制按钮（艺术字、图片、文本框及剪贴画按钮除外），绘图画布便会自动出现在页面中。

另外，Word 2003 提供了一个“绘图画布”工具栏，它可以执行绘图画布调整、扩大和缩放绘图操作。打开“绘图画布”工具栏的方法是：用鼠标右键单击绘图画布，在出现的菜单中选择“显示绘图布工具栏”命令。另外，双击绘图画布边框或单击“格式”菜单中的“绘图画布”命令，可以进一步设置绘图画布的格式，例如，修改内部填充或边框线条的颜色。

26. 如何将 AutoCAD 图形插入 Word

在应用 Word 的时候，经常需要使用一些位图与矢量图片来弥补文字说明的不足。虽然在 Word 中提供有“绘图”工具，用以进行编辑一些较为简单的图形，若需要用数学公式或离散数据来制作函数曲线，也可以使用 Word 提供的“对象”功能，通过 MathCAD 等数学软件来绘制；但如果需要更复杂一些的图片，如机械装配图、零件图与建筑效果等图片的时候，就可以使用 AutoCAD 提供的图片进行说明。在 Word 中插入 AutoCAD 图片有两种方法：

（1）位图文件输出。在某些情况下，如果对图形精度要求不高的时候，就可采用位图文件形式输出。以 AutoCAD 2007 为例：启动 AutoCAD 2007，制作或导入相应的位图，然后在 AutoCAD 2007 的命令栏里键入“Export”命令以输出位图文件。

（2）矢量图文件输出。如果对图形精度有一定的要求，可采用矢量图输出。

方法为：

①在 Word 中单击“插入”/“对象”菜单命令，从弹出的“对象”对话框里选择“AutoCAD 图形”项，然后单击“确定”命令退出，即可进入 AutoCAD 2007 软件的编辑状态。

②在 AutoCAD 2007 软件中使用“Block”命令插入所需要的图形文件，然后在该软件中单击“文件”/“更新 Microsoft Word”菜单命令，即可更新 Word 2003 中的图形。

27. 如何将图片以图标的形式插入

有时希望建立一个图标，该图标的内容是某个图片的内容。此时，可以采用如下方法：

（1）移动鼠标到需要插入图片的地方。

（2）选择菜单命令“插入”/“对象”，在弹出的“对象”对话框中选择“由文件创建”标签，然后单击“浏览”按钮选择需要插入的图片。

（3）选中“显示为图标”复选框，然后单击“确定”按钮即可。

这样，系统将插入以图片文件为内容的图标。

28. 如何将网页资料以纯文字粘贴到 Word 中

将网上的文字内容复制到 Word 时，如果网页上图片和文字结合得比较紧密，在粘贴文字的同时，就会连带将图片也粘贴到 Word 中。该如何将网页资料以纯文字形式进行粘贴呢？

方法为：

（1）在网页上选取你要复制的内容。

（2）单击鼠标右键，选择“复制”命令（或直接使用 Ctrl+C 组合键）。

（3）切换至 Word，选择“编辑”菜单下的“选择性粘贴”命令，在弹出的“选择性粘贴”对话框中选择“无格式文本”即可。

29. 如何快速将网页中的图片插入 Word 文档中

在编辑 Word 文档时，需要将一张网页中正在显示的图片插入到文档中，一般的方法是把网页另存为“Web 页，全部（.htm、html）”格式，然后通过 Word 的"插入/图片/来自文件…"菜单把图片插入到文档中。

上面这种方法操作很麻烦，下面介绍一种简易可行的方法。

方法为：

（1）将 Word 的窗口调小一点，使 Word 窗口和网页窗口并列在屏幕上。

（2）用鼠标在网页中单击你需要插入到 Word 文档中的那幅图片不放，直接把它拖曳到 Word 文档中，松开鼠标，此时可见图片已经插入到 Word 文档中了。

提示！！ 此方法只适合没有链接的 JPG、GIF 格式图片。

30. 如何使每次插入的箭头都有颜色

方法为：

（1）单击绘图工具栏的箭头工具按钮，在 Word 中插入一个箭头。

（2）将鼠标移动到刚插入的箭头上面并右击之，在弹出的菜单中选中"设置自选图形的默认效果"命令；然后在右键菜单中选中"设置自选图形格式"命令，在"颜色和线条"选项卡中的"线条"下的"颜色"下拉列表中选择一种颜色，然后单击"确定"按钮。

31. 如何用背景（水印）实现层的功能

方法为：

（1）编辑好文字，或打开已有的文字文档。

（2）执行"插入"/"图片"/"来自文件"命令，然后在弹出的"插入图片"对话框中选取所需图片，再单击"插入"按钮将图片插入文档中。

（3）右击选取的图片，选择"显示'图片'工具栏"命令，然后单击"图像控制"工具按钮，选取"冲蚀"命令。

（4）右击图片，选取"设置图片格式"命令，在弹出的"设置图片格式"对话框中的"版式"选项卡的"环绕方式"下选择"衬于文字下方"，然后单击"确定"按钮，此时可看到图片周围的小圆卷由实心变为空心，如图 5-4 所示。

图 5–4

（5）移动图片位置和大小，直到满意为止。

32. 如何用“拼音指南”巧识生僻字的读音

Word 2003 里有项拼音指南功能，可以帮助用户识别生僻字的读音。

方法为：

（1）在 Word 2003 里利用字形输入法（如五笔）输入所遇到的那个不知道读音的生僻汉字。

（2）执行“格式”/“中文版式”/“拼音指南”菜单命令，这个字的读音在拼音指南对话框中就以拼音的形式展现在了用户眼前。不同的是，它的平仄阴阳声是以“1、2、3、4”来标志的，且紧邻在拼音后面。

33. 如何巧用 Word 画曲线

曲线工具是个非常实用的工具，它有点类似于 Photoshop 中的曲线工具，利用它我们可绘制出各种各样的图形来。方法为：

（1）用鼠标单击绘图工具栏中的“自选图形/线条/曲线（或自由曲线）”命令，这时鼠标指针变成一个“+”号。将“+”号移至文档适当位置处并单击，便可开始画曲线。

（2）在转折处单击左键，就可以绘制出一条曲线，继续在下一个转折点单击鼠标，依此类推，双击鼠标完成。

提示!!

①为方便鼠标定位，绘图时最好按住 Alt 键，否则鼠标移动的幅度有可能过大，不好掌握。
②画出来的曲线如果不符合你的意图，就可以对线条进行修饰。方法是选中曲线后单击右键，在快捷菜单中选“编辑顶点”命令。用鼠标拖动顶点可以改变顶点的位置，按住 Ctrl 键的同时单击左键，可以增加或删除顶点。

34. 巧绘折线

在使用 Word 的过程中，有时需要在文件中添加折线，该怎么做呢？

方法为：

（1）利用“自选图形”中的“线条”工具中的“直线”画出一条直线。

（2）用鼠标右键单击该直线，在出现菜单中选择“编辑顶点”选项。然后再在直线上单击鼠标右键，从出现的菜单中选择“增加顶点”选项，并在直线上合适位置单击增加一个顶点。

（3）把鼠标指针指到该顶点上按住鼠标左键进行拖动，即可画出折线。如果要取消折线顶点，就在按住 Ctrl 键不放的同时单击该顶点。

35. 如何绘制互相垂直的平面

方法为：

（1）执行“插入”/“文本框”/“横排”菜单命令，在 Word 中拉出一个文本框，并调整文本框的高度和宽度，使其达到合适的尺寸。

（2）执行“插入”/“图片”/“自选图形”菜单命令，在弹出的“自选图形”工具栏中单击“基本形状”按钮，在弹出的下拉菜单中单击“平行四边形”按钮，然后在文本框中先画两个平行四边形，使其中一个平行四边形的一条边垂直于另一个四边形的一条边。

提示!!

如果拉出的四边形的边不垂直，可以右击其中的一个四边形，在弹出的菜单中选“设置自选图形格式”，在出现的“自选图形格式”对话框中的“大小”选项卡中的“旋转”下拉框中调整旋转角度，直至图形符合要求。

（3）依次右击两个平行四边形，在弹出的菜单中选择“设置自选图形格式”，在出现的“自选图形格式”对话框中的“颜色和线条”选项卡中将“填充/颜色”改为“无填充色”，将“线条/虚实”改为虚线，此时两个四边形都可以看见，如图 5-5 所示。

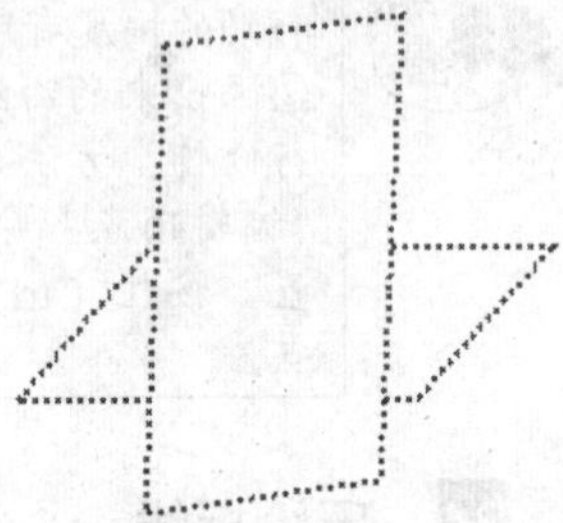

图 5-5

（4）将图 5-5 中所有可见的线条用直线补上，此时看上去就是两个互相垂直的平面。

提示!!

> ①画直线时，所画的直线不可能恰好和原来的四边形的边重合，此时可以选中该条直线，按住 Ctrl 键，用光标控制键将该条直线上下左右移动，直至移到合适的位置。
>
> ②如果要在图中添加字母，可以先在图中插入一个文本框，输入文字，然后右击文本框，在弹出的菜单中选择“设置文本框格式”，在弹出的“设置文本框格式”对话框中的“颜色和线条”选项卡中将“填充”下的“颜色”项更改为“无填充色”，将“线条”下的“颜色”项更改为“无线条色”，此时文本框是透明的。移动文本框，使文字到达图中合适的位置。

36. 如何制作礼花特效字

以下例子利用了 Word 的动态文字效果，知道动态文字效果只能在屏幕上观看，而无法打印出来，不过可以利用屏幕拷贝技术捕捉其某一时刻的静态画面，制作成漂亮的特效字。

效果如图 5-6 所示。

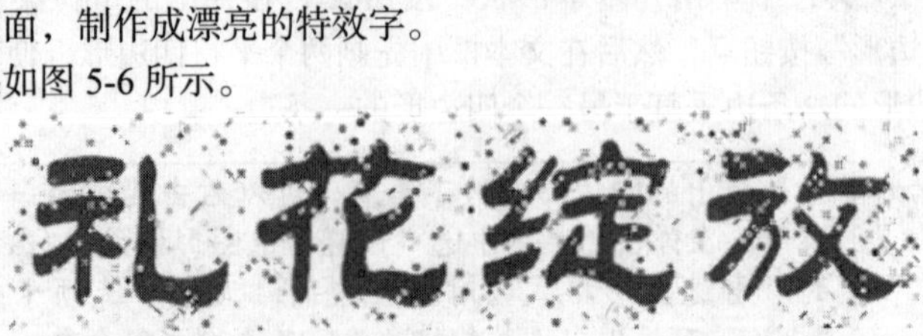

图 5-6

方法为：

（1）新建一个文档，输入文字内容“礼花绽放”，设置字体为隶书、颜色为蓝色、大小为 72 磅。

（2）选中输入的文字，执行“格式”/“字体”菜单命令，在弹出的“字体”对话框中选择“文字效果”选项卡，然后选择“礼花绽放”动态效果，最后单击“确定”按钮。

（3）单击屏幕空白处，取消文字的选定，这时就出现了漂亮的“礼花绽放”动态效果。适时按下 Alt 键观看此效果的静态画面，在看到满意的静态画面时按下屏幕右上角的 Print Screen 键进行屏幕拷贝。

（4）执行“编辑”/“粘贴”菜单命令，刚才拷贝的整个屏幕图像被粘贴到页面中，单击“图片”工具中的“裁剪”按钮，依次拖动图片的上、下、左、右四个控点，将图片中不需要的多余部分裁剪掉。

37. 如何制作双色特效字

这是一款非常大方、活泼、醒目的特效字，效果如图 5-7 所示。

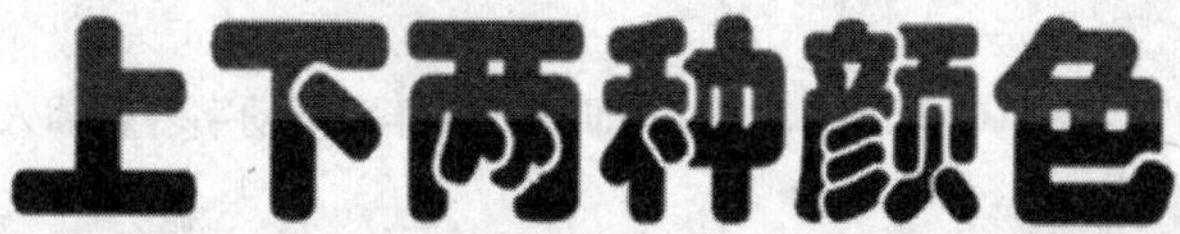

图 5–7

方法为：

（1）新建一个文档，输入文字“上下两种颜色”，设置字体为黑体，大小为 75 磅，颜色为蓝色，选中文字后执行“编辑”/“剪切”菜单命令，或直接使用 Ctrl+X 组合键。

（2）执行“编辑”/“选择性粘贴”命令，在弹出的“选择性粘贴”对话框中选择“Microsoft Word 文档对象”，然后单击“确定”按钮；重复进行一次“选择性粘贴”操作，被粘贴进的两个对象重复叠放在一起。

（3）双击对象，Word 将新建一个窗口编辑对象，选中文字，设置文字颜色为红色，执行“文件”/“关闭并返回”菜单命令。

（4）选中红色对象，注意观察对象的四边共有 8 个小方框，这是对象的尺寸控点。执行“视图”/“工具栏”菜单命令打开“图片”工具栏，单击“图片”工具栏上的“裁剪”按钮，按住对象底边中间的一个尺寸控点，向上拖动到对象高度一半的位置后放开（拖动时可按住 Alt 键进行精细调整），便能见到如图 5-7 所示特效。

（5）为方便特效的应用，可将所有对象组合起来。方法为：单击绘图工具栏上的“选择对象”按钮，框选上面的对象并右击对象，然后执行“组合”/“组合” 菜单命令，所有对象便被组合成一个对象了。

38. 如何制作滚动字幕墙纸

（1）新建一个空白的 Web 文档。

（2）单击菜单命令“视图/工具栏/Web 工具箱”，弹出“Web 工具箱”工具栏。如图 5-8 所示。

图 5–8

（3）单击“滚动文字”按钮（工具栏中最后一个图标），出现“滚动文字”窗口。

（4）在“Type the scrolling text here:”框中输入滚动文字的内容，如：欢迎光临。

（5）在“Behavior”、“Background color”、“Direction”、“Loop”、“Speed”中分别设置滚动方式、背景颜色、滚动方向、循环次数、滚动速度等。

（6）设置完毕单击“OK”按钮即可。这样，滚动字幕就插入到文档中去了。

（7）接下来是对滚动文字进行格式化操作。操作方式跟正常的文字一样，在此就不做介绍了。

（8）然后，将该文档保存为网页。

最后一步是将该网页作为墙纸显示在当前桌面上。方法为（以 Window XP 为例）：

（1）在桌面上单击鼠标右键，选择“属性”，弹出“属性”对话框。

（2 选取“桌面”选项标签，并单击“浏览”按钮选择当前保存的网页。这样该网页就出现在“背景”栏中。

（3）选中它，并单击“确定”按钮，这样该网页中的滚动字幕就代替原来的桌面背景了。

39. 如何用文本框实现“层”的效果

熟悉网页设计的人肯定知道“层”的概念，以及其在网页设计中的重要性。而在 Word 中并没有提供该项功能。因此，似乎无法在一处同时输入多行文字，并进行上下重叠。其实，我们可以使用文本框来实现类似重叠的效果。

方法为：

（1）新建文档，执行“插入/文本框/横排”命令，在页面上添加两个“文本框”并输入相应的文字。

（2）同时选取两个文本框，并用右键打开，在弹出的菜单中选取“设置文本框格式”命令。

（3）选择“颜色和线条”选择标签，在“填充颜色”下选取“无填充颜色”，然后单击“确定”按钮。此外，还可以用类似的操作来隐藏文本框的框架线条。

（4）将其中一个文本框移动到另一个文本框的上面，从而实现层叠效果。

（5）如果对层叠效果满意，可以将该两个文本框进行合并操作。方法是同时选取它们，并右击鼠标，在弹出的菜单中选取“组合/组合”即可。

40. 如何在剪贴画中搜索所需要的媒体对象

如何使用剪贴画中的搜索功能找到自己需要的媒体对象呢？

方法为：

（1）单击菜单命令“插入”/“图片”/“剪贴画”。

（2）在弹出的“剪贴画”对话框的“搜索文字”中输入需要搜索的关键字，比如“电脑”；在“搜索范围”中选择要搜索的范围，比如“所有收藏集”；在“结果类型”中选择要搜索的媒体的类型，比如“剪贴画和照片”。

（3）单击“搜索”即开始搜索。搜索结果显示在下面。

在结果中查找需要的媒体对象，直接单击它就可以在指定的位置插入。

41. 如何用 Office 的网上剪辑功能

如果用户在本地剪贴板中找不到需要的媒体对象，可以上网查找，并可下载到本地机器上。

方法为：

（1）单击菜单命令“插入”/“图片”/“剪贴画”，打开“剪贴画”任务窗格后，单击“Office 网上剪辑”，打开“Microsoft Office 剪贴画和多媒体”网页，如图 5-9 所示。

（2）在打开的网页顶部的“搜索”栏中指定搜索类型，并在右侧输入关键字，比如搜索“手机”，然后单击“搜索”按钮。

（3）网页会自动搜索所有关键字中含有“手机”的媒体类型，并显示罗列出来。

（4）选中需要下载的媒体项下面的复选框，然后单击该项目上方的“下载 1 个项目”。

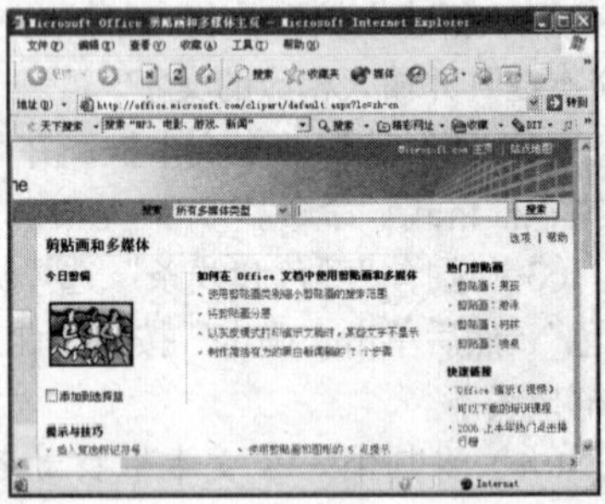

图 5-9

（5）自动打开一个网页，选择下载到“剪辑管理器”还是“剪辑库”中（Word 2003 请选择“剪辑管理器”），然后单击“立即下载”按钮。在打开的“文件下载”对话框中单击“保存”按钮，在打开的“另存为”对话框中选择文件保存的路径后，单击“保存”按钮下载文件，直到出现“下载完毕”对话框，此时单击“关闭”按钮，就把文件下载到了本地机器上。

（6）双击下载的这个文件，系统会自动将文件中的媒体对象添加到“剪辑管理器”中。这样我们就可以对它进行进一步编辑了。比如可以将它插入到我们指定的文档中。

42. 如何让图片自动添加题注

Word 文档一般是图文并茂的，而文档中的每个示例图片一般都是有题注的，比如“图 2-1”等。可以手工给图片添加题注，但是这种手工方法比较麻烦,也不容易对齐。可以采用下面的方法，在插入图片时自动为它们添加题注。

方法为：

（1）单击菜单命令“插入”/“引用”/“题注”，弹出“题注”对话框。

（2）单击对话框中的“自动插入题注”按钮，打开“自动插入题注”对话框。

（3）在“插入时添加题注”列表中，选择要用 Word 插入题注的项目。如果要在插入表格时自动添加题注，则选中“Microsoft

Word”复选框。

（4）在“使用标签”下拉列表中选择相应的标签。如果没有想要的标签，则单击“新建标签”，打开“新建标签”对话框，在“标签”文本框中输入想用的标签名称，然后单击“确定”按钮。

（5）在“位置”框所带的下拉列表中选择题注所处的位置。

（6）Word 默认是以阿拉伯数字“1，2，3，…”来为题注编号的，如想使用其他编号方式，单击“编号”按钮打开“题注编号”对话框，在“格式”框所带的下拉列表中选择一种编号方式，单击“确定”按钮，完成操作。

此后，在每次插入图片时，Word 就会按刚才所选择的方式为其添加题注。

43. 如何设置图片的文字环绕功能

图片在插入文档中时，默认是以“嵌入方式”插入的。这种方式表示图片像文字一样嵌入文档中。这样，图片不是在文字的前面就是在文字的后面，不利于排版。而我们平时在浏览报纸杂志时，发现往往有很多文字环绕在图片的周围。那么，如何在 Word 中实现这个功能呢？

方法为：

（1）选择一幅图片，用鼠标右键单击图片，在弹出的菜单中选择“设置图片格式”。

（2）在弹出的“设置图片格式”对话框中选择“版式”标签，选择一种图片环绕方式，并在“水平对齐方式中”中选择一种对齐方式。如图 5-10 所示。

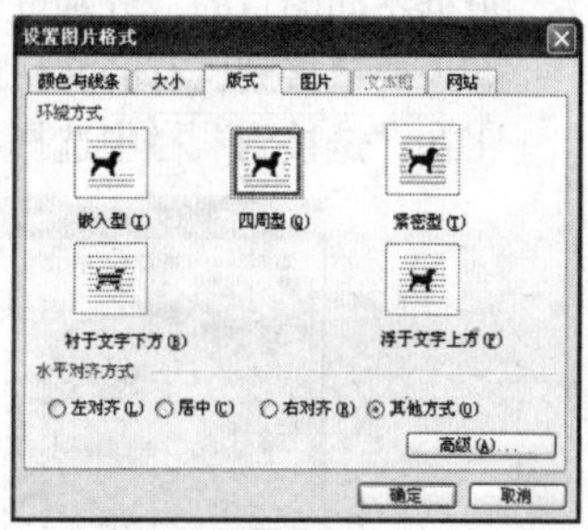

图 5-10

①“嵌入型”样式将图形嵌入在插入点位置的文字中。当你添加或删除文字时，图形将会移动。文字不会环绕在图形周围；空白区域将会延伸到图形任意一侧的边缘。

②“四周型”样式将沿限制图形的一个方形的四条边环绕文字。当你添加或删除文字时，图形将会移动。

③“紧密型”样式沿限制实际图像的不规则形状在图形周围环绕文

字。当你添加或删除文字时，图形将会移动。

④“衬与文字下方”样式在图形周围没有边框。图形停留在文字下方它自己的层上。

⑤“衬与文字上方”样式在图形周围没有边框。图形停留在文字上方它自己的层上。

（3）如果想进行更精确的操作，可单击“高级”按钮，在打开的对话框中进一步对环绕方式进行设置。

（4）最后单击“确定”按钮，关闭“设置图片格式”对话框。

（5）回到文档中后，可以用鼠标拖动图片进行适当的调整，直到达到满意的效果为止。

44. 如何为图片创建超级链接

随着网络的迅速发展，网站和网页成为人们常常浏览的对象。而 Word 也为用户提供了越来越丰富的网络功能。在网络世界中，最重要的就是超链接了。超链接是指通过单击一个计算机文档或页面的特定区域引入到另一个文档或页面甚至程序。那么如何为网页中丰富的图片创建超链接呢?

方法为：

（1）选定要创建超链接的图片。

（2）单击菜单命令“插入”/“超链接”或单击“常用”工具栏中的“插入超链接”按钮，弹出“超链接”对话框。

根据不同的目的，分别进行如下操作：

如果要链接到已有的文档或网页，操作如下：

①在“链接到”栏中选择“原有文件或网页”。如图 5-11 所示。

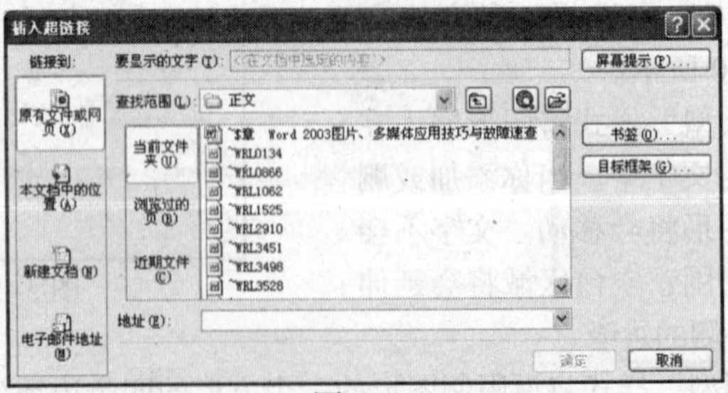

图 5-11

②在查找范围中找到需要目标文件或网页，或者直接在“地址”栏中输入目标文件或网页的位置。

如果要链接到本文档中的某个地方，操作如下：

①在“链接到”栏中选择“本文档中的位置”。

②在“请选择文档中的位置”栏里选择要链接到的位置。

如果要链接到还没有创建的文件或网页时，操作如下：

①在“链接到”栏中选择“新建文档”。

②在“新建文档名称”栏中输入新文件的名称。如果要改变新文件的存放位置，可以单击“更改”按钮进行设置。

③在“何时编辑”栏中选择“以后再编辑新文档”或“开始编辑新文档”。

如果要链接到电子邮件地址，操作如下：

①在“链接到”栏中选择“电子邮件地址”。

②在“电子邮件地址”栏中输入电子邮件地址。

③此外可以改变“高显示的文字”和“主题”栏中的内容。

（3）最后单击“确定”按钮，结束操作。

45. 如何插入图片表格

Excel 表格插入 Word 的通常做法是将它复制到剪贴板，然后再粘贴到 Word 文档。这种做法存在一定的缺陷，例如，表格中的数据格式受 Word 的影响会发生变化，产生数据换行或单元格高度变化等问题。如果你不再对表格内容进行修改，可以将 Excel 表格用图片格式插入 Word 文档，具体方法是：选中 Excel 工作表中的单元格区域，按住 Shift 键打开“编辑”菜单，用鼠标单击其中的“复制图片”命令，即可按粘贴图片的方法将它插入 Word 文档。如果你需要在图形处理程序中插入 Excel 表格，或者需要将 Excel 图表插入 Word 文档，同样可以采用上述方法。

46. 快速调用图章

利用 Word 制作好图章后，请问怎么实现简单、快捷的调用呢？

可以使用“自动图文集”来实现，方法为：选定该图章，按 Alt+F3 组合键，在打开的“创建自动图文集”对话框中输入一个印章的代用名，然后单击“确定”按钮，完成设置。

以后，如果要在适当位置加入该印章，只需输入此代用名，再按键盘上的 Enter 键就可以了。

47. 如何用艺术字制作印章

我们可以利用 Word 提供的艺术字以及各种自选图形，来制作印章。

（1）首先用艺术字来制作半圆形的文字。方法为：新建空白文档，单击菜单命令“插入”/“图片”/“艺术字”，在弹出的“艺术字库”对话框中选择第一行第三个艺术字样式（即半圆形样式）如图 5-12 所示。

（2）单击“确定”按钮，弹出“编辑‘艺术字’文字”对话框，在“文字”栏中输入印章的文字，比如“北京希望电子出版社”，两字符间输入一个空格。修改字号为“18”（可以根据需要自行设置），最后单击“确定”按钮结束艺术字的插入。

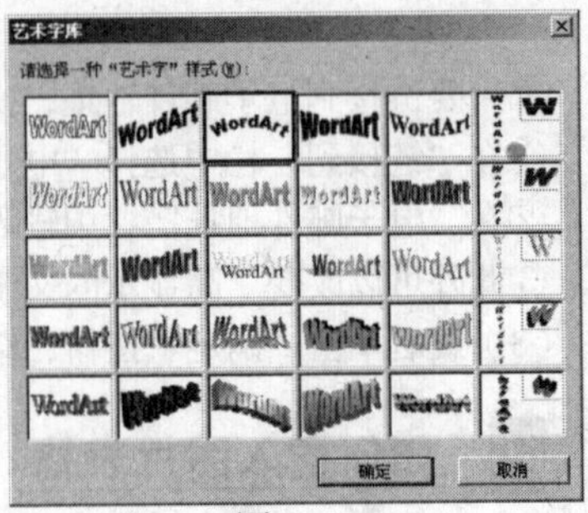

图 5-12

（3）选中刚插入的艺术字，用鼠标右键单击它，并选择“设置艺术字格式”，将艺术字的线条和填充颜色都设置为“红色”。选择“版式”标签，设置为“四周型”的环绕方式。

（4）将鼠标移动到该艺术字的下边框，此时鼠标变成上下箭头状，按住鼠标并拖曳，使之成为半圆形，然后释放鼠标，这样“中国铁道出版社”字样就成为半圆形环绕方式了。

（5）下面制作圆形印章的外形，制作方法如下：

①在“绘图”工具栏上单击“椭圆”按钮 ，按住 Shift 键的同时拖曳鼠标，使之成为一个圆。

②用鼠标右击，选择“设置自选图形格式”，将其线条设置为红色。

③选择“版式”标签，同样设置为“四周型”环绕方式。

（6）我们制作印章中的红五角星。方法如下：

①在“绘图”工具栏上单击“自选图形/星与旗帜/☆ ”，在文档中画出一个五角星。

②用鼠标右击它，选择“设置自选图形格式”，将其线条填充和填充颜色都设置为红色。

③选择“版式”标签，同样设置为“四周型”环绕方式。

（7）最后，将上面 3 个图形组装起来，设置“叠放次序”从底到上面依次为

图 5-13

"圆"和五角星，并调整它们的大小。最后，全部选中它们，并将它们组合为一个图形。这样一个漂亮的印章就做出来了。如图 5-13 所示。

48. 如何巧做生字和拼音卡

孩子上小学了，家长做一大堆生字或拼音卡片是份内工作，办公室里不少同事就经常自己制作生字、拼音卡片。但普遍存在一个问题，那就是整个汉字和拼音都是一个颜色的，偏旁部首与文字分不清、声母与韵母也无法分清，看起来不够醒目，也不便于孩子识别。功夫不负有心人，经过笔者仔细研究发现：用 Word 2003 就能制作出偏旁部首、声母与韵母不同颜色的生字卡片。

制作步骤为：

（1）打开一个 Word 2003 空白文档，输入要制成卡片的汉字，调整大小并选中，再点"格式"中的"中文版式/拼音指南"，通过"拼音指南"功能注音以后点"确定"。选中带拼音的汉字，执行剪切命令。

（2）单击"绘图"工具栏中的"插入艺术字"按钮，在弹出的"艺术字库"窗口中选择第一样式即默认的空心字，按键盘上的 Ctrl+V 组合键复制到"编辑艺术字汉字"的窗口中，这时拼音与汉字是并排排列的，将拼音调整到汉字的上方，然后单击"确定"按钮。

（3）剪切插入的艺术字（汉字和拼音）到剪贴板中。单击"编辑"菜单中的"选择性粘贴"选项，选择"图片"形式进行粘贴。接着选中图片并调整图片的大小，然后单击"绘图"工具栏中的"分解图片"按钮。

提示!!

如果没有"分解图片"按钮，可以通过"工具/自定义/命令"窗口，在左边"类别"选项列表中选择"绘图"，在右边"命令"选项列表中选中"分解图片"按钮，并将其拖放到"绘图"工具栏中。

这时汉字或拼音的笔画就被分解出来了，每一个笔画或拼音都变成了单独可编辑的部分。

提示!!

在选择笔画时，将光标先在文档的空白处点一下，再选择其中的每一笔，一定要用光标小心地点笔画的边缘实线（对一些比较复杂的笔画，在选择时可以用绘图工具栏中的"选择对象"或按住 Shift 键用鼠标逐个点要选的笔画即可），用"绘图"工具栏中的"填充颜色"按钮填充不同的颜色，最后用彩色打印机打印即可。

49. 如何使每次插入的图形符合我们的要求

有时需要重复输入同样格式的图形，而这些图形的默认格式（比如颜色、大小等）往往与我们的要求不一样。比如，图形的一般默认颜色为黑色，而有时我们需要它为红色。如果我们每插入一个图形就改变一下它的颜色属性，一旦要输入多个图形，就会进行重复操作，浪费大量的时间。

可采用下面的方法，简化操作过程：

（1）首先，插入一个图形，并对它进行各项属性设置。

（2）然后，用鼠标右键单击它，在弹出的菜单中选择“设置自选图形的默认效果”即可。

这样，在以后插入该图形时，就保持之前设置的属性了，而不必每次都修改它了。

50. 如何让 Word 也来播放 Flash 动画

动画往往比文字的说服力要强百倍，怎么才能在 Word 中插入一段 Flash 动画呢？

方法为：

（1）准备好 Flash 的“.swf ”文件。

（2）打开要编辑的 Word 文档，单击“视图”/“工具栏”/“控件工具箱”菜单。

（3）单击控件工具箱上的“其他控件”按钮，在弹出的列表中选中“Shockwave Flash Object”项，此时 Word 文档中会出现一个播放窗口。

（4）用鼠标右击播放窗口，在快捷菜单中选择“属性”项，在“属性”对话框中的“Movie”后面的框中输入 Flash 动画文件的绝对路径及文件名，再将“EmbedMovie”项设置为“True”模式。

（5）单击控件工具箱上的“设计模式”按钮，Flash 就会在文档中播放了。如果觉得窗口较小，可以在“属性”对话框中的“height”和“width”项后面的框中输入适当的数值调整。

此外，用这个方法还可以播放视频文件，只是在第二步选择列表中的“Windows media player”项，用鼠标右击播放窗口，在快捷菜单中选择“属性”，在“属性”对话框中的“FileName”后面的框中输入“.mpg”等视频文件的绝对路径及文件名；单击控件工具箱上的“设计模式”按钮，Media Player 就会在文档中播放了。

51. 如何将多个图形对象组合为一个图形对象

当我们调整好多个图形的相应位置后，为了防止它们之间的相对位置改变，这时需要对其进行组合，使它们成为一个整体。

方法为：

（1）选中所有图形，按下 Shift 键，同时单击选择每个对象。也可使用鼠标拖动进行选择。

（2）单击“绘图”工具栏上的“绘图”按钮，弹出一个快捷菜单，选择“组合”命令。或者单击鼠标右键，选择“组合/组合”。完成操作。

这样，这些图形对象就被组合成一个整体，对它的操作效果就是对它里面的所有图形的操作。

52. 如何取消 Word 文档中的超链接

有两种方法。

方法 1：利用“撤销自动套用格式”消除下划线。单击工具栏上的“编辑”菜单，然后从其下拉菜单中选择“撤销自动套用格式”命令，这样就会消除网址下面的下划线了。

方法 2：关闭“自动更正选项”中的添加下划线功能，从根本上杜绝网址下面的蓝色下划线的出现。单击工具栏上的“工具”菜单命令，然后选择“自动更正选项”命令，在弹出的“自动更正”设置窗口中单击“键入时自动套用格式”选项，然后将其下的列表框中的“Internet 及网络路径替换为超链接”项前面的“√”取消，单击“确定”按钮就可以了。

53. 如何为日语中的汉字标注假名

方法为：

（1）用 Word 2003 自带的日语输入法输入完日语后，选取要标注假名的汉字，然后依次单击“格式”/“中文版式”/“拼音指南”菜单命令。

（2）在弹出的对话框的“基准文字”里列出来的就是刚才所选取的汉字，在相对应用“拼音文字”一栏里输入假名，再调整一下字号，单击“确定”按钮就可以实现为汉字标注假名。

54. 为图片添加艺术字

方法为：

（1）单击“插入”/“图片”/“艺术字”菜单命令，在弹出的艺术字库中选择适合的样式。单击“确定”按钮后进入艺术字编辑窗口，输入文字，调整好字体和字号后，单击“确定”按钮退出。

（2）选中艺术字，设置为“文字环绕”方式（比如四周型环绕），将艺术字移动到图片上的适当位置。在执行这一步骤前，必须确认图片也已进行了“文字环绕”方式的设置。如果发现图片将艺术字覆盖，则选择图片，单击右键，在弹出的菜单中执行“叠放次序/置于底层”，这样艺术字就显露出来了。

（3）选中艺术字，在按下 Shift 键的同时，用鼠标右键单击该图片，在弹出的菜单中单击“组合”/“组合”，艺术字就和图片形成了一个整体。

55. 如何为艺术字添加阴影或三维效果

Word 提供了强大的艺术字功能，使得用户能够制作出各种美观的艺术字来。当文档中插入了艺术字后，用户可能对艺术字的效果还不太满意，还需要对它进行进一步的处理。比如，用户可能希望为它们添加阴影或三维立体效果，而“艺术字”工具栏上只为用户提供了艺术字的字形、格式、文字环绕等功能。那怎么为艺术字添加阴影和三维效果呢？

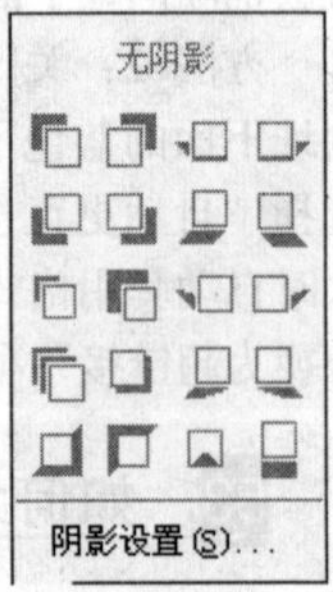

图 5–14

方法为：

（1）选中要添加阴影或三维效果的艺术字。

（2）单击“视图”/“工具栏”/“绘图”菜单命令，使得“绘图”工具栏显示在文档底部。

（3）单击“绘图”工具栏中的“阴影”按钮，弹出如图 5-14 所示的菜单，可以在其中选择一种阴影效果。

（4）单击“绘图”工具栏中的“三维效果样式”按钮，在弹出的菜单中可以选择一种三维立体效果。

56. 如何取消自作聪明的超链接

Word 的自作聪明和过分殷勤有时会给你添乱。例如，当我们在文档中输入 Web 网址或 E-mail 地址的时候，Word 会自动为我们转换为超级链接，如果在这个网址或邮件地址上按一下鼠标，就会启动默认的浏览器或收发邮件的软件。其实很多时候我们并不需要这样的功能，可以采用如下方法进行取消：

（1）在 Word 文档中输入一个 Web 网址或者 E-mail 地址，在它自动转换为超级链接后（在默认状态下 Web 地址会变成蓝色），立即按下 Ctrl+Z 组合键或者 Alt+Back Space 组合键，撤销最后一个动作，这样就不会显示为超链接了。

（2）在输入的 Web 网址或者 E-mail 地址上单击鼠标右键，然后在弹出的菜单中选择“取消超链接”命令即可。

（3）彻底取消超级链接。在 Word 中单击“工具”/“自动更正”菜单命令，在打开的对话框中单击“键入自动套用格式”选项卡，取消“Internet 及网络路径替换为超级链接”项前的复选标识；再单击“自动套用格式”选项卡，取消“Internet 及网络路径替换为超级链接” 项前的复选标识。最后单击“确定”按钮，结束操作。

57. 如何巧用 Word 修改图片

你知道吗？在 Word 里就能对图片进行修改，比如更改图片格式（将 BMP 格式改成 JPG 格式使图片个头变小）、更改图片的分辨率、改变亮度、改变对比度、剪裁多余部分等。

方法为：

（1）运行 Word 2003，单击“插入”/“图片”/“来自文件”，菜单命令，在弹出的对话框中选择希望进行修改的图片。

（2）单击“插入”按钮，插入所选择的图片，此时会弹出一个“图片工具”浮动面板，如图 5-15 所示。图片工具从左到右依次是：“插入图片”、“颜色”（可将图片改成“灰度”、“黑白”、“水印”效果）、“增加对比度”、“降纸对比度”、“增加亮度”、“降低亮度”、“剪裁”、“向左旋转”、“线型”（为图片添加边框）、“压缩图片”、“文字环绕”、“设置图片格式”、“设置透明色”、“重设图片”。

图 5-15

提示!!

如果“图片工具”浮动面板没出现，则单击“视图”/“工具栏”/“图片”。

（1）改变图片的大小（分辨率）。将光标放在图片的四个顶角之一，在出现双向箭头后，移动鼠标，便可更改图片的大小。

（2）更改图片的亮度、对比度。如果要想增加图片的亮度，只需在图片选中的情况下单击“增加亮度”按钮即可。

（3）旋转图片。单击“向左旋转”按钮，每单击一次，图片都要逆时针转动 90 度，如果想旋转任意角度，先单击“文字环绕”，任意选择其中的一种方式（比如四周型环绕），再将光标放在绿色的圆圈上，拖动鼠标，图片就跟着旋转。

58. 什么是嵌入对象

所谓的嵌入对象，就是在 Microsoft Word 文档中，直接从插入点放置到文字中的图形或其他对象。

59. 什么是浮动对象

所谓的浮动对象，就是插入绘图层的图形或其他对象。可在页面上为其精确定位或使其位于文字或其他对象的上方或下方。

5-2 图片、多媒体故障速查

1. 无法更改图片中某些部分的颜色

（1）尝试取消图像的组合，然后使用“绘图”工具栏中的选项更改颜色。

（2）尝试在图形编辑软件中编辑图片。如果没有，则安装一个图形编辑软件即可。

2. 创建的图形对象的线条不光滑

原因有可能是多方面的，下面分别就几种情况来进行分析，并给出相应的解决措施。

（1）曲线以及不绝对水平或垂直的直线显示在屏幕上，总是呈现某些程度的锯齿状。在打印时，这些线条就会光滑了。

（2）可使用“曲线”按钮来画精确的曲线。另外，使用“任意多边形”按钮画的线比用“自由曲线”按钮画的线更光滑。“曲线”按钮、“任意多边形”按钮和“自由曲线”按钮都是通过单击绘图工具栏中的“自选图形”下的“线条”得到的。

（3）在如图 5-16 所示的“显示比例”框中选择放大比例，在 200%或 500%时可更容易画出细节。

（4）可以在 Windows 的“控制面板”中单击鼠标，在弹出的“鼠标属性”对话框中将鼠标指针速度设置为最慢，如图 5-17 所示。低速绘图有助于更好地进行控制。

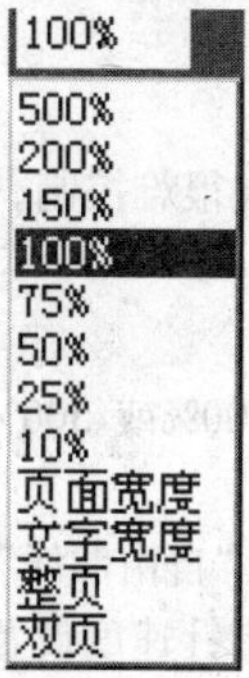

图 5-16

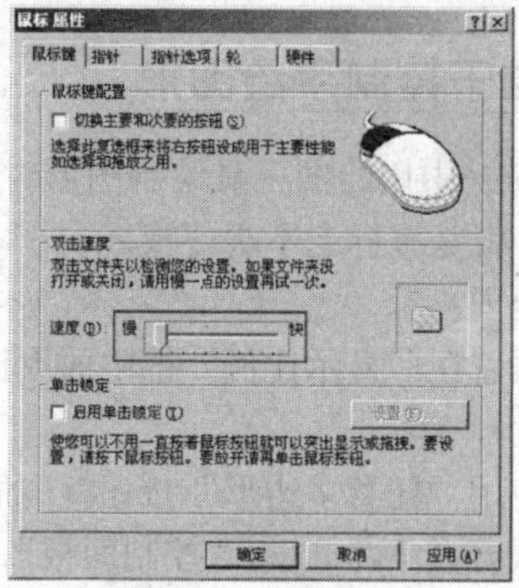

图 5-17

3. 图形对象中的颜色不平滑

有时，把图片插入 Word 中后会发现，底纹、阴影或暗影会变形或出现不平滑现象。这有可能是 Word 的“显示比例”框中的比例设置不当，或是显示器自身质量问题导致的。

（1）确保“显示比例”框中的比例设置为 100%。底纹在放大或缩小的视图中会有变形。

（2）如果所使用的显示器只能显示 16 色，则阴影效果就不会平滑。在 256 色或色彩更多的显示器上阴影会显示得非常好。

4. 图片变成大红叉

使用过 Word 的人大概都遇到这样的情况，辛辛苦苦地在 Word 文档中插入了精心制作的图片，当有一天再次打开这些文档的时候，却发现其中的图片变成了一个个的大红叉，这简直是令人气急败坏。为什么会有这样的情况发生呢？

这可能是因为插入到文档中的图片格式比较特殊，比如插入的是 AutoCAD 的 DWG 文件，但后来又把电脑中的 AutoCAD 卸载了，就会造成这种情况，还有另外一些未知的因素也会导致文档中的图片变成大红叉。

处理方法为：

（1）如果插入到文档中的图片格式是 BMP、GIF、JPG、WMF 格式的，则可以再次将图片插入到文档中的文本框中。

（2）如果需要插入到文档中的图片是可以用 Print Screen 键拷贝下来的，就直接从屏幕上拷贝下来，然后再粘贴到文档中。

5. 难于控制手绘图形

在 Word 中用绘图工具绘制图形时后，会发现很难控制，不是细节处难于处理，就是鼠标老不听使唤。

问题处理：

（1）试着在“显示比例”框中放大比例。在 200%或 500%时可更容易画出细节。

（2）使用“任意多边形”按钮，而不要使用“自由曲线”按钮。

（3）试着在 Windows“控制面板”中将鼠标指针速度设置为最慢。在低速绘图时，可以更好地进行控制。

（4）可以调整任意多边形的形状，使其显得更光滑。

6. 绘制的任意多边形无法均匀对齐

在 Word 中绘制好任意多边形后，你会发现头疼的问题出现了：这些多边形与其他对象根本无法均匀对齐。怎么办？

方法为：

（1）不要使用“绘图”菜单中的“对齐或分布”命令，可试着通过移动对象来对齐。

（2）按住 Ctrl 键，再按箭头键，可以逐像素地微移任意多边形。

（3）如果选中了“绘图”菜单下的“绘图网格”命令中的“对象与网格对齐”复选框或“对象与其他对象对齐”复选框，则可在拖动任意多边形时按住 Alt 键，以暂时将其关闭。

7. 无法旋转图形

有时候，为了排版的需要，想将图片进行旋转的时候，发现根本无法办到。如何才能对图形进行旋转呢？

（1）只有图形对象才可以翻转或旋转。如果可以通过取消组合，然后再组合对象，将其转换为图形对象，就可以将其翻转或旋转。若要转换对象，则先选定该对象，然后执行“绘图”/“取消组合”菜单命令，再单击“组合”。

> **提示!!** 不能将位图转换为图形对象。

（2）如果不能转换该对象，可以在其他绘图程序中将其打开，然后旋转并保存。当其在 Microsoft Word 中打开时，就显示为旋转过的样子。

8. 图形对象总随段落移动

引起该问题的原因是图形对象的锁定标记已锁定了要移动的段落。

（1）选定图形对象。

（2）单击“格式”菜单中合适的命令：“自选图形”、“图片”、“文本框”、“对象”或“艺术字”等。

（3）清除“位置”标签中的“对象随文字移动”和“锁定标记”复选框，然后单击“确定”按钮。

9. 插入的图形只显示出了一部分

把图形插入 Word 文档后，奇怪的现象发生了：图形只显示了下半部分，上半部分却无法显示出来。

这可能是由于设置为固定值的文档行距小于图形的高度。解决方法为：

（1）选定该图形。

（2）单击“格式”菜单上的“段落”菜单命令。

（3）在打开的“缩进和间距”选项卡的“行距”框中单击“单倍行距”，如图 5-18 所示。

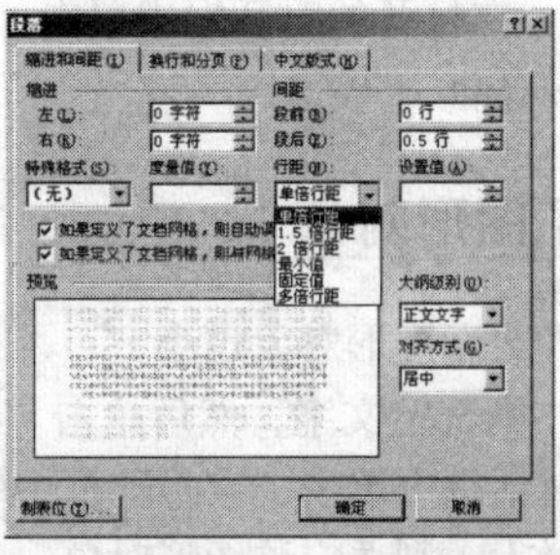

图 5-18

如果在“行距”框中选择了“固定值”，则将“设置值”框中的尺寸增至图形的高度，如此也可解决问题。

10. 看不到文档中的图形对象

在 Word 文档中插入图形后，却发现根本无法看到图形在哪里。其原因在于：

（1）这可能跟该文档所处的视图模式有关，或者是单击选中了“工具”/“选项”菜单下的“视图”选项卡中的“图片框”复选框。

（2）可能是由于正在普通视图或大纲视图中工作。要查看页眉、页脚或图形对象等对象在打印稿中的位置，请切换到页面视图。要查看这些对象在 Web 版式视图中的显示情况，请切换到 Web 版式视图。

（3）可能是选中了“图片框”复选框。方法为：执行“工具”/“选项”菜单命令，再单击“视图”选项卡，然后清除“显示”列表框下的“图片框”复选框。

（4）单击“确定”按钮，结束操作。

11. 无法移动文本框或自选图形

将图片或文本框插入 Word 后，需要调整其放置的位置时，却发现根本无法移动。原因有可能是多方面的。

（1）单击文本框或自选图形的边框以选定该对象，然后拖动。Word 将鼠标指针变成四向箭头时表示可以移动。

（2）由于选定文字不能保持选定状态而无法使用拖放式文本编辑。

（3）拖动文字时，请确认鼠标指针位于选定文字上。

（4）可能是由于未打开拖放式文字编辑功能。解决方法为：单击“工具”/“选项”菜单命令，在打开的对话框中单击“编辑”选项卡，然后选中“拖放式文字编辑”复选框。

12. 文字超出了图形对象

原因可能是文字过大或者图形对象过小。

（1）要使文字缩小，则选定文字，然后单击“格式”/“字体”菜单命令，在打开的“字体”对话框中单击“字号”框中较小的字号。

（2）要使图形对象增大，则选定该图形对象，然后拖动尺寸控点。

13. 不能更改 GIF 动画图片

有时会出现不能通过使用“图片”工具栏或“设置图片格式”对话框来裁剪、组合或更改 GIF 动画图片的填充、边框、阴影或透明性等类似情况。

这是 Word 自身功能有限所致。可以在动态 GIF 编辑程序中进行这些修改，然后重新插入该 GIF 动画图片。

14. 无法选择多个图形

如果图形都是嵌入式或浮动的，则可以选择多个图形。

若要选择多个浮动图形，请单击其中某个图形，按住 Ctrl 键，再单击另一个图形。若要选择多个嵌入式图形，单击图形的一边，像选定文本一样拖动鼠标。然后，按住 Ctrl 键并拖到另一个图形上。

如果要复制并粘贴多个图形，可以使用 Office 剪贴板。复制每个对象时（最多可达 12 个），对象存储在“剪贴版”任务窗格中，以便从中单击然后插入。

第6章

Word 2003打印应用技巧和故障排除速查

Office 2003 高效办公速查 1000——→本章内容

6-1 打印应用技巧速查

1. 如何进行常规打印

一般情况下在电脑组装之时，打印机已经安装好了。如果没有安装，可以中途添加：依次打开“我的电脑/打印机”，按“添加打印机”图标，在“添加打印机向导”的引导下，将打印机驱动程序安装好。同时将打印机与电脑连接好，装上打印纸，打印测试页正常即完成安装。

打印前的准备：在文档编辑、排版好的前提下，打开打印电源开关，装上打印纸，就可以开始打印。

打印：启动 Word 2003，打开需要打印的文档。如果要将整篇文档全部打印出来，可以直接按工具栏上的打印按钮就可以了；如果只想打印文档中的某几页，则单击“文件”/“打印”菜单命令（或直接按 Ctrl+P 组合键），打开“打印”对话框，作适当设置后，按“确定”按钮开始打印。

2. 快速打印 Office 文件

做好很多 Office 文件给领导审查后，要重新打印，通常一般是先打开这个文件，然后再选择打印，如果有很多的话，这样一个个打开进行打印确实很麻烦，有没有更好的办法呢？

有，方法为：

在找到这个文件所在的地方后，用鼠标右键单击该文件图标，在弹出菜单中会看到有个打印选项，然后选它就可以直接打印了。

如果有很多文件需要同时打印，可以按住 Shift 键或 Ctrl 键选取批量文件，然后单击鼠标右键打印，可以省去很多时间。

该方法在 Excel 中也可使用。

3. 打印隐藏的文字

对于已设置为隐藏的文字，如果想在不更改其属性的情况下，能否打印出这些被隐藏了的文本呢？

可以，方法为：

（1）单击菜单命令“工具”/“选项”，在打开的“选项”对话框中选择“打印”选项卡。

（2）选择“隐藏文字”复选框，然后单击“确定”按钮即可。

4. 如何进行缩放打印

Word 2003 针对逻辑页面与物理页面不同的情况，提供了打印缩放功能。你只需打开“打印”对话框中的“按纸型缩放”下拉列表，选择打印所使用的纸张（其中列出的类型与你的打印机有关）。如果当前页面设置为 A4，而你想使用 B5 纸进行打印。就可以在下拉列表中选择 B5，Word 2003 通过缩小字体和图形的尺寸，将文档打印到 B5 纸上。反之它会自动放大字体和图形的尺寸，将较小页面的文档打印到较大的纸张，完全不用重新排版，具有复印机那样的放大/缩小功能。

提示!!

上述缩放打印设置仅对本次打印有效。如果每次打印都要进行缩放，应单击对话框中的“选项”按钮，将“打印”选项卡中的“允许重调 A4/Letter 纸型”项选中。

5. 如何进行双面打印

为了节约纸张，许多用户都有双面打印的要求。正确的操作方法是：单击“文件”菜单中的“打印”命令，打开“打印”对话框。再单击其中的“选项”按钮，将对话框“双面打印选项”下的“纸张正面”和“纸张背面”选中。Word 2003 会首先打印纸张正面（奇数页）的内容，当全部奇数页打印完毕，就会通知用户打印纸张背面（偶数页）。

如果没有双面打印机，也可以采用如下方法进行双面打印：

（1）单击菜单命令“文件”/“打印”。

（2）在弹出的“打印”对话框的“打印”列表中选中“奇数页”选项。

（3）单击“打印”按钮。这样打印的是所有奇数页。

（4）奇数页打印完毕后，把打印完的所有纸张中空白面朝上，并放进打印机中（注意纸张顺序），再单击菜单命令“文件”/“打印”，在“打印”列表中选中“偶数页”选项。

（5）单击“打印”按钮，就进行偶数页的打印。

6. 如何进行多版打印

机关单位使用的“红头文件”需要在一页纸上打印两页文档，Word 2003 非常容易满足这种要求。

方法为：

（1）录入文档前，单击“文件”菜单下的“页面设置”命令，在“纸张”选项卡中将逻辑页面大小设置为打印纸的一半大，然后按常规方法插入页码等内容。

（2）文档录入结束后，用“文件”菜单下的“打印”命令打开“打印”对话框，在“每页的版数”下拉列表中选择“2 版”。

（3）最后单击“打印”对话框中的“属性”按钮，打开“打印机设置”对话框。选择打印纸尺寸（物理页面）为逻辑页面的 2（两者的打印方向要一致）。单击“确定”按钮后回到“打印”对话框，再次单击“确定”按钮后即可开始打印。

这种方法最多可以在一张纸上打印 16 个逻辑页面，可满足宣传册制作等场合的需要。

7. 如何进行异地打印文件

如果你的计算机没有连接打印机，装有打印机的电脑又没有安装 Word 2003，这时可以用 Word 2003 的“打印到文件”功能完成任务。

方法为：

（1）单击“文件”菜单下的“打印”命令打开对话框，选中其中的“打印到文件”复选项，

（2）单击“确定”按钮，在弹出的“打印输出到文件”对话框中输入文本名并选择保存位置（如 A：\sq.prn）后单击“确定”按钮。

（3）将该软盘插入带有打印机的电脑中，在 MS-DOS 窗口提示符后输入命令“c:\copy a:\sq.prn prn/b，即可将编辑好的 sq.doc 打印出来。

8. 自动按纸张大小调整打印

若在打印时想让 Word 配合纸张大小，自动调整页面大小进行打印，方法为：

单击“文件/打印”命令，在“缩放”中选“按纸型缩放”即可把多页文件打印在一张纸上。

9. 如何按书籍折页方式打印文档

有时，我们需要在一张 A4 型纸张上横向打印两个页面的内容，同时需要其页码顺序符合书籍的顺序。这样打印出来的文档再经过折叠并按上

书订，就俨然是一本书了。方法为：

（1）单击“文件”/“页面设置”菜单命令。

（2）在弹出的“页面设置”对话框的“页码范围”下拉选择框中选择“书籍折页”。这时，系统自动将 A4 型的打印方向改变为横向。可以在“每册中页数”下拉选择框中选择需要的页数。

（3）最后单击“确定”按钮，结束操作。

10. 如何打印指定页面

如果我们有时只需要打印某篇文档中的某几页（例如，只打印修改过的页面），则可以通过下述两种方法实现：

（1）如果一次只打印一页，先将光标定位在该页，然后执行“文件/打印”命令，在“打印”对话框中，选中“页面范围”下的“当前页”选项，按“确定”按钮即可。

（2）如果一次要打印多页连续（或不连续）的页面，打开“打印”对话框，选中“页面范围”下的“页码范围”选项，并在其后面输入需要打印的页码（不同的页码之间用英文状态下的逗号隔开），然后按“确定”按钮就行了。

11. 如何打印部分页面

方法为：

（1）单击“文件”/“打印”菜单命令。

（2）在出现的“打印”对话框中选中“页面范围”下的“页码范围”项：

①如果打印不连续的若干页，可输入用逗号分隔的页码。例如，打印第 1、第 3 和第 6 页，可在“页码范围”框内输入“1，3，6”。

②如果打印某几页，可按“起始页码-终止页码”的格式输入指令。例如，要打印第 2 至 6 页，可输入“2-6”。

③如果连续页中间有间断，可用逗号进行分隔。例如，打印第 6 至 9 页和第 12 页至 16 页，可输入“6-9，12-16”；

④如果对于不连续的节，仍然用逗号加以分隔，例如，“s2、s6”表示打印第 2 节和第 6 节。

⑤如果打印文档中的某一页，可输入“p 页码 s 节号”，例如，“p5s3”打印第 3 节的第 5 页，“p3s2-p4s5”表示打印第 2 节的第 3 页至第 5 节的第 4 页。

⑥如果仅仅打印文档的某一部分，可以将其选中。

（3）单击“确定”按钮，开始打印选定的内容。

12. 如何进行打印顺序的选择

（1）单击“文件”/“打印”菜单命令。

（2）在出现的“打印”对话框的“副本”下的“份数”框内输入（或选择）要打印的份数。

①如果同时选中“逐份打印”项，则第一份副本打印结束后，再打印第二份副本的第一页。

②如果未选中“逐份打印”项，则会将所有副本的第一页打印完，再打印其他后续页。

提示!! 在通常情况下，文档均采用顺序打印（即从第 1 页打印到最后一页）。如果选中“打印选项”下的“逆页序打印”，即可实现逆序打印（从最后一页打印到第 1 页），能减少后期整理工作。

（3）单击“确定”按钮，开始打印。

13. 任意调整打印 Word 文件

在打印一些文件的文字内容时，如果为了追求美观，需按非常规的方式来打印，比如需要将文字信息旋转一定的角度再打印到纸上，方法为：

（1）选择要打印的文件信息，然后单击“复制”按钮。

（2）单击“编辑”菜单栏中的“选择性粘贴”选项，在弹出的“选择性粘贴”对话框中选择“图片”格式，然后单击“确定”按钮，将内容粘贴到文件中。

这样，刚才选定的文件信息就转换成了一张图片，可以通过“绘图”工具箱对其进行任意的调整（当然也包括旋转），设置好后再进行打印即可得到不错的效果。

14. 如何输出整数页

文档编辑结束打印时，往往发现最后一页只有两三行文字。

使用手工调整费时费力，此时可以单击“文件”/“打印预览”菜单命令，进入打印预览窗口，然后单击工具栏中的“缩小字体填充”按钮。Word 2003 就会减小文档所用的字号，将最后一页的文字分配到其他页。

此后，如果要取消上述功能，则单击“编辑”/“撤销缩至整页”菜单命令即可。

15.“预览”编辑

Word 2003 的“预览”窗口可以观察文档的版面效果。如果在预览过程中发现了问题，可以在“预览”窗口直接进行修改。

方法为：

单击工具栏中的“放大镜”按钮，使其从选中状态变为非选中状态（页面上的“放大镜”图标消失），此时就可以按常规进行编辑操作了。

16. 如何在其他电脑上打印含有本机特有字体的文档

用户往往会遇到这样的情况：常常要在其他电脑上打印在本机编辑好的 Word 文档。如果文档采用的是操作系统常用的字体，则在任何工作正常的电脑上打印都不会有什么问题；但如果在文档中使用了另外安装的特殊字体后，而其他电脑又未安装该字体，那么打印时就会遇到麻烦。我们是不是也要在其他电脑上安装该字体呢?

答案是否定的，方法为：

（1）单击“工具”/“选项”菜单命令。

（2）在弹出的“选项”对话框选择“保存”选项卡。

（3）选中“嵌入 TrueType 字体”，然后单击“确定”按钮结束操作。

这样就可以把文档中所使用的 TrueType 字体与文档一起保存起来。当在其他电脑上打开此文档时，即使这台机器没有安装该字体，仍可用这些字体来查看和打印文档。

提示!!

以上功能实现的前提是，用户使用的特殊字体必须是 True Type 字体。

17. 如何取消后台打印以加快打印速度

系统默认的打印方式为后台打印，它虽然可以让操作人员在打印文档时继续编辑文档，但却占用了很多内存，以至于影响了 Word 的打印速度。我们可以取消后台打印以加快其打印速度。

方法为：

（1）单击菜单命令“工具”/“选项”。

（2）在弹出的“选项”对话框中单击“打印”选项卡，取消“后台打印”复选框。

（3）单击“确定”按钮，结束操作。

18. 如何防止打印出一些不必要的信息

有时候在打印文档时会莫名其妙地打印出一些附加信息，比如隐藏文字、批注等。怎样避免打印出这些不必要的附加信息？

方法为：

（1）单击菜单命令“工具”/“选项”。

（2）在弹出的“选项”对话框中选择“打印”选项卡，取消“打印文档的附加信息”。

（3）单击“确定”按钮，结束操作。

这样，在随后的打印中，系统就会忽略这些附加信息。

19. 如何在打印同一页面时使用不同的文字方向

一般情况下的文档打印，文档中的文字方向不是横向的就是竖向的。但有时候可能会需要打印的文档中有一些文本需采用不同于其他文字的方向，即同时使用竖向和横向两种不同的页面方向。

一种常用的方法就是利用文本框将这些文本格式化成不同于其他文字方向，这种方法势必会影响到文本的页面效果，需要进行进一步的调整。下面介绍一种简便的方法：

（1）选中需要改变方向的文档内容。

（2）单击菜单命令“文件”/“页面设置”。

（3）在弹出的“页面设置”对话框中选择“文档网络”选项卡，设置这些文本所需的排列方向，并在“应用于”选项栏中选择“所选文字”。

（4）单击“确定”按钮，结束操作。

此操作的原理其实是 Word 在所选内容的前后各插入一个分节符，并仅对这一节中的内容进行页面方向更改，从而实现了在同一文档中使用不同的页面方向。

20. 如何在没有安装 Office 的机器上打印

有时，在一台电脑上编辑好文档后需要在另一台电脑上打印，而那台电脑并没有安装 Office，那么难道要先安装 Office 才能进行打印吗？

当然不是，方法为：

（1）在安装了 Office 的电脑上编辑完文档。

（2）单击菜单命令“文件”/“打印”，在弹出的“打印”对话框中选中“打印到文件”复选框。

（3）单击“确定”按钮，在弹出的“打印到文件”对话框中选择文件的保存位置，该文件的后缀名为 prm。

（4）单击“确定”按钮，结束操作。

这样，将刚才保存的 prm 文件拷贝到没有 Office 的电脑上后，也能按照 Word 的格式进行打印了。

21. 如何防止打印出图片的“域代码”

在 Word 中以链接的方式在文档中插入图片时，实际上也在图片的插入处插入了一个 Word 域。为了确保图片能正常打印，我们必须清除“域代码”，否则打印出的是链接图片的域代码符号。

方法为：

（1）单击菜单“文件/打印”，弹出“打印”对话框。

（2）在对话框中单击“选项”按钮，将“打印文档的附加信息”中的“域代码”复选框取消

（3）单击“确定”按钮即可。

22. 即时取消后台打印

在使用 Word 进行打印时，有时刚刚执行完打印命令，如果突然发现还要修改，想取消打印。

方法为：

用鼠标右键双击“打印机”图标打开“打印”窗口，在要取消的打印项上单击鼠标右键，选择“取消打印”选项即可。

提示!!

上述操作得抓紧，要赶在打印机真正开始打印之前才行，一般也就在 10 秒之内。

另外，也可把打印机的联机关闭，使其处于未联机状态，稍等便会弹出一个对话窗口，从中单击“取消”按钮即可取消打印操作。

6-2 打印故障处理速查

1. 打印文档时无法打印图形

（1）可能是在草稿模式下打印。要打印文档中的边框和图形，请单击“工具”菜单中的“选项”命令，再单击“打印”选项卡，然后清除“草稿输出”复选框。

（2）确保选中了“图形对象”复选框。方法是：单击“工具”/“选项”菜单命令，在打开的对话框中单击“打印”选项卡，然后选中“图形对象”复选框。

（3）打印的可能是链接图片的域代码，而不是图片本身。在这种情况下，单击“工具”/“选项”菜单命令，在打开的对话框中单击“打印”选项卡，清除“域代码”复选框即可。

（4）可能是由于 Word 或操作系统的内存不足，此时执行以下的一项或多项操作：

① 退出正在运行的任何其他程序。

② 保存想打印的文档，然后关闭已打开的任何其他窗口。

③ 切换到页面视图。单击“工具”/“选项”菜单命令，在出现的对话框中单击“视图”选项卡，然后清除“图片框”、“状态栏”、“垂直标尺”、“水平滚动条”和“垂直滚动条”复选框。

④ 切换到普通视图。单击“工具”/“选项”菜单命令，在出现的对话框中单击“视图”选项卡，在“样式区宽度”框中输入数字 0。

⑤ 隐藏工具栏。单击“视图”/“工具栏”菜单命令，在打开的子菜单中清除所有的复选框。

⑥ 退出 Word，然后重新启动。

⑦ 退出所有打开的程序，然后重新启动计算机。

⑧ 断开任何网络连接，然后退出驻留程序（TSR）以及其他常用工具。

2. 打印出的 Word 文档页面版式有误

在打印时有时发现用 Word 打印出的页面版式有误，和设置的版式有明显差别。请问这是什么原因，该如何解决？

出现这种情况很可能是因为正在打印的是用其他语言版本编辑的 Word 的文件，并且文件的纸张大小也与当前打印机的要求不同。要使

Word 为文件设置格式，并使其符合所用打印机的纸型，请按如下操作：单击“文件”菜单中的“打印”命令，在“缩放”下的“按纸型缩放”框中选择所用纸型。这样 Word 将会自动调整页面使其适合所用的纸型。如果想要在每次打印时都以这种方式调整文件比例，可单击“工具”菜单中的“选项”命令，然后单击“打印”选项卡，选中“允许重调 A4/Letter 纸型”复选框即可。

3. 打印文档时某些文本被裁掉了

由于绝大多数打印机都无法打印到纸张边缘，因此需要有最小的页边距宽度设置。如果页边距设置得太窄，Word 显示消息“有一处或多处页边距设在了页面的可打印区域之外”。为了防止某些文本丢失，单击“调整”按钮可自动增加页边距宽度。如果忽略此消息而试图打印文档，Word 将显示另一条消息询问是否继续。

也可以使用标尺或单击“文件”菜单中“页面设置”命令，然后在打开的“页面设置”对话框的“页边距”选项卡上手工设置页边距。

提示!!

最小的页边距设置取决于打印机、打印驱动程序和纸张大小。要确定最小的页边距设置，请参考打印机使用手册。

4. 无法打印部分边框

（1）检查边框的页边距。边框的位置可能太靠近页面边缘。多数打印机无法一直打印到页面的边缘（尤其是页面的底端）。对于不同的打印机，页边距线和页面边缘的最小间距会各不相同。要调整页面边框的边距，方法为：

①单击菜单命令“格式”/“边框和底纹”，在出现的对话框中单击“页面边框”选项卡。

②单击“选项”按钮，在出现的对话框中根据需要调整“边距”下的设置。

③单击“确定”按钮，关闭对话框。

（2）检查页面边框与文本之间的距离。页面边框与文字之间的距离可能会导致边框位于页边距之外。要调整该距离，方法为：

①单击菜单命令“格式”/“边框和底纹”，在出现的对话框中单击

“页面边框”选项卡。

②单击“选项”按钮，在出现的对话框中单击“度量依据”下的“文字”，再根据需要调整“边距”下的设置。

③单击“确定”按钮，关闭对话框。

（3）检查页边距。可能将页边距设定得太靠近页面边缘了，需要进行调整。方法为：

① 切换到页面视图。

② 将鼠标指针指向水平标尺或垂直标尺上的页边距边界。当鼠标指针变成双箭头时（图 6-1），拖动页边距边界。

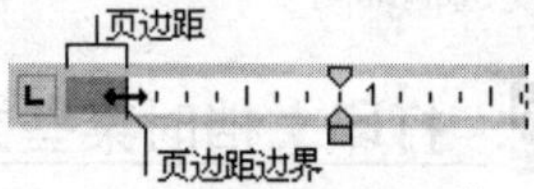

图 6-1

> **提示**
> ① 如要指定精确的页边距值，请在拖动边界的同时按住 Alt 键，标尺上会显示页边距值。若你更喜欢采用键入页边距值的方法，则单击“文件”/“页面设置”菜单命令，然后单击“页边距”选项卡。
> ② 要修改部分文档的页边距，则选定所需文字，然后单击“文件”/“页面设置”菜单命令，再单击“页边距”选项卡，设置所需页边距。在“应用于”框中选择“所选文字”选项。最后单击“确定”按钮，Word 会自动在具有新页边距设置的文本前后插入分节符。

如果已将文档划分为若干节，则可以单击某节中的任意位置或选定多个节，然后修改页边距。

5. 如何消除 Word 打印文件时的空白页

在用 Word 2003 打印文件时，最后有时会出现一张空白页，但文件最后本身并没有空白页。

出现这种情况是因为最后一页可能存在空白段落。只要单击“常用”工具栏上的“显示/隐藏编辑标记”选项，显示段落标记。这样文件最后一页中的文字的段落标记会显现出来，删除它即可。然后可以再单击“打印预览”按钮，预览打印出的文件的外观，确保在文件结尾没有空白页即可。

6. 文档中的文字可以正确转换，但图形消失

（1）确认打开了图形显示选项。单击“工具”/“选项”菜单命令，在出现的对话框中单击“视图”选项卡，清除“图片框”复选框。

（2）确认已经安装了所需的图形过滤器。单击“插入”/“图片”/“来自文件”菜单命令，然后检查“文件类型”框中的过滤器列表，如果其中没有需要的过滤器，则需要进行安装。安装方法为：

① 关闭所有程序。

② 单击任务栏左侧的“开始”按钮，在出现的菜单中单击“控制面板”。

③ 在出现的“控制面板”窗口中双击“添加/删除程序”图标，然后执行下列操作之一：

（1）如果 Word 是用 Office 安装程序安装的，则单击“安装/卸载”选项卡上的“Microsoft Office”选项，然后单击“添加/删除”按钮。

（2）如果 Word 是单独安装的，则单击“安装/卸载”选项卡上的“Microsoft Word”选项，然后单击“添加/删除”按钮。

接下来按照屏幕上的提示进行操作即可。

7. 打印文档中的图片时提示内存不足

有时在打印某些插入图片的文档，尤其是插入很多图片或者图片很大的文档时，会遇到系统提示内存不够，无法进行打印的警告信息。此时，可以进行以下的一项或多项操作，以释放更多的内存空间：

（1）退出正在运行的其他程序，保存想打印的文档，然后关闭已打开的任何其他窗口。切换到页面视图，单击菜单命令“工具”/“选项”命令，在弹出的对话框中选中“视图”选项卡，然后清除“图片框”、“状态栏”、“垂直标尺”、“水平滚动条”和“垂直滚动条”等复选框。

（2）切换到普通视图，单击菜单命令“工具”/“选项”，在弹出的对话框中选中“视图”选项卡。然后在“样式区宽度”框中输入数字 0。再单击“视图”/“工具栏”菜单命令，清除所有已经选中的项目，以隐藏工具栏。

（3）退出 Word，断开任何网络连接，然后退出驻留程序(TSR)以及其他常用工具。

此时，在一般情况下，就可以正常打印文档中的图片了。

如果以上几项操作未奏效，那很可能是电脑中了病毒，消耗了大量的内存空间，这就需要我们关闭所有程序，进行彻底地杀毒了。

8. 打印的 Word 文档中的图片不清晰

对于使用针式打印机的用户，在打印 Word 中图片时，常发现效果不清晰，有没有办法增强清晰度呢?

有，方法为:

在 Word 中，可以对插入的图片进行属性设置，使其以灰度方式打印，这样可以把图片中纯白色部分去除，从而使得打印效果更加清晰。具体操作方法为：单击“插入/图片/来自文件”命令，将图片文件插入后会出现“图片属性”窗口，单击“属性”工具栏的第二个按钮，选择“灰度”，或者在图片上单击鼠标右键，选择“设置图片格式”选项，再在“设置图片格式”窗中选择“图片”选项卡，在颜色栏选择“灰度”即可。

提示!! 如果是以彩色方式打印，此技巧不起作用。

第 7 章

Word 2003 的安全性及其他操作技巧

Office 2003 高效办公速查 1000——本章内容

7-1 Word 的安全性

1. 如何删除个人信息

编辑完文档后，在交付给其他人之前，为了保证文档中不包含个人信息，可以采用以下方法：

（1）单击菜单命令“工具”/“选项”。

（2）在弹出的“选项”对话框中选择“安全性”选项卡，并选中“保存时从此文件中删除个人信息”复选框。

（3）单击“确定”按钮，结束操作。

2. 如何加密和解密 Word 文档

有时候，用户不希望自己编写的文档给其他陌生人看到，所以希望为文档设置密码。密码是 Word 设置的第一道防线。Word 一般有两类密码：

（1）打开文档时的密码：在打开文档时，要求输入密码可以杜绝未经授权的用户打开文档。

（2）修改文档时的密码：在修改文档时，要求输入密码让只有授权的用户才可以对文档进行修改，其他用户只能以只读方式浏览文档内容。

设置文档密码的方法为：

（1）单击菜单命令“工具”/“选项”，在弹出的“选项”对话框中选择“安全性”选项卡。

（2）在“此文档的文件加密选项”栏中输入打开文件时的密码，此时用户输入的内容以“*”显示。

（3）如果用户需要进一步对加密进行一些设置，可以单击“高级”按钮，弹出“加密类型”对话框。用户可以在其中选择加密的协议以及密钥的长度。最后单击“确定”回到“选项”对话框中。

（4）单击“确定”后，弹出“确认”密码对话框，再次输入密码。

（5）单击“确定”完成密码设置。

修改文档的密码设置与上述类似，不再赘述。

3. 如何防止 Word 宏病毒

用户可以通过设置 Word 宏的安全级别来防止 Word 宏病毒。

方法为：

（1）单击菜单命令“工具”/“选项”，弹出“选项”对话框。

（2）选择“安全性”选项卡，单击“宏安全性”按钮，弹出“安全性”对话框。

（4）选择“安全级”选项卡，上面分别列出了高、中、低三种安全级别，用户选择所要使用的安全级即可。

（5）选择“可靠发行商”选项卡，清除“信任所有安装的加载项和模板”复选框。单击“确定”按钮，结束操作。

这样，在打开一个宏时，系统会根据宏安全设置的不同，弹出一个警告对话框让用户确认。而且已安装的模板和加载项中的宏可能会被禁用。

4. 如何创建保护性强的密码

可以这么说，没有一个密码是 100%安全的。只要有足够的时间，总是可以被破解的。但是，这不等于说密码失去了存在的意义和价值。如果设置了好的密码，可以减少这种情况的发生。

用户应该加强密码意识，他们应该知道如何创建保护性强的密码。那么什么样的密码才算是强密码呢？一般认为，一个强密码至少应满足如下条件：

①长度至少为 7 个字符。

②同时包含大小写字母、数字，并且在第 2 到第 6 个位置中至少有一个符号字符，使之看起来是字符的随机组合。

③不使用重复字符。

④不使用连续的字符。

⑤不包含任何语言的模式或完整的单词。

（18）不要使用用户名的任何部分来创建密码。

要经常定期更换密码，一般是一个月一次。当替换密码时，确保后一个密码与前一个密码没有任何联系。

不要在公用计算机上让 Windows 记住密码。

只有满足了以上条件，用户的密码才能是强密码，才是相对安全的。

5. 如何设置文档格式限制

Word 提供了“保护文档”功能。利用该项可以锁定一些样式和格式设置，以限制某些编辑操作。而且可以针对不同的编辑者进行不同的对待。

那么如何进行文档格式的限制呢？方法为：

（1）单击菜单命令“工具”/“保护文档”，在弹出的“保护文档”任务窗口中选中“限制对选定的样式设置格式”复选框。

（2）单击“设置”，弹出“格式设置限制”对话框。

（3）在“当前允许使用的样式”栏中选择要限制设置格式的对应样式的复选框，然后单击“确定”返回到“保护文档”对话框。

（4）单击“是，启动强制保护”按钮，弹出“自动强制保护”对话框。

（5）在密码框中输入并确认密码，单击“确定”按钮，回到“保护文档”对话框，单击“确定”结束操作。

7-2 Word 与其他组件的协作

1. 如何由 Word 大纲创建 PowerPoint 演示文稿

用户有时候可能要将编辑好的文档放到网上，供其他人阅读。这样用户可以事先将 Word 文档转化为 PowerPoint 演示文稿，然后再发布到网页上。那么如何将 Word 文档转化为 PowerPoint 演示文稿呢？

方法为：

（1）打开要转化为 PowerPoint 演示文稿的文档。

（2）单击 Word 中的菜单命令“文件”/“发送”/“Microsoft Office PowerPoint”，系统将自动打开 Microsoft PowerPoint 程序，并按照规则自动创建了 PowerPoint 文稿。

提示!!

在将 Word 转化为 PowerPoint 文稿时，PowerPoint 将使用 Word 中的标题样式。比如，格式为“标题 1”的段落自动成为幻灯片的题目。而格式为“标题 2”的段落自动成为第一级文本，以次类推。

2. 如何利用 Word 快速制作简单网页

我们可以利用 Word 提供的“主题”功能来快速制作一些简单的网页。

方法为：

（1）新建一个空白文档，执行菜单命令“格式/主题”，弹出“主题”对话框。

（2）在“请选择主题”列表栏中选择所喜爱的主题样式。如果没有满意的样式，则单击下面的“样式库”按钮，寻找更多的主题样式。

（3）单击“确定”按钮，这时文档就会按所选择的主题样式进行显示。随后，就可以在文档中输入文字以及图片了。

最后，当我们制作完成后，选择菜单命令“文件”/“另存为网页”，将文档保存为 Web 页格式。

如果想对制作的网页进行浏览，可以单击“文件”/“网页预览”菜单命令，系统会自动打开默认的浏览器显示效果。

3. 如何使用 Word 发送电子邮件

用户可以将编辑好的 Word 文档发送给其他人。

方法为：

（1）打开需要发送的 Word 文档。

（2）单击菜单命令“文件”/“发送”/“邮件收件人”。此时 Word 文档作为邮件的正文形式。如果要使之作为附件发送，则应选择菜单命令“文件”/“发送”/“邮件收件人（以附件形式）”。

（3）在打开的窗口输入收件人的邮箱地址，用户还可以进行必要的设置。最后单击“发送”结束操作。

4. 如何从 Access 等数据源中导入数据

用户可以从 Access 数据库或者其他数据源导入数据到 Word 中。若要保证文档中的数据随时是最新的，可以创建与数据源的链接。这样，一旦源数据发生改变，Word 中的数据也就会自动进行更新操作。那么，如何从 Access 等数据源中插入数据呢？

方法为：

（1）移动光标到要插入数据的位置。

（2）单击菜单命令“视图”/“工具栏”/“数据库”，显示“数据库”工具栏。

（3）单击“数据库”工具栏中的“导入数据库”按钮 ，在弹出的“数据库”对话框中单击“获取数据”按钮。

（4）在弹出的“选取数据源”对话框中选择一个数据源，比如 db1.mdb。

（5）单击“打开”按钮返回到“数据库”对话框。

（6）如果要选择性地插入数据库中的记录、字段或者两者的子集，就单击“查询选项”按钮，在弹出的“查询选项”对话框中根据需要，选择要插入的记录或者字段。

（7）如果要自定义表格格式，可以单击“表格自动套用格式”按钮进行设置。

（8）在“将数据插入文档”栏中单击“插入数据”按钮，在弹出的“插入数据”对话框中选择要插入的记录范围，然后单击“确定”按钮结束操作。

7-3 安装和修复

1. 如何保留旧版本的设置

如果用户在安装 Office 2003 的时候，在自己的机器上有以前版本的 Office 产品，比如 Office 2000 或者 Office XP。默认情况下，安装程序是具有智能性的，即它会在安装的过程中查到以前的版本，并自动安装相同的组件。这样系统就会自动覆盖旧版本，电脑上就只有最新版本 Office 2003 存在了。如果用户既希望尝试使用新版本的 Office 产品，又需要保留老版本，方法为：

在安装新版本的 Office 2003 时改变默认的安装位置即可保留旧版本的产品。这样，在安装完毕后，只要在“开始”/“程序”后选择新版本或者旧版本的 Office 程序即可。

2. 如何修复损坏的 Office

如果 Office 程序出现了这样那样的损坏，那么我们就需要修复它，而不是直接地覆盖它。否则会浪费大量的时间。Office 程序会自动运行校验配置匹配程序，一旦发现错误就会记录错误的地方，并在随后进行修复工作。

要让程序对 Office 进行修复，第一种方法是在任何 Office 程序中执行“帮助”/“检测并修复”菜单命令，在弹出的菜单中选择“开始”即可。

第二种方法是运行 Office 光盘中的 Setup.exe 程序选择“修复 Office”选项进行修复。

3. 如何按照自己的需求来安装 Office

一般情况下，根据默认设置就可以顺利安装 Office。但这里我们可以根据自己的需求来进行个性化的安装。

在大多数系统中，当将光盘放入光驱后就会自动运行安装程序。如果光盘已经在光驱中，只要双击安装文件 SETUP.EXE 就可以运行了。

（1）在安装过程中，要观看系统是如何安装的，只要选择“添加或删除特性”单选按钮，然后选择“下一步”按钮即可。

（2）选中最下面的“选择高级自定义应用程序”复选框，然后单击“下一步”按钮。

（3）在随后打开的安装程序的“高级自定义”面板中，可以观察到并改变计算机上可用的 Office 组件，以及它们的位置。用户如果要修改它们的设置，只要单击该组件旁边的图形并在弹出的菜单中挑选即可。这样，用户就可以根据自己的需要来决定哪些组件需要安装，哪些不需要了。

7-4　个性化工具栏的设置

1. 如何重新排列工具栏上面的按钮顺序

如果用户对于现有工具栏上的按钮顺序不满意，我们可以重新安排它们的位置。

方法为：

（1）单击菜单命令“视图”/“工具栏”/“自定义”。

（2）在弹出的“自定义”对话框中选择“命令”选项卡，单击“重排命令”按钮。

（3）在弹出的“重排命令”对话框中选择“工具栏”单选按钮，然后就可以使用“上移”、“下移”按钮进行调整了。

（4）单击“关闭”按钮，结束操作。

2. 如何添加自己喜欢的按钮图标

你可以改变工具栏上的或者菜单命令前的按钮图标，从而添加自己喜欢的图标，创造个性化的编辑环境。

方法为：

（1）单击菜单命令“视图”/“工具栏”/“自定义”。

（2）在弹出的“自定义”对话框中选择“命令”选项卡，然后单击“重排命令”按钮。

（3）在弹出的“重排命令”对话框中选择“工具栏”单选按钮，选择需要修改的命令，单击“更改所选内容”按钮，弹出一菜单，然后选择

"编辑按钮图像"或者"更改按钮图像"。

（4）如果选择了"编辑按钮图像"，那么在随后的对话框中可以对它进行局部修改，然后保存即可。

（5）单击"关闭"按钮，结束操作。

3. 如何创建自定义的工具栏

当打开 Office 程序时，系统默认打开的工具栏一般是"常用"工具栏、"格式"工具栏。用户可以根据当前编辑的需要和自己的喜好来安排各种工具栏的显示或隐藏，以及它们的显示位置等，方法为：

（1）单击菜单命令"视图"/"工具栏"/"自定义"。

（2）在弹出的"自定义"对话框中选择"工具栏"选项卡，然后在下面的复选框中选中任何一项，那么它所对应的工具栏就会显示出来。此后，由于工具栏具有浮动的特性，所以可以拖动工具栏，将它放在适当的屏幕上。

（3）选择"命令"选项卡。在左侧一栏中选择一种类别，并在右侧的"命令"栏中选择一种命令，然后用鼠标拖动它到工具栏上的合适位置，最后释放鼠标，这样就在工具栏上添加了该命令的按钮。

（4）此外，还可以选择"选项"选项卡，做进一步的调整。

（5）单击"关闭"按钮，结束操作。

4. 如何恢复菜单或工具栏的初始状态

当我们自己对 Office 上的菜单或者工具栏进行一些个性化处理后，有的时候需要删除或还原回原始状态，那么如何还原呢？

方法为：

（1）首先显示要更改的工具栏。

（2）单击"视图"/"工具栏"/"自定义"菜单命令，在出现的"自定义"对话框中选择"工具栏"选项卡。

（3）若要还原某个工具栏按钮，单击该选项，再单击快捷菜单上的"重新设置"命令；若要还原某个菜单命令，请用鼠标右键单击该命令，再单击快捷菜单上的"重新设置"命令。

（4）此时会弹出一个"重新设置工具栏"对话框，询问该重置是针对哪个文件或模板的。在下拉菜单中选择需要应用到的文件或模板后，最后单击"确定"按钮，结束操作。

7-5　文档视图操作技巧

1. 如何修改标尺的度量单位

Word 中默认标尺是“2、4、6…38 字符”为单位的。这样的设置，在制表、作图时用起来很不方便，有必要修改成以毫米为单位标尺，

方法为：

（1）单击菜单命令“工具”/“选项”。

（2）在弹出的“选项”对话框中选择“常规”选项卡，然后选择“度量单位”中的“毫米”选项，并取消“使用字符单位”的选择项。

（3）单击“确定”按钮，结束操作。

回到 Word 界面一看，原来标尺上的“2、4、6…38”，就变成了以毫米为单位。

2. 如何快速改变页面的大小

有时用户在打开文档时会发现文档太宽，以至于不能在一个屏幕上显示所有的文字，需要使用水平滚动条才能浏览到所有的文字。此时，用户的一般操作是改变页面显示的大小，比如缩放到80%等。

如果你有滚轮鼠标，就可以采用下面这种方便、快速的方法：按住键盘上的 Ctrl 键的同时，使用鼠标的滚轮就可以实现页面的缩小和放大：往上滚动时页面放大，往下滚动时页面缩小。

3. 如何显示过宽文档

在打开文档时，有时会发现因为文档过宽，屏幕上显示不全，该怎么办呢？我们可以重新调整行的宽度，使其适合文档窗口的大小。

如果使用的是普通视图或大纲视图，则方法为：

（1）单击菜单命令“工具”/“选项”，进入“视图”选项卡。

（2）选中“大纲视图和普通视图选项”下的“窗口内自动换行”复选框，然后单击“确定”按钮，结束操作。

此外，也可以通过改变显示比例使文字适用于普通视图或页面视图中的文档窗口。方法为：

（1）单击菜单命令“视图”/“显示比例”，在弹出的“显示比例”对话框中选择“页宽”选项。

（2）单击“确定”按钮，结束操作。

4. 如何隐藏空白区域来节省屏幕空间

在页面视图中，默认情况下，每页顶部和底部会显示页眉和页脚以及页面之间的灰色区域。我们在编辑时有时会觉得这样很占用空间。那如何把这些去掉呢？方法为：

（1）单击菜单命令“工具”/“选项”，在弹出的“选项”对话框中选择“视图”选项卡。

（2）在“页面视图和 Web 视图选项”中取消“页面间空白”复选框。

（3）单击“确定”按钮，结束操作。

另一种更快的方式是使用鼠标操作，方法为：

（1）将鼠标移动到页与页之间的灰色区域，此时鼠标改变形状，并显示出“隐藏空白”的提示。

（2）单击鼠标，操作完毕。

5. 如何利用网格线来为图片等对象进行排版定位

在 Word 中，我们在对“自选图形”进行排版的时候，往往会觉得怎么操作都对不齐对象。这是由于系统默认让对象与网格对齐了，而且网格又设置得比较大的缘故。我们可以通过修改网格大小来较为精确地定位对象。

方法为：

（1）单击菜单命令“视图”/“网格线”，此时在文档中就显示了当前宽度的“水平网格线”。

（2）打开“绘图”工具栏，单击“绘图”按钮，选择“绘图网格”，弹出“绘图网格”对话框。

（3）减小“网格设置”中的“水平间距”和“垂直间距”。

（4）如果同时要显示“垂直网格线”，就选中“垂直间隔”，并调整间隔大小。

（5）单击“确定”按钮，结束操作。

6. 如何使用“文档结构图”来进行长文档的快速浏览和定位

除了使用目录来浏览和定位长文档之外，我们可以利用 Word 提供给我们的“文档结构图”来进行浏览和定位。系统会自动给我们罗列出文档的结构。

方法为：

（1）单击菜单命令“视图”/“文档结构图”，在屏幕的左边出现“文档结构图”。

（2）此时就可以在“文档结构图”中查看整个文档的章节了。如果要查看某一章节，只要单击它，文档就会自动定位到那里。

7. 如何使用新增的“阅读版式”

Word 2003 为用户新增加了一个文档视图：阅读版式。该视图自动优化屏幕上的文档，使页面恰好适合屏幕，使得用户能更加方便地阅读文档。

要切换到“阅读版式”，方法为：单击菜单命令“视图”/“阅读版式”，或者在文档左下选择阅读版式的图标。浏览完毕后，只要单击“关闭”按钮 关闭(C)，就可以切换到上一次的视图版式中。

8. 如何隐藏图片来加快显示速度

我们在浏览文档时，如果文档包含很多图片，且图片很大，这些图片是不会马上显示出来的，会影响显示速度。如果用户只需要关注文档的文字信息，而这些图片对用户意义不大时，我们可以利用如下的方法来加快显示速度。

方法为：

（1）单击菜单命令“工具/选项”，弹出“选项”对话框。

（2）选择“视图”选项卡。在“显示”区域中选中“图片框”。

（3）单击“确定”按钮，结束操作。

此时，再浏览文档，发现图片已经被一个个长方形的框所代替。

9. 如何快速拆分窗口

拆分文档窗口往往为了可以同时查看文档的不同部分，还可以进行一些复制操作。一般拆分窗口都是使用菜单命令“窗口/拆分”，现在有一种使用鼠标的拆分方法：

（1）将鼠标移动到垂直滚动条的上边缘，鼠标此时会变成上下箭头。

（2）拖动鼠标到窗口处，此时窗口出现一条横线。

（3）将横向移动到合适的位置，释放鼠标，此时屏幕就被拆分为两个窗口。

如果要去掉一个窗口，操作也很简便，方法为：

（1）移动鼠标到横线上，按下鼠标，将横线拖动到窗口顶端或底端。

（2）释放鼠标。此时又回到原来一个窗口的状态了。

7-6 帮助

1. 如何打开或关闭“Office 助手”的声音

在频繁使用 Office 助手的同时，Office 助手会配合动作发出各种声音。有的用户觉得很方便，但有的用户却会认为被声音打扰了自己的工作。可以根据自己的需求来打开或者关闭 Office 助手的声音。

方法为：

（1）右击 Office 助手，在出现的菜单中单击“选项”命令，弹出“Office 助手”对话框。

（2）在弹出的对话框中单击“选项”选项卡，清除“使用 Office 助手”下的“声音效果”复选框。

这样，我们就可以让 Office 助手“默默无闻”地帮助我们工作了。

2. 如何设置“Office 助手”的功能

除了改变 Office 助手的外观，我们还可以改变助手的功能，使得它更好地为我们服务。

方法为：

（1）右击助手图标，在弹出的菜单中选择“选项”命令。

（2）在打开的“选项”对话框中可以选择是否使用 Office 助手，这里选择“使用 Office 助手”，然后勾选该项下面的选项，以启用希望助手拥有的功能。

（3）最后单击“确定”按钮，结束操作。

3. 如何使用智能标记

智能标记被引入到 Office XP 中，并在 Office 2003 中得到进一步发展，它的出现为用户使用常用命令提供了更快捷的途径。用户在使用 Office 程序时充分利用它将会给工作带来更高的效率。

我们不需要亲自调用它，它会在我们需要它的时候自动出现。比如当我们按下 Ctrl+V 快捷键，准备粘贴来自网页上的文字时，它就会自动出现。我们只要单击它上面的下拉按钮

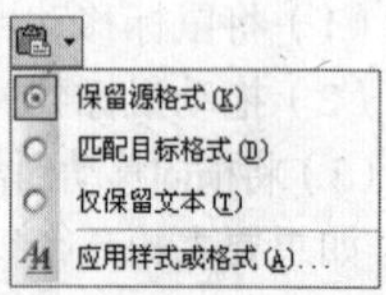

图 7–1

就会弹出一个菜单，然后我们就可以根据需要来进行适当的选择。

如图 7-1 所示就是在把网页上的内容复制到 Word 后（复制后默认的格式是 HTML 格式），单击智能标记后出现的菜单内容。如果用户只要复制文本，就可以选择“仅保留文本”选项。

4. 如何更换“Office 助手”的外观

Office 提供了默认的“Office 助手”，你可以按照自己的喜好选择“Office 助手”。

方法为：

（1）右击默认的“Office 助手”，从弹出的菜单中选择“选择助手”。

（2）在弹出的“Office 助手”对话框中单击“助手之家”选项卡，然后单击“上一位”或“下一位”按钮，直至找到所需的“助手”。

（3）完成以后单击“确定”返回，然后关闭打开的对话框。

7-7 其他操作技巧

1. 使用 F1~F12 键让 Word 操作更快捷

F1：打开帮助。

Shift+F1：打开帮助工具（小问号）。

F2：剪切选中的文本，将光标移到需要的地方后，按下回车键即可粘贴剪切的文本。

Shift+F2：复制选中文本，将光标移到需要的地方后，按下回车键即可粘贴复制的文本。

Alt+Ctrl+F2：打开文件。

Ctrl+F2：打印预览。

Alt+Shift+F2：保存文件。

F3：输入某条“自动图文集”词条的名称后，按下此键，即可将名称转换成该词条。

Shift+F3：切换选中的西文字符的大小写。

F4：重复上一步操作。

Alt+F4：关闭所有文档，若没有保存，将提示保存，并退出 Word。

F5：打开“查找与替换”对话框，并选定“定位”选项卡。

Alt+F5 或 Ctrl+F5：将所有打开的 Word 文档最大化窗口还原到原来大小。

Ctrl+Shift+F5：写书签。

F6：在任务窗格与文档窗口之间切换。

Ctrl+F6：在多个打开的文档窗口之间来回切换（至少打开两个文档才能看到此操作的结果）。

Alt+F6：在两个打开文档窗口之间反复切换（至少打开两个文档才能看到此操作的结果）。

F7：实施拼写检查。

Ctrl+F7：当文档窗口不是最大化时，激活键盘上的方向键，用以移动窗口。

F8：Alt+F8：打开"宏"对话框，用以运行宏命令。

Ctrl+F8：当文档窗口不是最大化时，激活键盘上的方向键，用以调整窗口的大小。

F9：Ctrl+F9：插入一个域记号""。

F10：激活菜单栏。

F11：Ctrl+F11：锁定选中的域，防止被更新，只对可能更新的域如"时间域"等有效。

Ctrl+Shift+F11：解除对域的锁定（需要选中）。

F12：另存文档。

Ctrl+F12：打开文档。

2. 如何让 Word 自动保存文档

用户在编辑篇幅很长的文档时，需要不时地保存文档，这是一个很好的习惯。但是这个操作繁琐机械。Word 为用户考虑到了这点，它提供了一种自动保存机制。这样，程序会按照预先设定的时间间隔来自动保存文档。

方法为：

（1）单击菜单命令"工具"/"选项..."，弹出"选项"对话框。

（2）单击"保存"选项卡，找到"自动保存时间间隔"，设置好所需时间后，单击"确定"按钮，结束操作。

一般来说，保存时间的间隔不宜设置得过长。根据经验，一般设置为 1~10 分钟为好，否则就等于失去了自动保存的功能。

3. 快速将网页中的图片插入 Word 文档中

在编辑 Word 文档时，需要将一张网页中正在显示的图片插入到文档中，一般的方法是把网页另存为“Web 页，全部（.htm、html）”格式，然后通过 Word 的“插入/图片/来自文件…”菜单把图片插入到文档中，这种方法虽然可行，但操作有些麻烦。接下来告诉你一种简易可行的方法：

（1）将 Word 的窗口调小一点，使 Word 窗口和网页窗口并列在屏幕上。

（2）用鼠标在网页中单击你需要插入到 Word 文档中的那幅图片不放，直接把它拖入 Word 文档后，松开鼠标按键，此时可见图片已经插入到 Word 文档中了。

提示!! 此方法只适合没有链接的 JPG、GIF 格式图片。

4. 创建语言宏

与 Via Voice 等语音识别软件不同，Word 2003 不能用语音直接操作宏。不过，可以通过间接的途径实现这个功能。

方法为：

（1）单击“工具”/“宏”子菜单下的“录制新宏”命令，建立一个执行操作或输入文本的宏。

（2）单击“工具”菜单下的“自定义”命令，在打开的“自定义”对话框单击“工具栏”选项卡。

（3）单击选项卡中的“新建”按钮，在对话框的“工具栏名称”框内输入“语音宏”之类的文字，单击“确定”按钮后返回到“自定义”对话框中。

（4）此时，在“自定义”对话框的“工具栏”列表末尾出现了创建的按钮名称，将其拖到 Word 2003 窗口顶部的合适位置。

（5）接下来就可以在新建的工具栏上添加宏的按钮。打开“自定义”对话框中的“命令”选项卡，选中“类型”刚才建立的宏。然后把它从“命令”选项卡中拖到新建工具栏的右端。最后将“自定义”对话框关闭，就可以用语音控制宏的运行了。

5. 如何将 Word 文档保存为其他格式的文件

有时我们在 Word 中编写文档的最终目的并不是创建一个 Word 文档，

而是作为创建其他格式文件（比如 Web 页等）的过渡，毕竟在 Word 中编辑文档的功能要比其他程序中要强大得多。那么，我们如何将编辑好的 Word 文档转化为其他格式的文件呢？

方法为：

（1）单击菜单命令“文件”/“另存为”。

（2）在弹出的“另存为”对话框的“保存类型”中选择需要转换为的文件格式，并输入文件名。

（3）单击“确定”按钮，结束操作。

6. 巧用表格制作作文纸

在小学语文试卷中要插入一段作文纸，且往往和其他基础知识题混排在一张纸卷上，故无法直接以稿纸方式打印，笔者在实践中发现，巧用 Word 2003 的表格功能可以轻松达到这一要求。例如，要在 8 开的试卷中插入 16 行、每行 20 格，共 300 字的作文纸。

方法为：

（1）激活“表格”菜单，单击“插入表格”，在对话框中的列数输入“20”，行数输入“1”，单击“确定”按钮后返回。

（2）以上操作得到一行 20 格的虚框表格，选中这一行，用边框按钮把它变成实线表格。

（3）在这个表格行下面放置一个空行，复制时选中表格行和下面的空行，再在空行下面行粘贴，即得到两行。选中这两行，即可复制出 4 行，直至复制出 16 行。

（4）调整行间距，方法是设定空行的字体大小，一般用 5 号字即可。

7. 在 Word 中输入音标

一个简单的方法是利用金山词霸。安装了金山词霸后，会安装英语音标的字库。这个字库文件就在 Windows 文件夹下的字体文件夹 Fonts 中，文件名是 ksphonet.ttf，字体名是：kingsoft phonetic。

方法为：

（1）进入中文 Word 2003，需要输入音标时，单击“插入”/“符号”菜单命令，在出现的“符号”对话框中单击“符号”选项卡。

（2）在“字体”下拉菜单中选择“kingsoft phonetic plain”，这时会看到国际音标中的符号出现在屏幕上，此时双击需要的音标，就可以将它插入文章中。

如果你的计算机中没有安装金山词霸，那也没关系，你只要到装有金山词霸的机器上（或光盘中）把含有音标的字体文件 ksphonet.ttf 复制到你的计算机上即可。方法为：在安装金山词霸的计算机上找到文件夹 windows\Fonts\，将其中名为 ksphonet.ttf 的字体文件用鼠标拖放复制到 A 盘中（注意此时用鼠标右键采用发送到 A 盘的方法进行复制是无效的），然后再在你的计算机上把它拖放复制到 Windows\Fonts 文件夹中即可。

8. 如何解决打开旧版本文档时图片只显示部分的现象

在 Word 中打开一个老版本创建的文档，很多时候会出现文档中的图片只显示一部分或者有些地方显示红叉的现象。我们该如何解决这个问题呢？

首先必须明白：Word 文档中显示红叉，或者使用一个概要图片（圆形、方形或其他形状）来表示不能显示的图形或图片，是因为 Word 文档中的图片已经损坏，或者由于内存不足所引起的图片数据丢失。

如果要解决上面的问题，可以通过下面方法来实现：

（1）单击菜单命令“工具”/“选项”，弹出“选项”对话框。

（2）单击“保存”选项卡，在“保存选项”下取消“允许快速保存”复选框。

（3）单击“确定”按钮，结束操作。

9. 如何进行文字批注

与 Word 2000 不同，Word 2003 的文字批注采用了更加醒目的批注框，它可以显示批注内容、位置等详细信息，比较符合手工批注的阅读习惯。

（1）打开待审阅的文档，选中需要批注的文字（插入批注以后，这部分文字将用括号围起来），或将光标放在待插入批注的位置（插入批注以后，该位置显示一个“I”）。

（2）单击 Word 2003“插入”菜单下的“批注”命令，当前页面就会显示一个批注框，可以直接在其中输入批注了。

（3）当某条批注输入完成以后，用鼠标单击文档的任意位置，批注框的指示线变为虚线，边框也会变为较细的红色实线。

（4）审阅人重复上述三个步骤，就可以将自己的全部批注插入文档，最后按常规方法保存即可。

10. 插入新的书签

（1）在打开的 Word 文档中，将光标定位在需要插入书签的位置，或者选中文档中的部分内容。

（2）单击“插入”菜单中的“书签”命令，打开“书签”对话框。

（3）在“书签名”文本框中输入书签的名字，单击“添加”按钮即可。

11. 显示文档中的书签

默认情况下，书签是不会在文档中显示出来的，如果我们想显示书签的话。

方法为：

（1）单击“工具”菜单的“选项”命令，在打开的对话框中选择“视图”标签项。

（2）在“显示”框中选中“书签”复选项，单击“确定”按钮。

你会发现 Word 用一对“[]”和“I”来分别标记被标签引用的文本内容和位置。

提示!! 上面提到的标记在打印文档的时候是不会被打印出来的。

12. 利用书签快速定位

要使用书签进行快速定位方法为：单击“插入”菜单中的“书签”命令，在弹出的“书签”对话框中选择要定位哪一个书签，最后单击“定位”按钮即可。

除此之外，还可以单击“编辑”菜单中的“定位”命令，打开“定位”对话框，然后在“定位目标”中选择“书签”，在“请输入书签名”中输入书签的名字，或者通过单击它旁边的下拉按钮来进行选择，最后单击“定位”按钮即可。

（3）根据需要选择相应的模板，然后单击“确定”按钮，结束操作。

13. 添加前进、后退按钮

如果对 IE 的“前进”、“后退”切换页面的功能按钮感兴趣的话，也可以给 Word 2003 增加类似的按钮。

方法为：

（1）单击“工具”菜单下的“自定义”命令，打开“自定义”对话框中的“命令”选项卡。

（2）选中“类别”下的“所有命令”，然后在左侧“命令”区域中找到 Nextwindow 项，将其选中后插入菜单栏，菜单栏会多出一个“下一窗口”按钮[下一窗口(T)]。再找到 Prevwindow 按钮，按相同的方法插入菜单栏，菜单栏会多出一个“前一窗口”按钮[前一窗口(P)]。以后只要打开了多个文档，单击 Nextwindow 按钮就会跳到下一个文档。单击 Prevwindow 按钮则会返回前一个文档。

14. 如何修复已损坏的文档

当你试图打开一个 Word 文档时，如果系统没有响应，有可能是该文件已经损坏，你可以在任何时候使用“恢复文本转换器”来打开被损坏的文档并恢复文本。此外，你也可以进行以下操作：

（1）单击菜单命令“文件”/“打开”，在弹出的“打开”对话框里面选定要恢复的文件。

（2）单击“打开”按钮旁边的箭头，选择“打开并修复”命令。

此时，Word 将检测文档中的问题，并显示是什么错误及出错的部位。同时，Word 会对错误进行修复并提示用户保存修复结果。

15. 关闭拼写错误标记

Word 2003 中有个拼写和语法检查功能，通过它用户可以对键入的文字进行实时检查。系统是采用标准语法检查的，因而在编辑文档时，对一些常用语或网络语言会产生红色或绿色的波浪线。有时这会影响我们的工作，可以先将它隐藏起来，待编辑完成后再进行检查。

方法为：

（1）右键单击右状态栏上的“拼写和语法状态”图标，在弹出的菜单中选择“隐藏语法错误”项后，错误标记便会立即消失。

（2）如果要进行更详细的设定，可以单击“工具”菜单中的“选项”

命令，在弹出的“选项”中进行详细的设置，如拼写和语法检查的方式、自定义词典等项。

（3）设置完毕，单击“确定”按钮，结束操作。

16. 让任务窗格快速启动

在使用 Word 2003 的时候，经常要使用到任务窗体，要让任务窗格快速启动。

方法为：

（1）单击“工具”菜单，选择“自定义”菜单命令。

（2）在打开的“自定义”对话框的任何一个选项卡中单击其中的“键盘”按钮。

（3）在弹出的“自定义键盘”设置窗口中，选择“类别”列表框中的“视图”，并选中其右边“命令”列表框中的“View TaskPane”命令。

（4）单击“指定键盘顺序”下面的“请按新快捷键”框，按键盘上的键，比如按 Ctrl+P 组合键，然后单击“指定”按钮。这样就为你的 Word 任务窗格设置了快捷键，以后需要打开时，只要按下 Ctrl+P 组合键，任务窗格就会迅速地出来了。当不需要时，再按一下 Ctrl+P 组合键，任务窗格就会消失了。

17. 关闭创建画布功能

在 Word 2003 中，如果执行插入图形操作时，系统自动在文档中创建一块画布，让操作者将多个图形保存在一块画布上，方便整体移动。但是，对于只需要一根线条、一幅图形的操作者来说，这个功能反而不方便了。可以将创建画布功能关闭掉。

方法为：

（1）单击“工具”/“选项”菜单命令，打开“选项”对话框。

（2）单击“常规”选项卡，清除“插入‘自选图形’时自动创建绘图画布”选项前面复选框中的“√”号。

（3）单击“确定”按钮，结束操作。

当然，不关闭这个功能，也可以让画布“失效”：在画图时，单击“绘图”工具栏上相应的按钮，然后在画布外面的区域画图就行了。

第 8 章

Excel 2003 工作表应用与故障处理速查

Office 2003 高效办公速查 1000——本章内容

8-1 工作簿应用技巧速查

1. 如何同时打开多个工作簿

方法为：

（1）单击“文件”/“打开…”菜单命令，出现“打开”对话框。

（2）按住 Shift 键或 Ctrl 键并配以鼠标操作，在“打开”对话框文件列表中选择彼此相邻或彼此不相邻的多个工作簿。

（3）单击“打开”按钮，就可以一次打开多个工作簿。

2. 如何同时显示多个工作簿

在编辑工作表时，用户经常要在多个工作簿之间通过切换来查看数据或者复制数据。我们可以利用 Excel 的功能来达到同时显示多个工作簿。

如果要显示同一个工作簿中的多个工作表，方法为：

（1）单击菜单命令“窗口/新建窗口”，将建立一个跟当前一样的工作簿窗口。

（2）在新建的工作簿窗口中选择一个不同的工作表。

（3）单击菜单命令“窗口”/“重排窗口”，在弹出的“重排窗口”对话框的“排列方式”栏中选择一项。

（4）单击“确定”按钮，结束操作。

如果要退出该显示效果，只要单击某一个工作簿窗口中的“最大化”按钮即可。

3. 如何隐藏工作簿窗口

打开多个工作簿以后，会造成屏幕上占满了工作簿，而且有时会因为疏忽而造成不必要的损失。那么如何暂时地隐藏其中几个呢？

方法为：

（1）将需要隐藏的工作簿激活，使之成为当前工作簿。

（2）单击菜单命令“窗口”/“隐藏”即可将该工作簿隐藏起来。

（3）如果要显示之前隐藏了的工作簿，可以按类似的操作进行：单击菜单命令“窗口”/“取消隐藏”，在弹出的“取消隐藏”对话框中如果有多个工作簿被隐藏，就可以选择需要显示的工作簿。最后单击“确定”按钮即可。

4. 如何自动保存工作簿

在编辑工作簿和工作表时，如果要不时地手工保存数据，是件麻烦的事情。幸运的是，Excel 同 Word 一样，有一个自动保存工作簿的功能。只是在默认情况下该功能没有安装，所以就必须加载“自动保存”功能。加载方法为：

（1）单击菜单命令“工具/加载宏”命令，弹出“加载宏”对话框。

（2）在“可用加载宏”列表框中选中“自动保存”复选框。

提示!! 如果没有可供选择的“自动保存加载宏”，可能需要安装它。

（3）单击“确定”按钮。

接下来，我们就可以设置自动保存功能了。方法为：

（1）单击菜单命令“工具”/“自动保存”。

（2）选中“自动保存”中的所有复选框，在“分钟”框中输入保存工作簿的时间间隔，根据需要还可以进行其他设置。

（3）单击“确定”按钮，结束操作。

5. 如何改变工作簿中工作表的默认个数

在打开 Excel 程序后，系统默认会打开 3 个空白工作表，即“Sheet1”、“Sheet2”、“Sheet3”。有时候用户可能希望程序启动时能一下子打开更多的工作表。那么如何操作呢？

方法为：

（1）单击菜单命令“工具”/“选项”，在弹出的“选项”对话框中选中“常规”选项卡。

（2）在“新工作簿内的工作表数”框中输入所需要的工作表的数量，比如 8，然后单击“确定”按钮。

（3）重新运行 Excel，此时新建的工作簿中就包含有 8 个空白工作表。

提示!! 步骤（2）中输入的数字最大为 255。

6. 如何共享工作簿

可以通过共享工作簿来使多个人能编辑同一 Excel 文件。

方法为：

（1）打开一个 Excel 工作簿。

（2）单击“工具/共享工作簿”命令，弹出“共享工作簿”对话框。

（3）单击“编辑”选项卡，然后选中“允许多用户同时编辑，同时允许工作簿合并”复选框。

（4）单击“确定”按钮，随后弹出一个提示框，告诉用户此操作将导致保存文档，单击“确定”。这样文件就共享于局域网中了。此时，窗口顶端的工作簿名称后会显示“共享”两字。

7. 如何利用模板创建工作簿

要使用 Excel 处理数据，首先要创建或打开工作簿。创建工作簿的方法很多。如果能有效地利用已有的工作簿模板进行创建，将节省很大的工作量。那么如何利用模板来创建工作簿呢？

方法为：

（1）单击菜单命令“文件”/“新建”，弹出“新建工作簿”对话框。

（2）根据模板所在的位置不同，选择下面任意一种方法：

①如果想利用本地机器上的模板，则单击“本机上的模板”，在打开的“模板”对话框中选择一种自己需要的模板，然后单击“确定”按钮即可。

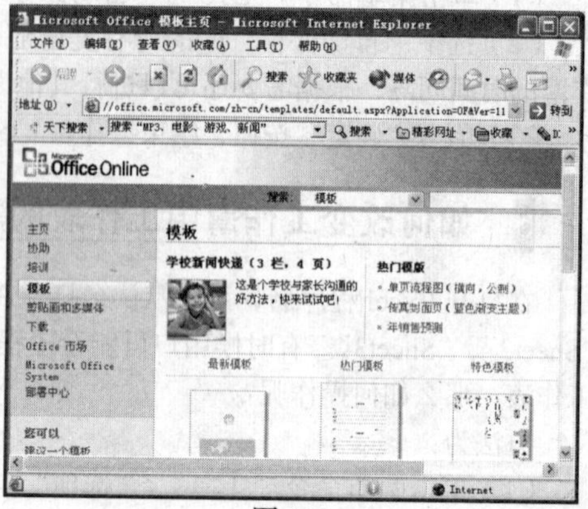

图 8-1

②如果在本地机器上找不到自己所需要的模板，则单击“新建工作簿”对话框中的“Office Online 模板”超链接按钮，在打开的如图 8-1 所示的网页中，依照提示将需要的模板下载下来，最后把模板保存为本地模板，这样就可以在今后重复使用了。

8. 如何在多个工作簿或工作表间进行快速切换

用户在编辑或输入数据时，需要在多个工作簿间切换。这种操作会很频繁。所以要求这种操作快速高效。显然，最好的方法是使用键盘操作。

那么如何利用键盘在多个工作簿或工作表间快速切换呢?

方法为:

(1)按键盘上的 Ctrl+Tab 组合键，可在打开的工作簿之间进行切换。

(2)按键盘上的 Ctrl+PageUp 组合键，可以切换到工作簿的上一个工作表。

(3)按键盘上的 Ctrl+PageDown 组合键，可切换到工作簿的下一个工作表。

9. 如何使用移动法来复制工作表

有时候，用户希望将一个工作簿中的某些工作表复制到另一个工作簿中。此时，我们可以使用“移动法”来快速复制工作表。

方法为:

(1)打开两个将要进行操作的工作簿，比如“源.xls”和“目标.xls”。

(2)切换到工作表“源.xls”中，右击需要进行复制的工作表，在弹出的菜单中选择“移动或复制工作表”命令。

(3)在弹出的“移动或复制工作表”对话框的“工作簿”栏中选择目标工作簿“目标.xls”，在“下列选定工作表之前”栏中选择插入点，并同时选中“建立副本”。

(4)最后单击“确定”按钮。

这时“源.xls”中的工作表则移动到“目标.xls”中了。

10. 如何使用“视图管理器”

有时，用户需要改变工作簿的显示方式或打印设置。此时，可以利用系统提供的功能将这些保存为视图。以后只要装载该视图就可以以不同方式显示或打印工作簿了。

方法为:

(1)首先对打印设置进行更改，以满足自己的需求；还可以显示或隐藏工作表的行或列，并对筛选条件进行设置。

(2)完成后，单击“视图”/“视图管理器”菜单命令，在弹出的“视图管理器”对话框中单击“添加”按钮。

(3)在弹出的“添加视图”对话框的“名称”栏中输入要保存的视图的名称。在“视图包括”栏中有两个选项：如果选中“打印设置”，则在所创建的工作表视图中包含当前工作表中选择的打印设置；如果选中“隐藏行、列及筛选设置”复选框，则所创建的工作表视图中包含相应的选项设置。

(4)最后单击“确定”按钮，这样就保存了当前视图。

若要显示某个视图，按如下方法操作即可：

（1）在工作簿中单击“视图”/“视图管理器”菜单命令，打开“视图管理器”对话框。

（2）在对话框中选择需要装载的视图的名称，并单击“显示”按钮即可。

此时，创建该视图时的活动工作表便会原封不动地显示出来。

8-2 工作表应用技巧速查

1. 如何隐藏暂不需要的工作表

上面我们讲到如何隐藏工作簿。其实我们也可以隐藏工作表，使它的内容隐藏起来。方法为：

（1）选择需要隐藏的工作表。

（2）单击菜单命令“格式”/“工作表”/“隐藏”。

此时该工作表即从屏幕上消失。

如果要显示被隐藏的工作表，方法为：

（1）单击菜单命令“格式”/“工作表”/“取消隐藏”。

（2）在弹出的“取消隐藏”对话框中选择需要显示的工作表。

（3）单击“确定”按钮即可显示该工作表。

2. 如何保护工作簿或工作表

Excel 提供了比较完善的保护功能，以防止他人随意阅读、复制或者修改数据。最简单的就是提供了为工作簿或工作表添加口令的办法来保护整个工作簿。那么如何为工作簿或者工作表设置密码保护呢？

对于工作表，方法为：

（1）单击菜单命令“工具”/“保护”/“保护工作表”。

（2）在弹出的“保护工作表”对话框的“允许此工作表的所有用户进行”栏中选择用户可以进行的操作，在“取消工作表保护时使用的密码”栏中输入密码。

（3）最后单击“确定”按钮，结束操作。

对于工作簿，方法为：

（1）单击菜单命令“工具”/“保护”/“保护工作簿”。

（2）在弹出的“保护工作簿”对话框的“保护工作簿”栏中选择需要保护的对象，既可以是整个工作簿的结构，也可以是工作簿窗口，甚至可以是两者都保护；在“密码（可选）”中输入密码。

（3）最后单击“确定”按钮，结束操作。

如果想撤销对工作表或者工作簿的保护，则可以单击菜单命令“工具”/“保护”/“撤销保护工作表”或“工具”/“保护”/“撤销保护工作簿”。此时，只有在弹出的输入密码对话框中输入正确的密码后，才能解除对工作表或工作簿的保护。

3. 如何快速打印工作表

要加速打印工作表，我们可以通过改变打印机的分辨率来实现。

方法为：

（1）单击菜单命令“文件”/“页面设置”。

（2）在弹出的“页面设置”对话框中单击“页面”选项卡，在“打印质量”列表框中选择较小的打印分辨率，比如“300 点/英寸”。

（2）单击“打印”按钮，结束操作。

这样就可以加快打印速度。

4. 如何拆分工作表

编辑工作表时，有时由于表格内容过长，不能同时浏览同一表格的不同部分。尽管可以使用滚动条，但操作繁琐。这时，我们就可以使用 Excel 的“拆分”功能。

方法为：

（1）选择要进行拆分的工作表。

（2）单击菜单命令“窗口”/“拆分”。此时，系统自动将工作表拆分为 4 个独立的窗口。

提示!!

> ①如果对系统自动拆分不满意，可以用鼠标来分别调整 4 个窗口的大小。②如果要关闭拆分效果，可以通过“窗口/取消拆分”来将其撤销。③当用户成功定位到工作表的不同部分时，就可以对其进行操作。一般需要冻结操作的两个窗口，免得误操作。操作方法为单击菜单命令“窗口”/“冻结”。

5. 如何为工作表标签添加颜色

对用户来说，一般是通过工作表的表名来区分其他工作表的。这在通常情况下是可以的。但是如果工作表的表名比较长，而且有多个工作表的表名前几个字符相同，那么就不太好认了。Excel 为我们提供了使用颜色来区分工作表的功能，即我们可以为不同的工作表标签使用不同颜色，这样，就可以通过颜色来快速准确而直观地加以区分了。

方法为：

（1）选中要添加标签颜色的工作表。

（2）单击鼠标右键，在弹出的菜单中选择“工作表标签颜色”选项。

（3）在弹出的“设置工作表标签颜色”对话框中为当前工作表选择一种颜色（比如选择“蓝色”），单击“确定”按钮结束操作。

此时，工作表标签的颜色就变换成所选的“蓝色”了。

6. 如何快速选中工作表

在一般情况下，当一个工作簿中的工作表个数不多的时候，比如默认个数 3 个，可以直接用鼠标单击工作表标签即可选中工作表。而当工作表的个数比较多时，屏幕上是不能一下子全部显示所有工作表标签的。这就需要用户使用左下角的 4 个工作表滚动按钮定位到相应的工作表，再用鼠标单击来选定。这个操作一旦当工作表数目很多时，效率是不高的。

那么如何快速地选中所需要的工作表呢？

方法为：在任意一个工作表中，将光标移到工作表左下角的工作表滚动按钮上，然后单击鼠标右键，在快捷键菜单中选择自己所需的工作表即可。

7. 工作簿或工作表的密码忘记了怎么办

有时候，用户不小心将保护工作簿的密码给忘了，而其中的数据需要进行进一步的修改和编辑。那有没有方法来打开原有的工作簿呢？

有，方法为：

（1）选中被设置保护的工作表。

（2）单击菜单命令“编辑”/“复制”。

（3）打开一个新的工作簿，然后按键盘上的 Ctrl+V 组合键，将被设置保护的工作表拷贝到新工作簿中即可。

这样，我们就可以在新工作簿中对数据进行操作了。

提示!! 目标工作簿一定要是新工作簿，否则上述操作无效。

8. 如何将小表格打印在纸张中间

有时候，工作表中的数据不多，比如只有 10~20 行数据，如果按默认设置进行打印的话，数据将占据在纸张的上面。如果希望将数据分布在纸张的中央，该如何操作呢?

方法为:

（1）打开要打印的工作表，并选中它。

（2）单击菜单命令“文件”/“页面设置”，在弹出的“页面设置”对话框中选中“页边距”选项卡，手工调节页面的上下边距和左右边距，使之分别相等。

（3）单击“确定”按钮，结束操作。

此外，还可以选中“居中方式”栏下的“水平”和“垂直”复选框。

8-3　数据输入/编辑应用技巧速查

1. 如何在没有鼠标的情况下快速编辑单元格

在一些情况下，比如鼠标坏了，用户难道就没有办法编辑单元格了吗? 不然，我们可以利用键盘操作来代替鼠标。虽然键盘操作需要用户去记忆，但是其快捷性还是值得肯定的。

方法为:

（1）利用键盘上的方向键来选择需要编辑的单元格。

（2）按下 F2 键编辑单元格内容。

（3）编辑完后，按键盘上的 Enter 键确定所做改动，或者按 Esc 键取消所作改动。

2. 如何输入多种格式的日期和时间

在 Excel 中，日期和时间属于数字型数据，可进行多种计算，也可以使用多种输入方法。

（1）可以使用正斜杠“/”和连字符“-”来分隔日期的不同部分。比如要输入“2006 年 10 月 1 日”，我们可是在单元格中输入“10/1/2006”或者“1-Oct-2006”。

（2）可以使用英文的冒号“:”来分隔时间的不同部分。比如“10:30a”、“12:12p”或者“23:20”等。系统默认是“am”，因此如果输入“2:00”，则实际表示为“2:00a”。

（3）系统默认的日期和时间对齐格式是右对齐，如果出现左对齐，则肯定是输入的日期格式不正确。

3. 如何快速输入日期

在 Excel 中有一个“自动识别”功能，该功能可以将输入的数据识别为日期格式。如何让系统自动识别日期呢？

方法为：

（1）选中想要改变成日期格式的单元格，然后单击菜单命令“格式”/“单元格”。

（2）在弹出的“单元格格式”对话框中选择“数字”选项卡，然后在“分类”列表框中选中“日期”选项，在右边的类型中选择“3 月 14 日”选项，还可以在“区域设置”中选择是按哪个国家的日期来显示。

（3）最后单击“确定”按钮即可。

这样，在选中的单元格中输入“3-1”、“3-2”之类的数据，回车后就会自动变成“3 月 1 日”、“3 月 2 日”等形式。

提示!!

没有选中的单元格将不具备这样的功能。

4. 如何保证录入数据的唯一性

在用 Excel 2003 管理资料时，常常需要保证某一列中的数据不能重复，如身份证号。假设要从 B2 单元格开始录入，首先选中 B2 单元格，然后单击“数据/有效性”菜单，调出“数据有效性”对话框；在“有效性条件”选项中选择“自定义”，在公式中输入“=COUNTIF（B，B，B2）=1”，接着单击确定。为了将这个设置复制到 B 列中的其他单元格，我们还需要向下拖动 B2 单元格的填充柄。以后我们在向 B 列中输入数据时，如果输入了重复数据就会出现提示。这样就可以保证数据输入的唯一性了。

这里我们还可以扩展一下（还是以身份证为例），将上面的公式改为“=AND（COUNTIF（B，B，B2））=1，LEN（B2）=15”，更改后，不仅要求录入的数据是唯一的，而且长度必须是 15，从而大大减少用户在录入中产生的错误。

5. 如何自动选择输入法

用户肯定有这样的感觉：在 Excel 单元格中输入数据时，不停地切换输入法会大大影响输入速度。那么如何定位到某个单元格，系统就会自动切换到预先设置的输入法呢?

方法为：

（1）选中需要使用某种输入法的单元格或区域，然后将该输入法激活。

（2）单击菜单命令“数据”/“有效性”，在弹出的“有效性检查”对话框中单击“输入法模式”选项卡，在“输入法模式”列表中选中“打开”项。

（3）单击“确定”按钮，结束操作。

这时，如果选中已设置输入法的单元格或区域，系统都会自动切换到该输入法。

6. 如何自动将输入的整数改变为小数

用户可能会遇到这样的情况：当前工作表中需要输入的数值全是小数位，而且输入的数据有很多。此时如果直接进行输入，每次都要键入零和小数点，就大大增加了操作量，错误的概率也会增加。如果直接输入数值，系统能自动转化到小数，那就好了。Excel 为我们提供了此功能。

方法为：

（1）单击菜单命令“工具”/“选项”命令。

（2）在弹出的“选项”对话框中选择“编辑”选项卡，然后选中“自动设置小数点”复选框，在“位数”框中设置小数位，比如设置为“2”。

（3）单击“确定”按钮，结束操作。

这样，如果我们在单元格中输入“12”后按回车，单元格中将会自动把数据变为“0.12”。

如果想对其他的工作表进行操作，就需要取消“自动设置小数点”复选框。因为当设置后，它对输入的整数都识别为小数形式。

7. 如何导入文本文件

有时我们手头会有一些以纯文本格式储存的文件，如果这时需要将这些数据制作成 Excel 的工作表，重新输入一遍的话，就会非常麻烦吧。如果将数据一个个进行“复制”和“粘贴”，也要花去很多时间。不要着急，可以使用 Excel 2003 的导入文本文件功能来帮忙。

方法为：

（1）单击“数据”/“导入外部数据”/“导入数据”菜单命令，然后在出现的“选取数据源”对话框中选择要导入的文本文件。

（2）单击“打开”按钮后，出现“文本导入向导—3 步骤之 1”对话框。首先，必须在原始数据类型框中选择文本文件中文字的编辑方式：分隔符号是以逗号或 Tab 键来区分文字，固定宽度则是以标尺设定的距离来区分。选择好之后，单击“下一步”按钮。以后只要按照提示进行操作，就可完成导入文字的工作了。

提示!!

如果所打开的文本中的内容，既不是以分隔符号来区分，也不是以固定宽度来划分的话，则必须先关闭导入文本的功能，然后打开文本，以手动的方式（按分隔符号或固定宽度）来整理文本。

8．如何在单元格中输入多行文本

默认情况下，Excel 中一个单元格只显示一行文本，却不考虑文本的长度是否超出了单元格的宽度。这样会使得右边的数据被长文本所遮掩。而如果我们直接按回车键，默认情况下只是将输入框自动移动到下一个单元格中。并没有我们所期望的那样在同一单元格中换行。用户希望当输入文本到达单元格的右边界时，能自动换行。那么如何设置才能达到这种要求呢？

方法为：

（1）选定要输入多行文本的单元格。

（2）单击菜单命令“格式”/“单元格”，在弹出的“单元格格式”对话框中选择“对齐”选项卡，在“文本控制”栏中选择“自动换行”复选框。

（3）单击“确定”按钮，结束操作。

这样，当输入的文本到达单元格的右边界时，就自动换行，同时单元格的高度也随之增加。

9．如何复制上一个单元格中的内容

选中下面一个单元格，再按键盘上的 Ctrl+“'”（英文单引号）组合键，即可将上一单元的内容复制下来。

10. 如何复制上一个单元格(行)中的内容到下一个单元格(行)中

选中下面一个单元格（行），按键盘上的 Ctrl+D 组合键，就可以将上一单元格（行）的内容复制到此单元格（行）中来。

11. 如何将被复制的内容复制到下面选中的多个单元格(行)中

选中被复制内容的单元格（行）及下面的多个单元格（行），再按下 Ctrl+D 组合键，即可将被复制的内容复制到下面选中的多个单元格（行）中来。

12. 如何将单元格(列)的内容复制到右边的单元格(列)中

选中一个单元格（列），然后将光标移动到该单元格（行）的右侧，按键盘上的 Ctrl+R 组合键，即可将该单元格（列）的内容复制到此单元格右边的单元格（列）中。

13. 如何快速将该单元格中的内容剪切到目标单元格中

选中某个单元格，然后将鼠标移至该单元格的边框外，鼠标指针变成梅花状时，按住左键拖拉到目标单元格后松开，即可快速将该单元格中的内容剪切到目标单元格中。

14. 如何快速插入日期和时间

可以使用快捷键在工作表中插入当前时间或日期，方法为：

（1）选择需要插入日期和时间的单元格。

（2）按键盘上的 Ctrl+“;”组合键，在当前光标处插入当前的日期；按键盘上的 Ctrl+Shift+“;”组合键，在当前光标处插入当前的时间。

提示!!

用此法插入的时间或日期都是静态的，不会因时间或日期的变化而变化。

15. 如何快速地在不连续单元格中输入同一数据

频繁地在不同单元格中输入同一个数据是个不明智的选择，如果我们能够一次性在多个单元格中输入这个数据，就方便快速得多了。

方法为：

（1）用 Ctrl 键分别选取所有需要输入相同数据的单元格。

（2）在“编辑栏”中输入数据。

（3）最后，按住 Ctrl 键的同时按下回车键。这时所有选中的单元格中都会出现这个数据。

16. 如何在单元格内输入分数

要在 Excel 2003 工作表的某个单元格内输入分数，如“1/3”，可以先键入“0”，再键入一个空格，然后键入 1/3，其他类似。

17. 如何快速输入数据序列

在表格中输入证件序号、项目序号或日期序号等一些特殊的数据系列，一般都是手工完成的。如果你想删除其中的一行，又想对以下的号码进行修改，可以使用“自动填充”功能来完成这些操作，它不但操作起来方便、快速，而且修改起来也挺方便的。

方法为：

（1）在第一个单元格中输入起始数据，在下一个单元格中输入接下来的第二个数据。

（2）选中这两个单元格，将鼠标移到单元格右下方，当鼠标指针变成黑十字架时按住鼠标左键沿着填充的方向拖动。拖过的单元格将会自动按规定的序列进行填充。

（3）如果想删除其中的某一行，那么下面的序列将自动改变。

如果你经常使用某些有规律的数据序列，但系统中没有的话，可以单击“工具”菜单中的“选项”命令，选中“自定义序列”选项卡，在“输入序列”框中输入新的序列，然后单击“添加”按钮并确定。需要注意的是新序列各项之间要输入半角符号的逗号加以分隔。

18. 如何创建下拉菜单来输入数据

有时候希望创建的工作表的某些单元格只能输入事先设定好的数据，而不能随意地输入数据，应该如何做呢？我们可以利用“有效性”功能来做。

方法为：

（1）选中需要创建下拉列表的单元格或某个单元格区域。

（2）单击菜单命令“数据”/“有效性”，在弹出的“数据有效性”对话框中选择“设置”标签。

（3）在“允许”列表中选中“序列”选项，在“来源”框中单击右边框上的小图标，弹出一个新的窗口。

（4）在新的窗口框中，输入你想输入的数据，比如输入“大专，本科，硕士”等。这里键入的内容之间必须用英文逗号隔开。

（5）单击右边框的小图标回到上一个界面中，选中“提供下拉箭头”复选框，然后单击“确定”按钮即可。

这时所选中的单元格或某个单元格区域就会出现下拉列表框，如图 8-2 所示。

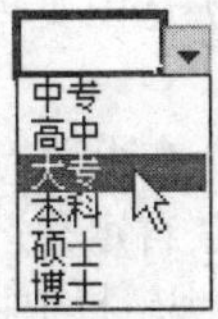

图 8–2

19. 如何快速输入引用

单元格引用是 Excel 2003 公式的组合部分，它的作用是确定计算范围。采用鼠标拖动的方法输入引用具有准确快捷的特点。

以 SUM 函数为例：当你打开“函数参数”对话框以后，可让光标停留在“Number”框内，鼠标拖过要引用的单元格。若这些单元格是不连续的，就应该按住 Ctrl 键拖动，被引用的单元格区域及其分隔符会自动出现在公式中。如果 SUM 函数在编辑栏内直接输入，可以将光标放入 SUM 函数后面的括号，然后按上面介绍的方法操作。

如果公式引用的单元格或区域来自多个工作表，可以按住 Ctrl 键将它们逐个打开，然后按照上述方法引用其中的单元格。

20. 如何快速删除指定数据

如果在编辑工作表时，发现工作表中大量的产品数量都为 0，工作表就不太美观。要删除这些 0 行不会影响整个报表的情况，怎样才能快速地删除呢?

方法为：

（1）选中特定的区域或整个工作表区域。

（2）单击菜单命令“数据”/“筛选”/“自动筛选”命令，这时选中的区域会出现一些下拉式列表。

（3）在下拉列表中选中“0”选项，这时所有的 0 行将被选中。

（4）单击菜单命令“编辑/删除行”，出现一个提示窗口，单击“确定”按钮即可。

22. 如何转换日期格式

有时可能需要将一些日期数据转换为文本格式，如“2008-8-17”转换为“20080817”，此时可利用设置单元格格式的方法快速完成转换。

方法为：

（1）选中要转换的一个或全部单元格，然后单击菜单命令“格式”/“单元格”。

（2）在出现的对话框中单击“数字”选项卡，然后在左边的“分类”中选择“自定义”选项，在右边的“类型”列表中选择“yyyy-m-d”，在“类型”编辑栏中将它改为“yyyymmdd”。

（3）单击“确定”按钮，完成转换。

23. 如何消除缩位后的计算误差

在单元格中，很多时候要输入小数。而当小数位数达到两位以上，而实际精度却只要求一位时，计算结果就会产生误差。那么怎样解决这个问题呢？

方法为：

（1）单击菜单命令“工具”/“选项”，在弹出的“选项”对话框中选中“重新计算”选项卡。

（2）在“工作簿选项”下选中“以显示值为准”复选框。

（3）单击“确定”按钮，结束操作。

24. 如何使用“粘贴选项”来快速复制网页上的数据

我们可以从网页上复制数据到工作表中，这样可以加快数据的输入速度。

方法为：

（1）在 Web 网页上选择要复制的数据，然后单击菜单命令“编辑”/“复制”。

（2）切换到 Microsoft Excel 中，单击要显示复制数据的工作表区域的左上角，然后单击菜单命令“编辑”/“粘贴”。

（3）如果网页上的数据格式显示不正确，可以选择“粘贴选项”，然后单击下列操作之一：

①"保持原有格式"：不做任何更改。

②"匹配目标格式"：匹配原有单元格格式。

③"创建可刷新的 Web 查询"：可以创建复制的网页的查询。也可刷新网页稍后要更改的数据。

25. 如何引用单元格

单元格的引用可以用来表示工作表上的单元格的位置，并能指明公式中所使用的数据的位置。可以在公式中使用同一工作表中不同位置的单元格数据；可以使用同一工作簿中不同工作表中的单元格数据；还可以使用不同工作簿中不同工作表中的数据。

单元格的引用根据被引用对象的不同位置可以划分为 3 种：

（1）内部引用：被引用对象是同一工作簿中的单元格。

（2）外部引用：引用不同工作簿中的单元格。

（3）远程引用：引用其他程序中的数据。

对于内部引用，下面举例说明：

（1）"A18" 表示引用当前工作表中第 1 列第 18 行的单元格。

（2）"A18：B23" 表示引用当前工作表中从第 1 列第 18 行到第 2 列第 23 行的单元格。

（3）"Sheet2！A18" 表示引用第 2 个工作表中第 1 列第 18 行的单元格。

（4）"SUM（Sheet1：Sheet8！$A$9）" 表示计算工作表 1 到工作表 8 中第 1 列第 9 行单元格数据之和。

对于外部引用，举例说明：

"[工作簿 3]Sheet1！$B$5" 表示引用工作簿 3 中的工作表 1 中的第 2 列第 5 行的单元格数据。

此外，对于根据被引用对象与引用对象的关系可以划分为 3 种：

（1）相对引用：相对引用在被复制到其他单元格时，其单元格引用会随之改变。比如：A3 单元格中的公式为 "=A1+A2"；当它被复制到 B3 时，B3 的公式为 "=B1+B2"

（2）绝对引用：绝对引用在被复制到其他单元格时，其单元格引用不会改变。比如：A3 单元格中的公式为 "=$A$1+$A$2"，当它被复制到 B3 时，还是 "=$A$1+$A$2"。

（3）混合引用：就是上述二者的结合。

26. 如何快速更改引用

鉴于初学者对单元格引用的 3 种方法没有很好地理解和掌握，有时会用错引用的方式，因此需要修改。此时我们可以使用快捷键来快速地在这 3 种引用中进行切换。

方法为：

（1）选择需要改变引用的单元格。比如要改变的是 D1 单元格，其包含的公式是"=AVERAGE（D2:I2）"。

（2）选中工作表编辑栏中的引用 D2:I2，按 F4 即可在相对引用、绝对引用和混合引用之间切换。即在 D2:I2 / \$D\$2:\$I\$2 / D\$2:I\$2 / \$D2:\$I2 间切换。

27. 如何快速格式化单元格

在 Excel 中，我们很多时候都需要对不同的单元格进行格式化。一般的操作都是利用菜单命令"格式/单元格…"来调出"单元格格式"对话框。一旦需要格式化的单元格很多，就显得不是很高效。

其实我们可以通过键盘快捷键来更快地进行，只要使用 Ctrl+1 组合键即可弹出"单元格格式"对话框，对单元格进行格式化操作。

28. 如何隐藏所有单元格的值

在编辑工作表中，有时要将所有单元格的值都隐藏起来，特别有可能是一些重要的数据不想让别人看到。那么如何隐藏单元格中的所有值呢？

方法为：

（1）选中需要隐藏的单元格，然后单击菜单命令"格式"/"单元格"，在弹出的"单元格格式"对话框中选中"数字"选项卡。

（2）在"分类"栏中选中"自定义"选项；在"类型"框中输入三个分号（;;;）。

（3）单击"确定"按钮，结束操作。

这时选中的单元格中的数值将自动隐藏起来。如果想恢复单元格中的数值，只需在"类型"列表框中选中"G/通用格式"即可。

29. 如何区别“复制单元格”“复制格式”和“复制数据”

一般情况下，我们往往使用 Ctrl+C 组合键进行单元格的复制操作。其实这种方法不仅复制了单元格中的数据，也复制了单元格的格式。可有时我们仅需要复制单元格的数据或者格式。因此我们必须更好地区别“复制单元格”、“复制格式”和“复制数据”之间的关系，才能对 Excel 有更好地理解和使用。

正如上面所说的，使用 Ctrl+C 组合键复制了单元格的数据和格式；而“复制格式”和“复制数据”分别复制的是单元格的格式和单元格的数据。那么如何进行操作呢？

方法为：

（1）选择需要进行复制的单元格，然后将鼠标移动到单元格的右下角，此时鼠标变成十字状。此时再按下 Ctrl 键，此时，鼠标又变成右上角带有“小加号”的十字状。

（2）拖动鼠标，选择要复制的单元格，然后释放鼠标，此时被选择的单元格被填充了数据。接下来单击这些单元格旁边的 ，弹出如图 8-3 所示的菜单。选择“仅填充格式”则只复制格式；选择“不带格式填充”则只复制数据；默认情况下是同时复制数据和格式的。

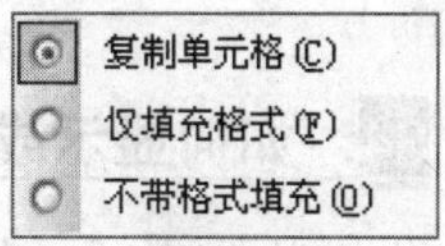

图 8-3

30. 如何显示或隐藏公式

有时，我们需要查看所选单元格的数据是怎么得来的，即是手工输入的，还是通过公式进行计算得到的。这时，我们就需要显示该单元格所使用的公式。方法很简单：选中单元格，使用组合键 Ctrl+“ ’ ”（单引号）即可。

31. 如何固定活动单元格

要将活动单元格固定，方法为：

（1）选中某一单元格后，按住 Ctrl 键，用鼠标再次单击这个单元格。

（2）在出现的实线框中输入数据后，按键盘上的 Enter 键，活动单元格不会发生移动，仍静止在原处。这对于需要反复输入数据进行试算的情况非常有用。

32. 如何快速为汉字加上拼音

方法为：

（1）选中已输入汉字的单元格，然后单击菜单命令“格式”/“拼音信息”/“显示或隐藏”，单元格会自动变高。

（2）单击菜单命令“格式”/“拼音信息”/“编辑”，即可在汉字上方输入拼音。

如果想修改汉字与拼音的对齐关系，可以使用“拼音信息”子菜单下的“设置”命令。

33. 如何输入特殊货币符号

要在 Excel 2003 中输入特殊货币符号，方法为：

（1）选中工作表中的某个单元格，按 Num Lock 键打开数字小键盘。

（2）按住 Alt 键，用数字小键盘输入“0162”可得分币字符；输入“0163”可得英镑字符；输入“0165”可得日元符号；输入“0128”可得欧元符号。

34. 如何显示或隐藏行和列

在编辑完一张 Excel 工作表后，有时想暂时隐藏一些行或者列，但又不能从工作表中删除，该怎么操作呢?

方法为：

假如不想打印的是 C 列，向左拖曳 C 列标的边界，当越过 B 列的右边界时，松开鼠标，则 C 列就被隐藏起来了。如果要重新显示 C 列，可将鼠标指向 B 列右边界，当指针变为中间一条黑线和左右向的双箭头时，稍微向右移动鼠标即可显示 C 列。

35. 如何快速定位到指定的单元格

我们可以使用键盘快捷键来快速定位到指定的单元格。方法有 3 种。

第一种方法：按 F5 键，在弹出的“定位”对话框中的“引用位置”中输入欲跳到的单元格地址，然后单击“确定”按钮即可。

第二种方法：使用组合键来打开“定位”对话框，如 Ctrl+G 组合键，也同样有上面的效果。

第三种方法：单击“编辑栏”左上角的单元格地址框 
，在框中输入单元格地址即可。

36. 如何记录单填充

如果 Excel 2003 工作表中的列项目超过了屏幕宽度，填充数据时需要上下左右滚动表格。使用“记录单”可以避免此类不便。

方法为：

选中工作表中的列标题，然后单击“数据”/“记录单”命令，此时打开了一个以工作表标签命名的对话框，可以在其中填充数据了（按 Tab 键换行）。

37. 如何在单元格中填充条纹

我们可以给工作表中的一些单元格添加条纹来美化工作表。

方法为：

（1）在需要填充的单元格中键入“~”或“*”，然后用鼠标进行拖动来选择所有填充的单元格。

（2）单击菜单命令“格式”/“单元格”，在弹出的“单元格格式”对话框中单击“对齐”选项卡，在“水平对齐”栏中选中“填充”选项。

（3）然后单击“确定”按钮即可。

这时，所选中的单元格区域将会全部填充所键入的内容。

38. 如何复制填充

使用此法可将一块数据区域复制到工作表中的任意位置，方法为：

（1）选中需要复制数据的单元格区域，按住 Shift 键后，将鼠标移到数据区域的边界。

（2）按住鼠标左键不放，拖动数据区域向目标位置移动，其间 Excel 2003 会提示数据将被填充的区域，到达指定位置松开鼠标即可。

39. 如何移动填充

使用此方法可以将一块数据区域移动到工作表中的任意位置，方法为：

（1）选中需要移动的数据区域。

（2）按住 Shift 键，将鼠标移到数据区域的边框（提示：不是填充柄，下同）。然后按住鼠标左键，拖动数据区域向目标位置移动，其间 Excel 2003 会提示数据被填充的区域，到达指定位置松开鼠标即可。

40. 如何进行行列转置

用户有时需要对行和列相互交换。要解决这个问题，这就需要使用“选择性粘贴”功能。

方法为：

（1）将需要进行转换的行列位置的单元格选定，然后单击工具栏上的“复制”按钮，在复制区域之外选定粘贴区域的左上角单元格。

（2）单击菜单命令“编辑”/“选择性粘贴”，在弹出的“选择性粘贴”对话框中选中“转置”复选框。

（3）单击“确定”按钮，这样就可完成表格行列转置。随后可以对转置后的表格进行格式设置。

41. 如何快速互换两列数据

有时需要调整表格中两列数据的先后顺序，比如我们要交换列 A 和列 B 的数据，方法为：

（1）用鼠标选定 A 列数据区域，并把鼠标放在 A 列数据区域的右边，然后在按下 Shift 键的同时，按下鼠标左键，这时鼠标变为向左的箭头。

（2）拖动鼠标至 B 列数据区域的右边，看到一条垂直的虚线时松开 Shift 键和鼠标左键。

这样就实现了 A、B 列的数据互换。同样，也可以实现两行数据的互换。

42. 如何进行记忆填充

如果同一列的各单元格需要填充文本与数字混合的数据，可采用“记忆式键入”的方法进行填充。

方法为：

（1）在已填充单元格的下一单元格中继续输入，只要输入的头几个字符（其中必须含有文本）与已输入的相同，Excel 2003 就会自动完成剩余的部分。

（2）按 Enter 键表示接受，否则继续输入其他内容，修改 Excel 2003 自动填充的部分内容。

如果记忆填充功能失效，只要将“选项”/“编辑”选项卡中的“记忆式键入”选中即可。

43. 如何进行快捷填充

如下方法可将选中内容以多种方式填充到行或列：

（1）在起始单元格中输入数据的初值，再在其下方或右侧的单元格中输入数据的其他值，然后将它们选中。

（2）将鼠标移至已选中区域右下角的填充柄，当光标变为小黑十字时，按住鼠标右键后，沿表格行或列拖动。

（3）选中需要填充的单元格区域后，松开鼠标，在出现的菜单中单击合适的命令即可。

44. 如何让列标题总是可见

在 Excel 中滚动表格时，如果表格比较长，超出了屏幕范围，一些标题就看不见了，这样给你的操作带来了不便。应该如何避免这种情况呢?

方法为：

选择紧邻列标题的下一行，然后单击菜单命令“窗口”/“冻结窗格”即可。

这样被冻结的列标题不会滚动，而且在移动工作簿的其他部分时，列标题会保持可见。

45. 如何进行选择填充

若需要填充前面已经输入过的文本（或文本与数字混合），方法为：

（1）选中需要填充数据的单元格，按 Alt+“↓”键打开填充内容列表。或者用鼠标右键单击需要填充的单元格，选择快捷菜单中的“选择列表”命令，即可打开填充内容列表。

（2）用“↑”或“↓”键选中列表中需要的内容回车，或直接用鼠标单击需要的内容，它就被填入内容列表上方的单元格。

46. 如何进行重复填充

如果要在多个单元格中使用同一公式或填充同一数据，方法为：

（1）选中需要使用公式或填充数据的所有单元格。

如果某些单元格不相邻，可以按住 Ctrl 键逐个选中。

（2）单击 Excel 2003 的编辑栏，按常规方法在其中输入公式或数据。

（3）输入完毕，按住 Ctrl 键不放，再按键盘上的 Enter 键，公式或数据就会被填充到所有选中的单元格。

47. 如何打印出行号和列号

用户知道，一般情况下是不会打印出 Excel 工作表的行号和列号的。但有时会需要将行号和列号一起打印出来，怎样实现呢？

方法为：

（1）打开需要打印的工作表，然后单击菜单命令“文件”/“页面设置”。

（2）在弹出的“页面设置”对话框中选中“工作表”选项卡，然后选中“打印”栏下的“行号列标”复选框。

（3）最后单击“打印”按钮，这时打印出来的工作表中就会有行号和列标号。

48. 如何查看单元格中所有公式

方法为：按住 Ctrl+“`”（`键的位置在数字 1 键的左侧）组合键，此时就可以看到 Excel 单元格中的所有公式了。

49. 如何在打印时不打印出单元格的颜色

对单元格设置颜色和底纹，可以使得工作表更加美观。但是在黑白打印工作表时，打印有颜色的单元格反而会浪费打印机的内存；而且打印出底纹也没有太大的用处。因此我们不希望打印出单元格中的颜色和底纹，但又不希望更改工作表的任何格式。我们该怎么做呢？

方法为：

（1）单击菜单命令“文件”/“页面设置”，弹出“页面设置”对话框。

（2）单击该对话框中的“工作表”选项卡，在“打印”框下选中“单色打印”复选框。

（3）单击“确定”按钮即可。

50. 如何进行行或列重复填充

如果要在同一行（或同一列）的单元格内重复填充数据，方法为：

（1）选中包含原始数据的单元格（或区域），然后将鼠标移至所选区域右下角的填充柄上。

（2）当光标变为小黑十字时，按住鼠标左键并拖过所有需要填充的单元格，完成后松开鼠标。

提示!! 如果被选中的是数字或日期等数据，最好按住 Ctrl 键拖动鼠标，从而防止以序列方式填充单元格。

51. 如何进行简单序列填充

数字、日期等简单序列的填充方法为：

（1）在起始单元格中输入序列的初值，然后在下方或右侧的单元格中输入序列的第二个值，这两个值的差就是序列的步长。

（2）选中已输入的所有单元格，将鼠标移至所选区域右下角的填充柄，当光标变为小黑十字时，按下鼠标左键沿表格行或列拖动。若要使序列升序排列，应由上而下或由左而右拖动。反之，应由下至上或由右至左拖动。

52. 如何进行自定义序列填充

如果输入的序列比较特殊，可以事先加以定义，就能像内置序列那样使用了。自定义序列的方法为：

单击“工具”菜单中的“选项”命令，在打开的“选项”对话框的“自定义序列”选项卡中，在“输入序列”框中输入自定义序列的全部内容，每输入一条就要按一下回车键，完成后单击“添加”按钮。

整个序列输入完毕后，单击对话框中的“确定”按钮。此后，你只要输入自定义序列中的前两三项，就可以按前面介绍的方法将其填入单元格。

53. 如何进行其他序列填充

等差、等比序列可以用以下方法填充：

（1）将光标放置在需要填充的行或列的起始位置。

（2）单击“编辑”/“填充”/“序列”命令，打开“序列”对话框。

（3）在出现的对话框中单击“序列产生在”、“类型”等项目，输入“步长值”和“终止值”，最后单击“确定”按钮结束操作。

54. 如何进行并列内容填充

Excel 2003 工作表内容通常采用鼠标拖动的方法填充。如果待填充列的左侧或右侧有内容，可以采用下面的方法快速填充内容：

（1）在待填充列的第一个单元格内输入内容，然后将这个单元格选中。

（2）移动光标指针到单元格右下角的填充柄上，待空心十字光标变成黑色十字光标以后双击鼠标。所选中的内容就会向下填充到左侧或右侧数据列的截至位置。

55. 如何使用“数据有效性”来保护单元格

如果你使用的是一台公用的电脑，那么其他人就可能会更改你所创建的工作表中的单元格数据。那么有什么办法来保护我们的单元格呢？可以使用“数据有效性”这一功能。

方法为：

（1）选择要保护的单元格，然后单击菜单命令“数据”/“有效性”命令。

（2）在弹出的“数据有效性”对话框中选中“设置”选项卡，在“设置”框中选中“文本长度”，在“数据”框中选中“介于”，在“最小值”和“最大值”框中输入相对应的值。

（3）选择“出错警告”选项卡，然后选中“输入数据无效时显示出错警告”复选框。

（4）在“样式”列表框中选中“停止”，还可以在“标题”和“错误信息”中输入你想显示的信息内容。

（5）单击“确定”按钮即可。

这样，当你在这些单元格中输入数据但不满足数据有效性时，就会弹出出错信息框。

而如果想删除数据的有效性设置，选中受保护的单元格，单击“数据”菜单中的“有效性”命令，然后单击“全部清除”按钮即可。

56. 如何对单元格快速定位

如果要在大型工作表中定位到特定单元格，方法为：

按 F5 键，在打开的“定位”对话框的“引用”栏中输入待定位的单元格地址，然后单击“确定”按钮，结束操作。

也可以用鼠标单击编辑栏左侧的名称框，在其中输入待定位的单元格地址，然后单击“确定”按钮即可。

也可以用鼠标单击编辑栏左侧的名称框，在其中输入待定位的单元格地址回车即可。

57. 如何隐藏单元格数值

如果需要隐藏单元格中数值，方法为：

（1）选中包含待隐藏数值的单元格。

（2）单击“格式”/“单元格”菜单命令，在打开的“单元格格式”/“数字”选项卡中选择“分类”列表下的“自定义”选项，将“类型”框中已有的代码删除，输入“;;;”（三个分号）后单击“确定”按钮即可。

此后，只要选中数值已被隐藏的单元格，就可以在编辑栏中看到被隐藏的数值。

58. 如何去掉网格线

有时在 Excel 中制作图表时，不需要使用网格线。但是系统默认的情况下网格线总是显示的，那么有什么办法能解决这个问题呢？

有，方法为：

（1）单击“工具”/“选项”菜单命令。

（2）在弹出的“选项”对话框中选择“视图”选项卡，然后在“窗口选项”栏下取消“网格线”复选框。

（3）单击“确定”按钮即可。

此时工作表中的网格线就不见了。如果要想重新显示网格线，用同样的方法选中“网格线”复选框即可。

59. 如何快速放大或缩小表格

方法为：在 Excel 中按住 Ctrl 键，然后滑动鼠标滚轮，就可以放大或缩小 Excel 表格了。

提示!! 上述操作的前提是鼠标要有滚轮。

60. 如何重复输入上一个单元格内容

在单元格中输入内容后，按下回车键，再按下 Ctrl+D 组合键，可以重复输入上一个单元格内容。

61. 如何查看选中了多少行

如果想查看鼠标选中了多少行单元格，可以在选中单元格的同时按住 Ctrl 键，这样单元格的右侧就会出现 R*C 的提示，其中 R 前面的系数表示列数，C 前面的系数表示行数。按住 Ctrl 键不放还可以进行多次选定。

62. 如何用下拉菜单快速输入数据

有时候我们在各列各行中都输入同样的几个值，比如说，输入学生的等级时我们只输入四个值：优秀、良好、合格、不合格。如果希望 Excel 2003 单元格能够像下拉框一样，让输入者在下拉菜单中选择就可以实现输入，方法为：

（1）选择要实现效果的行或列，再单击“数据有效性”，打开“数据有效性”对话框。

（2）单击“设置”选项卡，在“允许”下拉菜单中选择“序列”；在“数据来源”中输入“优秀，良好，合格，不合格”（注意要用英文输入状态下的逗号分隔！）；选上“忽略空值”和“提供下拉箭头”两个复选框。

（3）单击“输入信息”选项卡，选择“选定单元格显示输入信息”选项，在“输入信息”中输入“请在这里选择”。

63. 如何快速输入含相同小数位的数字

如果需要在 Excel 工作表中输入大量带小数位的数字时，按照常规的输入方法，可能要直接输入，如输入数字“0.08”，但如果要输入大量的类似数字，每次都要重复输入小数点，费力且容易出错。有一种快速输入且不易出错的方法：

（1）单击“工具”/“选项”菜单命令，打开“选项”对话框。

（2）在“编辑”选项卡中勾选“自动设置小数点”复选框，并在“位数”中设置相应的小数点位数，在这里设置为两位，单击“确认”按钮后退出。

现在在单元格中输入一个整数“8”，按下 Enter 键，单元格中的数字就变成了“0.08”了。

64. 如何快速输入带部分重复项目的数据

有时你输入的数据有部分重复出现，这部分重复出现的内容每次都要输入，浪费时间和精力，其实这个问题可通过单元格的自定义功能轻松解决。

例如，输入身份证号码，一般单位大部分员工的身份证号码的前 6 位数是相同的，如某单位员工的居民身份证号码前 6 位数是 371158，则自定义方法为：

（1）选定要设置格式的单元格，然后单击“格式”/“单元格”菜单命令。

（2）在出现的“单元格格式”对话框的“数字”选项卡的“分数”列表中，单击“自定义”，任选一种内置格式（一般选择不常用到的格式），在“类型”框中输入“371158”“@”（一定要在数上加上英文双引号）。

（3）单击“确定”按钮后退出，此后只要输入身份证号码中“371158”后面几位就可以了。

若你现在要重复输入部分汉字，如“山东省”，则直接输入“山东省@”即可，在“山东省”三个字上是不需加引号的。

提示!!

编辑内置格式时，并不删除该格式，若自定义的格式不再需要，可删除。

65. 如何快速换算单位

如果你要经常使用 Excel 进行报表的汇总工作，单位领导要精确到分的数据，而上报上级部门时，却要求以千元为金额单位。这样，为了让“分”变成“千”，就会把你搞得晕头转向的。下面介绍一个省事的好方法：

（1）在工作表中单击某个空白单元格，比如 A7 单元格，并输入数“1000”，然后选中 A7 单元格。

（2）单击常用工具栏中的“复制”按钮，然后选择需要精确到千元的单元格域。

（3）单击“编辑”/“选择性粘贴”菜单命令，然后在“运算”标题下，单击“除”复选钮，最后单击“确定”按钮。

这样就相当于所选中的单元格中的数据全部除以 1000，现在，Excel 工作表中的数值已变为以千元为单位了，以后就不会再为精确位数的转换而伤脑筋了。

66. 如何关闭所有打开的工作簿而不退出 Excel 2003

方法为：

按住 Shift 键不放，并单击“文件”/“关闭所有文件”菜单命令。若无修改则工作簿被立即关闭，若有未保存的修改，系统会询问是否要保存修改。

67. 如何批量调整单元格列宽

对于相邻的多列，在其列标号处用鼠标选中整列，并将鼠标移至选中区域内，单击右键弹出快捷菜单，进行多列的插入和删除操作；将鼠标移至选中区域内任何一列的列标号边缘，当鼠标变成左右带箭头的“十”字形时，按下左键并拖动，则将选中的所有列的宽度调成相同的尺寸，此时双击左键，则将选中的所有列的宽度调成最合适的尺寸，以和每列中输入最多内容的单元格相匹配。

对于不相邻的多列，先按下 Ctrl 键并配合鼠标左键单击或按下左键并拖动的操作，选中需调整的列，并将鼠标移至选中的区域内任何一列的列标号处，当鼠标变成左右带箭头的“十”字形时，按下左键并拖动，则将选中的所有列的宽度调成相同尺寸，而此时双击左键，则将选中的所有列的宽度改成最合适的尺寸。

以上列举的都是列的操作，行的操作与上述操作基本相同。

68. 如何设置单元格数据的对齐方式

为了表格的美观，我们需要对数据的对齐方式进行设置。

方法为：

（1）选择要进行对齐方式设置的单元格或区域，然后单击菜单命令“格式”/“单元格”。

（2）在弹出的“单元格格式”对话框的“文本对齐方式”栏中，分别设置“水平对齐”和“垂直对齐”；在右侧的“方向”栏中还可以设置文字的旋转方向；在“从右到左”栏中选择一种文字方向。

（3）单击“确定”按钮，结束操作。

69. 如何快速输入分数

常规情况输入分数，是先通过“单元格格式”对话框将单元格的格式设置为分数，然后才能正确地输入。

这里有种更方便、快捷的方法：

若你要输入真分数“3/10”，先输入一个“0”，再输入一个空格后输入“3/10”，就 OK 了！若你要输入假分数“2　3/10”，方法照旧，先输入整数“2”，接着再输入空格，最后输入“3/10”就行了。

上面介绍的两种快速输入方法与常规输入方法是有区别的。主要不同是：快速输入法输入分数后分数是保持原样的，不能自动被约分；而常规输入方法输入分数后能自动被约分，比如输入“5/10”后，按下 Enter 键后，分数就变成“1/2”了。

70. 如何对“姓名”进行快速对齐

在各种对齐方式中，常用的是“左对齐”、“右对齐”或者“居中对齐”。而在表格中输入姓名时，由于姓名字数不一，这样影响了工作表的美观。就要用到“分散对齐”。怎样才能快速地实现这种操作？

方法为：

（1）选中含有姓名的单元格，然后单击菜单命令“格式”/“单元格”。

（2）在弹出的“单元格格式”对话框中选择“对齐”选项卡，在“水平对齐”列表中选中“分散对齐”选项。

（3）单击“确定”按钮，结束操作。

71. 如何批量设定单元格格式

通过按下 Ctrl 键并配合鼠标左键单击（或按下左键并拖动）的操作选择不连续单元格，或者通过按下鼠标左键并拖动选择连续单元格，将鼠标移至选中的任何区域内，单击左键弹出快捷菜单，选择其中的“设置单元格格式…”一项进行批量设定单元格格式，或者利用“格式”菜单下的“单元格…”选项进行格式设定。

72. 如何让数据根据单元格大小自动调整字号

在编辑工作表时，所编辑的列的宽度可能已经固定，但由于该列各单元格中的字符数不等，从而导致有些内容不能显示出来。那么如何在不改变列宽的前提下让这些原本看不见的内容显示出来呢？这就要利用 Excel 的“自动调整字号”功能。

方法为：

（1）选中需要自动调整字号的单元格区域，然后单击菜单命令“格式”/“单元格”命令。

（2）在出现的对话框中选中“对齐”选项卡，然后在“文本控制”下选中“缩小字体填充”复选框。

（3）单击“确定”按钮，结束操作。

这样，当数据长度超过单元格宽度时，系统就会自动调整字体，使得其数据长度不会超过单元格宽度。

73. 如何批量求和

在 Excel 2003 中，对数字求和是经常遇到的操作，除传统的输入求和公式并复制外，对于连续区域求和可以采用如下方法：

假设求和的连续区域为 m×n 的矩阵形，并且此区域的右边一列和下面一行为空白，用鼠标将此区域选中并包含其右边一列或下面一行，也可以同时两者都选中，单击常用工具条上的“Σ”图标，则在选中区域的右边一列或下面一行自动生成了求和公式，并且系统能自动识别选中区域中非数值型单元格，求和公式不会产生错误。

74. 如何旋转单元格中的数据

一般来说，单元格中的数据或文本不是水平方向的就是垂直方向的。但在设置一些数据表格时，某些单元格中的数据需要进行旋转，使得表格更加的美观。那么如何让这些文字进行任意角度的旋转呢？

方法为：

（1）选中需要进行旋转的文字所在的单元格，然后单击菜单命令“格式”/“单元格”。

（2）在弹出的“单元格”对话框中选择“对齐”选项卡，在“方向”栏中设置所需要的角度。可以通过直接输入数据来精确地设置旋转角度，也可以使用鼠标单击来粗略地设置。

（3）单击“确定”按钮，结束操作。

75. 如何用“查找”功能帮助选择

方法为：

单击菜单命令“编辑”/“查找”，在出现的“查找和替换”对话框

“查找”选项卡的“查找内容”后面的方框中输入关键字符，然后按下“查找全部”或“查找下一个”，就可以依次选中包括上述关键字符的单元格。

提示!! 上述操作在“替换”标签下，也可以进行。

76. 如何为单元格添加边框和底纹

如果要为单元格设置边框和底纹。

方法为：

（1）选择要设置边框和底纹的单元格或区域，然后单击菜单命令“格式”/“单元格”。

（2）在弹出的“单元格格式”对话框中单击“边框”选项卡，然后在“预置”栏中选择一种最接近想要设置的边框样式的一项；在下面的“边框”栏中再对边框的上下左右边框进行添加或删除操作；在右侧的“样式”栏选择边框的样式；在“颜色”栏中选择边框的颜色。

（3）单击“确定”按钮，结束操作。

77. 如何输入等号

当使用 Excel 时，想在一个单元格中只输入一个等号，我们就会遇到这样的问题：输入完等号后，它认为你要编辑公式，如果单击其他单元格，就表示引用了。这时不单击其他单元格，而单击编辑栏前面的“√”号，或者直接按 Enter 键，就可以完成等号的输入了。

78. 如何改变网格线的颜色

Excel 默认的网格线颜色是灰色的，我们可以选择喜爱的颜色来显示网格线。

方法为：

（1）选择任何一个单元格，然后单击菜单命令“工具”/“选项”命令。

（2）在弹出的“选项”对话框中选择“视图”选项卡，然后在“窗口选项”栏下的“网格线颜色”框中选择自己所喜爱的颜色。

（3）单击“确定”按钮，结束操作。

这时编辑窗口中的网格线都将自动改变成你所选择的颜色显示。

79. 如何复制计算后的结果

Excel 单元格计算是我们最常用的功能之一，有时我们需要将其结果再编辑，比如将分类汇总的结果复制到其他文件或单元格中。如果我们直接用“复制、粘贴”命令并不能得到运算的结果，这时我们可以这样操作：

（1）选定复制对象，单击“编辑”/“复制”菜单命令。

（2）右击目标单元格，在出现的菜单中单击菜单命令“选择性粘贴”，在对话框中选择“数值”，按“确定”按钮即可。

80. 如何锁定或隐藏单元格数据

在编辑工作表的过程中，有时为了防止误操作，可能要避免一些已经编辑好的单元格被改动。这自然设计到单元格的保护功能。保护单元格的方法有两种，一种是“锁定”，自然是锁定这些单元格，使得在误操作时，弹出提示框禁止用户修改数据。另一种是“隐藏”，即隐藏单元格。

方法为：

（1）选择需要进行锁定的单元格或者区域，然后单击菜单命令“格式”/“单元格”。

（2）在弹出的“单元格”对话框中单击“保护”选项卡，然后选中“锁定”或者“隐藏”复选框。

（3）单击“确定”按钮，结束操作。

81. 如何快速进行线条修改

在 Excel 中，一张表格画好后，如果想对其中的几根线条进行修改，怎么办呢？

方法为：

（1）单击“视图”/“工具栏”/“自定义”菜单命令。

（2）在出现的“自定义”对话框中单击“命令”选项卡，在“类别”中选择“格式”。

（3）在右窗格中拖动垂直滚动条，找到“绘图边框”，最后把它拖到菜单工具栏上。

以后要修改表格时，单击该“绘图边框”按钮，在弹出的“边框”窗口中选择线条样式及颜色，然后在想修改的表格线上再画一次即可。

82. 如何突出显示满足设定条件的数据

有时候需要显示那些满足一定要求的数据，便于用户进行观察和进一步的编辑。这时就需要使用“条件格式”来标记单元格了。那么如何设置才能达到突出显示满足设定条件的数据呢？

> 提示!! “条件格式”是指当单元格中的数据或者公式满足一定条件后，将单元格底纹或字体颜色等格式自动应用于这些单元格。比如可以设置当学生课程成绩满足大于 60 分时，将其设置为绿色；否则，设置为红色。

方法为：

（1）选择要进行条件格式设置的单元格或区域，然后单击菜单命令“格式”/“条件格式”。

（2）在弹出的“条件格式”对话框的“条件 1”栏中选择条件类型，比如“单元格数值”或“公式”；在随后的几个栏中选择要满足的条件。

（3）单击“格式”按钮，设置颜色为“红色”，然后单击“确定”按钮返回到“条件格式”对话框。

（4）如果要再次添加更多的条件，则单击“添加”按钮继续添加第二个条件，比如“单元格数值”、“大于”、“60”，并在“格式”中选择绿色。

（5）设置完毕，单击“确定”按钮结束操作。

83. 如何巧用热键任移方向

在使用 Excel 时，当活动单元格中数据输入完毕，按下 Enter 键后，插入点就会移动到其下面的单元格中。如果你并不希望插入点下移，而是需要插入点移到相邻的其他单元格，那么下面的热键或许能够满足你的需要：

Shift+Enter——上移插入点。

Tab 键——右移插入点。

Shift+Tab——左移插入点。

84. 如何快速格式化工作表

在 Excel 中制作一些报表时，为了美观，需要对表格进行格式化，但又碍于时间的限制，不希望自己来手工格式化工作表。那么该如何快速格式化报表？我们可以利用“自动套用格式”功能来完成。

方法为：

（1）选中所要制作表格的区域，然后单击菜单命令“格式”/“自动套用格式”。

（2）在打开的“自动套用格式”对话框中，可以在其中选中满意的表格样式。还可以单击“选项”按钮，设置需要应用所选格式的那些部分。

（3）单击“确定”按钮，结束操作。

此时在工作表中被选中区域将被所选中的格式套用。

85. 如何让工作表中的“0”值不显示出来

有时，对于某些工作表，很多单元格中的数值会有很多“0”。这样不便于编辑其他非零值的单元格。最好先把这些零值的单元格先隐藏起来，做完编辑后，再把它们显示出来。那么如何操作呢？

方法为：

（1）单击菜单命令“工具”/“选项”。

（2）在弹出的“选项”对话框中选择“视图”选项卡，在“窗口选项”栏下取消“零值”复选框。

（3）单击“确定”按钮，结束操作。

这时编辑窗口中的所有零值单元格中的零值将不再显示。

如果你想重新显示所有单元格中的零值，可以再将“窗口选项”下的“零值”复选框选中即可。

86. 如何限定区域输入

如果要将 Excel 2003 工作表输入的数据限定在一个区域内。

方法为：

（1）用鼠标选中要输入数据的区域，单击键盘即可在区域左上角输入数据。

（2）数据输入完毕，按 Tab 键使光标左移，到达区域右边界以后自动折入所选区域的第二行。如果你需要光标向右移动，则按键盘上的 Shift+Tab 组合键就可以了。

87. 如何创建垂直标题

很多表格要应用到垂直文本格式。在 Word 中用户很熟悉操作方法。但在 Excel 中一般用户的做法就是使用“自动换行”功能来设置垂直文本，但是这种方法的前提是需要单元格的宽度只能正好包容一个字符。所以，它的应用范围有限制。那么该怎么办呢？

方法为：

（1）选择需要创建垂直文本的单元格及其周围的单元格，选择的范围与标题的跨度相同。

（2）单击菜单命令“格式”/“单元格”，在出现的对话框中选中“对齐”选项卡。

（3）在“方向”中输入“－90 度”，并选中“合并单元格”复选框。

（4）单击“确定”按钮，结束操作。

88. 如何检查重复字段值

在较大的数据文件入库前，往往需要对数据文件做一些处理工作，如人员信息在数据采集阶段可按部门统计到 Excel 表中，最后集中导入大型数据库，如 Oracle 等。在这个过程中，因数据的唯一性问题导致的错误往往会使得操作人员倍感头疼：如人员信息中，稍不注意就会将身份证号重复输入，因为在此表中身份证号一般用作主键，有重复数据就不能入库，这种错误相当隐蔽，不容易检查。为了避免出现这样的情况，请采用下面的方法：

（1）打开 Excel 文件，单击“工具”/“宏”/“录制新宏”菜单命令，在出现的“录制新宏”对话框中输入宏名为“宏 1”，单击“确定”按钮。

（2）单击“工具”/“宏”/“宏”菜单命令，在对话框中选择 “宏 1”，再单击“编辑”按钮，将下面 VB Script 代码输入：

```
Sub 宏 1（ ）
,
，宏 1 宏表
，记录的宏 2002-1-23
，定义两个变量
Dim a，b
，Excel 文件名字为：renyuanxx.xls
Sheets（“renyuanxx”）.Select
，假设记录数为 10000
For I=1 To 10000
，假设要检查的列为第 8 列
a=Cells（I+1,8）
For j=I+1 To 10000
```

```
B=Cells（j+1,8）
If b=a Then
，如果有相同的值就打印输出
MsgBox b
End if
Next j
Next I
End Sub
```

（3）输入完毕，然后按状态栏里的单击键，就开始检查了，相同的字段名会提示在屏幕上。

89. 如何快速制作嵌套表格

所谓嵌套表格，就是在一个表格单元格中再创建一个表格。如何快速创建一个嵌套表格呢？

方法为：

（1）单击菜单命令“工具”/“自定义”。

（2）在弹出的“自定义”对话框中单击“命令”选项卡，然后在“类别”栏中选中“工具”选项，在“命令”栏中选中“摄影”选项，并按住鼠标左键拖到工具栏中。

（3）在工作簿上选中一张工作表（Sheet1）作为底表，再选中一张工作表（Sheet2），在工作表中插入需要插入的表格，并选中插入的部分，单击一下刚才创建的按钮（照相机），拍张照。

（4）选中 Sheet1 工作表，将光标移到需要插入的地方单击鼠标，这样就可以在表格中看到相同的表格了。

如果对 Sheet2 工作表中的表格进行修改，Sheet1 工作表中的插入部分也会自动进行更新。

90. 如何将公式转化为文本格式

方法为：

（1）选中需要粘贴的有公式的单元格，单击鼠标右键，选择“设置单元格格式”/“保护”，在锁定和隐藏两项选框中均打“√”，然后按“确定”按钮。

（2）单击“工具”/“保护”/“保护工作表”，密码可以不用输入，直接单击确定即可。

91. 如何为换页表格添加标题

在 Excel 编辑过程中，一旦表格内容很多，就会造成一页内无法输入或显示所有内容，这样在打印时标题就不能在每页中显示。可以进行一些设置解决该问题。

方法为：

（1）单击菜单命令“文件”/“页面设置”。

（2）在弹出的“页面设置”对话框中单击“工作表”选项卡，在“打印标题”栏中的“顶端标题行”栏中输入所要引用的行。或者单击文本框右边的按钮，回到编辑表格中用鼠标选择要作标题的单元格区域，再回到“页面设置”对话框中。

（3）单击“确定”按钮，结束操作。

> 提示!! 当打印一个包含打印标题的工作表时，定义打印区域时不要选择包含该标题的区域；否则，标题会在打印输出的当前页中出现两次。

92. 如何每次选定同一单元格

在 Excel 中，有时为了测试某个公式，需要在某个单元格内反复输入多个测试值。但每次输入一个值后按下 Enter 键查看结果，活动单元格就会移到下一个单元格上，必须用鼠标或上移箭头重新选定原单元格后才能继续操作，极为不便。

如果按键盘上的 Ctrl+Enter 组合键，则问题会立刻迎刃而解，不但能查看结果，而且当前单元格仍为活动单元格。

93. 如何将大量数值转化为负数

在使用 Excel 中有一个非常实用的技巧，就是通过使用“选择性粘贴”功能来实现将大量的数字快速转变为取负形式。

方法为：

（1）在当前单元格中输入“－1”，如果要改变数据的大小，则可以输入相应的数。

（2）选中该单元格，然后单击菜单命令“编辑”/“复制”，或直接按键盘上的 Ctrl+C 组合键。

（3）选中目标单元格，单击菜单命令“编辑”/“选择性粘贴”命令，在弹出的对话框中选中“粘贴”栏下的“数值”和“运算”栏下的“乘”复选项，然后单击“确定”按钮，结束操作。

94. 如何快速选中单元格、区域、行或列

要快速选中单元格、区域、行或列，有如下方法：

（1）用鼠标单击某个单元格，可以将该单元格选中。

（2）单击待选区域的第一个单元格，然后拖动鼠标至最后一个单元格，可以将两者之间的区域选中。

（3）单击工作表的全选按钮，可以将当前工作表选中。

（4）按住 Ctrl 键不放，单击或使用鼠标拖动，可以选中不相邻的多个单元格或区域。

（5）选中某区域的第一个单元格，按住 Shift 键，然后单击区域对角的单元格，可以将两者之间的矩形区域选中。

（6）单击行号可将对应的整行选中，单击列标号可将对应的整列选中。

（7）沿行号或列表号拖动鼠标，或者先选中第一行或第一列，按住 Shift 键不放，再选中结束行或列，就可以选中相邻的多个行或列。

95. 如何轻松地检查数据错误

Excel 中有一项“文本到语音”功能。通过语音校对功能，可以轻松地检查工作表中的数据是否有错误。

方法为：

（1）选中需要检查的单元格，然后单击菜单命令“工具”/“语音”，显示“文本到语音”工具栏。

（2）在“文本到语音”对话框中，你可以在对话框中的五个控制选项中根据自己的需要来选择朗读方式。他们分别是“朗读单元格”、“停止朗读”、“按行”、“按列”和“按回车键开始朗读”，如图 8-4 所示。

图 8-4

这样一来，检查错误操作就变得非常轻松了。

96. 如何改变回车键的功能

一般情况下，在单元格中输入数据以后，按下回车键后，光标的移动

方向是下一行的同列单元格中。有时为了输入方便或者习惯问题，想使用按回车键后能转到右边的单元格中，该怎么办呢?

方法为:

（1）单击菜单命令“工具”/“选项”。

（2）在弹出的“选项”对话框中选择“编辑”选项卡，并选中“按 Enter 键后移动”复选框，系统默认情况下是选中的。

（3）在“方向”列表框中选中所改变回车键的方向，如：向下、向上、向左、向右，这里选择“向右”。

（4）单击“确定”按钮，结束操作。

97. 如何选中超链接单元格

如果在 Excel 2003 的单元格中存放的是超链接，就不能采用直接单击的方法选中，否则会打开超级链接目标。此时可以采用以下两种方法:

一是单击单元格以后按住鼠标左键，直到光标变为空心十字以后松开左键，就可选中这个含有超链接的单元格。

二是先选中超链接单元格中超链接单元格周围的某个单元格，用→、←、↑、↓将光标移到含有超链接的单元格中，也可以将其选中。

98. 如何设置小数有效性检查

为了防止在一些单元格中输入超过某个阈值的数据，可以通过对单元格中的数据类型进行限制，从而确保在输入错误数据时发出拒绝或者警告。这需要利用 Excel 的“有效性检查”功能。那么如何设置小数有效性检查呢?

方法为:

（1）选中需要进行设置的单元格或区域，然后单击菜单命令“数据”/“有效性”。

（2）在打开的“数据有效性”对话框中选择“设置”标签，在“允许”列表中选中“小数”选项；在“数据”列表中选中所需的数据范围，比如“介于”；在“最小值”和“最大值”栏中指定数据的上下限，比如“最小值：2”、“最大值：18”；如果允许数据单元格为空，则选中“忽略空值”复选框。

（3）最后单击“确定”按钮即可

99. 如何快速设置边框

Excel 2003 中的单元格在默认情况下是没有边框的，我们可以借助改进过的“边框”工具，快速设置单元格的边框和线形、颜色和粗细等属性。

方法为：

（1）用鼠标右键单击 Excel 2003 工具栏，在出现的菜单中单击“边框”项，打开“边框”工具栏，如图 8-5 所示。

图 8–5

（2）若单击“边框”工具栏中的“绘图边框网格”按钮，用鼠标拖过某个单元格区域，就可以快速应用其中显示的线条样式和颜色。若单击“边框”工具栏中的“擦除边框”按钮，然后拖过某个单元格区域，可以快速擦除所有的单元格边框。

100. 如何快速选中整个有数据的单元格

如果要用户选择整个工作表并不难，但如果要排除掉那些没有数据的空白单元格就显得比较困难了。那么如何才能快速做到选择非空白的单元格呢?

方法为：

将光标移到正在编辑的单元格，然后同时按下键盘上的 Ctrl+Shift+“*”组合键即可。

如果正在编辑的单元格中只有一列或者一行数据，那么只选中该列或该行，周围的空白单元格将不会被选中。

101. 如何快速命名

Excel 2003 工作表单元格中有自己的默认名称，如第 2 列和第 6 行单元格的名称为 B6。如果要给某个单元格命名为“工资总额”，只要将该单元格选中，然后单击编辑栏左边的“名称框”，即可输入该单元格的新名称。

102. 如何增加自定义样式

如果对 Excel 提供的“样式”不满意，我们可以修改它们来创建属于自己的样式。

方法为：

（1）单击菜单命令“格式/样式”。

（2）在弹出的“样式”对话框的“样式名”列表框中输入新建的名称。

提示!! 输入的样式名不能跟已有的样式名重合。

（3）单击“添加”按钮。这样“样式名”列表框中就出现“自定义 1”了。

（4）单击“修改”按钮，弹出“单元格格式”对话框。

（5）在“单元格格式”对话框中，对“数字”、“对齐”等选项进行调整或设置。设置工作完成后，单击“确定”按钮回到“样式”对话框。

（6）单击“确定”按钮，结束操作。

新增的样式就建立完毕，现在可以选中该样式来对工作簿进行操作。

103. 如何快速选中特定单元格

要快速选中特定的单元格，方法为：

（1）选中当前工作表中的任意一个单元格，单击“编辑”菜单下的“定位”命令。

（2）在打开的“定位”对话框中单击“定位条件”按钮，然后根据要选中的区域类型，在“定位条件”对话框中选择需要选中的单元格类型。例如“常量”，此时可以复选“数字”、“文本”等项目。

（3）单击“确定”按钮，符合条件的所有单元格均被选中。

104. 如何将窗口拆分为多块区域

当用户使用一个数据较多、在同一屏幕中不能完全显示的工作表时，需要利用拖动滚动按钮，尤其是当编辑的数据表格看不到标题行时，就容易记错各标题的相对位置，输入数据就容易出错，出现这种情况该怎么办？我们可以把工作表窗口拆分为几部分，然后将标题保留在某一个窗口中不动，在拆分的其他窗口中进行操作即可。

方法为：

（1）在当前工作表窗口中，单击菜单命令“窗口”/“拆分”，这时工作表窗口将自动分成四个窗口。

（2）移动鼠标到拆分条上，按住鼠标左键对窗口大小进行调节，将标题放在一个小的窗口中，这时可以在其他的三个窗口中滚动按钮进行编辑操作。这样标题将始终保持在小的窗口中不动。

当工作表中的数据编辑完成后，如果想取消拆分窗口，可以单击“窗口”菜单中的“取消拆分”命令，这时工作表将变回原来的窗口形式，将不会影响窗口中的数据位置。

105. 如何巧借光标横向输入

我们知道在使用 Excel 2003 时，每次按键盘上的 Enter 键之后，光标大多都自动跳动到了下面的相邻单元格中，这使得我们在纵向输入时方便了许多，但在进行横向输入的时候就要麻烦一些了。这时，可以借助光标来简化横向输入。

方法为：

（1）在 Excel 2003 中单击菜单命令“工具”/“选项”，系统就会弹出“选项”对话框。

（2）单击“编辑”选项，选中“按 Enter 键后移动”复选框，然后在“方向”下拉列表框中选择需要激活的相邻单元格方向，比如单击“向右”。

（3）单击“确定”按钮，结束操作。

如果想进行纵向输入，只要再把这个选项改回去就行了。

106. 如何在窗口中看到更多的数据

有时，工作表中的数据很多，不能在同一个屏幕中显示所有的数据，这对浏览数据和操作数据带来一定的不便。可以通过以下几种方法来使屏幕中显示更多的数据。

（1）缩小显示比例。单击菜单命令“视图”/“显示比例”，在弹出的“显示比例”对话框中选择屏幕窗口需要缩放的比例。这里我们选择 50%，这样就可以显示相当于原来 2 倍的数据。此外，还可以在“自定义”后面的编辑框中自己输入要缩小的比例。

（2）隐藏不必要的工具栏。用鼠标右键单击工具栏的空白处，在弹出的菜单中选择要隐藏的工具栏的名称（即去掉该工具栏前面的“√”），然后单击菜单命令“视图”/“状态栏”和“视图”/“编辑栏”，可以分别隐藏状态栏和编辑栏。

（3）隐藏滚动条。单击菜单命令“工具”/“选项”，在弹出的“选项”对话框中单击“视图”选项卡，在“窗口选项”栏中取消“水平滑动条”和“垂直滚动条”复选项。最后单击“确定”按钮结束操作，此时窗口中的“水平滑动条”和“垂直滚动条”就会被隐藏起来。

107. 如何快速选中数据区域

如果想选中活动单元格所在的数据区域，方法为：

（1）单击菜单命令“编辑”/“定位”命令，打开“定位”对话框。

（2）单击“定位条件”按钮，在打开的“定位条件”对话框中选中“当前区域”复选框。

（3）单击“确定”按钮后，活动单元格所在的连续数据区域就会被选中。

如果要选中某行或某列中含有数据的区域，方法为：

选中该区域中的某个单元格，然后按住 Shift 键，再双击活动单元格在待选中方向上的边线即可。

108. 如何快速选中特定区域

按 F5 键可以快速选中特定的单元格区域。比如，要选中 A2：B10 区域，最为快捷的方法为：按 F5 键，在打开的“定位”对话框的“引用”栏内输入“A2：B10”即可。

109. 如何将工作表中的信息以图片形式插入工作表

一般情况下，如果我们复制单元格或者区域，复制的内容仍然是信息格式。可以采取一定的措施，使得这些单元格或者区域以图片的形式进行复制。方法为：

（1）选择需要进行转化为图片并粘贴复制的单元格或者区域。

（2）按住 Shift 键，并单击“编辑”菜单中的“复制图片”命令，在弹出的“复制图片”对话框的“外观”栏中选择“如屏幕所示”或“如打印效果”，如果你想让图片得到最佳的质量，请选中“如屏幕所示”复选框；在“格式”栏中选择图片的格式，这里选择“图片”。

（3）单击“确定”按钮。这样，这些单元格或区域就以图片格式复制到剪贴板中了。

（4）最后将光标定位到想要粘贴的文档或工作表中，然后单击“编辑”菜单中的“粘贴”命令即可。

110. 如何将"*"替换为×

在 Excel 中编辑文档时，如果使用"查找替换"将"*"替换为"×"，会将整个单元格的内容都替换掉，其实只要在查找中输入"*"（不包含双引号），然后再替换，即可达到要求。

111. 如何增加撤销次数

在需要退回到之前的某个状态时，我们需要撤销一些命令。但是系统默认的撤销次数是有限的，往往不能满足我们的要求。如果要增加可撤销的次数，可以使用注册表来解决。

方法为：

（1）运行注册表编辑器。

（2）找到如下注册表子项分支：

HKEY_CURRENT_USER\Software\Microsoft\Office\X.0\Excel\Options

（3）新建一个名为 UndoHistory 的 DWORD 项值，并设置其数据数值为 10（十进制）。

（4）关闭注册表，结束操作。

这样就可以根据我们的需要来自由地更改需要撤销的次数了。

112. 如何快速输入"M^2"

当我们在 Excel 中输入 M^2 这样的符号时，如果在 Word 制作好再复制过去，显得有点麻烦。有没有快速输入上标的方法呢？

有，方法为：

在单元格中输入 M 之后，然后按下 Alt 键的同时，在右侧的小键盘上输入 178。输入完毕，松开 Alt 键，M 后面就加上了一个上标了。

113. 如何创建指向网页上特定位置的超链接

方法为：

（1）用鼠标右键单击希望用来代表超链接的文本或图形，然后再单击菜单中"超链接"命令。

（2）在出现的"超链接"对话框左边的"链接到"选项之下，单击"原有文件或网页"，然后单击下列操作之一：

①若要从当前文件夹中选择网页，请单击"当前文件夹"，再单击所要

链接的网页。

②若要从浏览过的网页列表中选择网页，请单击“浏览过的页”，再单击要链接的网页。

③若要从最近使用过的文件列表中选择网页，请单击“近期文件”，再单击要链接的网页（如果知道要链接的网页名称和位置，请在“地址”框中键入相关信息）。

④若要通过打开浏览器并搜索页来选择网页，则单击“浏览 Web”，打开要链接的网页，然后不关闭浏览器切换回 Excel。单击“书签”，再双击所需书签。

⑤若希望鼠标停放在超链接上时可显示提示，请单击“屏幕提示”，接着在“屏幕提示文字”框中键入所需文本，然后单击“确定”按钮。

（3）单击“确定”按钮，结束操作。

114. 如何进行多个工作表的输入

（1）如果你想在多张工作表中输入相同内容，省略以后的复制、粘贴等操作，方法为：选中需要填充相同数据的工作表，在已选中的任意一张工作表内输入数据，则所有选中工作表的相应单元格会自动填充同一数据。

（2）如果选中工作表后你想取消上述功能，可用鼠标右键单击任意一张工作表的选项卡，选择快捷菜单中的“取消成组工作表”命令。

（3）如果需要将某张工作表已有的数据快速填充到其他工作表中，方法为：

①按住 Ctrl 键不放，选中含有数据的工作表和待填充数据的工作表，再选中含有数据的单元格区域。

②单击菜单命令“编辑”/“填充”/“至同组工作表”，在出现的对话框中选择填充的内容：“全部”、“内容”或“格式”。

③单击“确定”按钮，结束操作。

115. 如何选定含有超链接文本的单元格

我们在选定含有超链接文本的单元格时，经常会不小心单击了超链接而打开其指向的目标窗口。可见，选定该类型的单元格是比较麻烦的。如何才能避免这种情况呢？方法为：

将光标移到所要选定的单元格上，然后单击超链接文本，并按住鼠标左键不放，等上几秒钟后再放开鼠标左键。这时就可以选定超链接文本所在的单元格了，却不会打开所链接的目标窗口。

116. 如何关闭自动更正功能

自动更正功能为我们提供了极大的方便。但有时在有些特殊情况下，我们不需要系统为我们提供自动更正。那么我们就需要屏蔽它的功能。

方法为：

（1）单击菜单命令“工具”/“自动更正选项”。

（2）在弹出的“自动更正”对话框中选择“自动更正”选项卡。若要关闭大写选项，则清除与大写有关的复选框（2~6 项）；若要关闭更正印刷和拼写错误，则清除“键入时替换文本”前的复选框。

（3）若要关闭更正格式错误，则单击“键入时自动设置格式”选项卡，然后清除不需要的自动套用格式类型的复选框，比如超链接等其他选项。

117. 如何自动实现输入法中英文转换

在不同行不同列之间分别输入中文和英文时，可以用 Excel 自动实现输入法在中英文间转换。

方法为（假设在 A 列输入学生的中文名，在 B 列输入学生的英文名）：

（1）选定 B 列，单击菜单命令“数据”/“有效性”。

（2）在出现的“数据有效性”对话框中选择“输入法”对话框，在“模式”下拉菜单中选择“关闭（英文模式）”项。

（3）单击“确定”按钮，结束操作。

118. 如何使用批注

如何使用“批注”功能呢？

方法为：

（1）在工作表中选中一个空白单元格，然后单击菜单命令“插入”/“批注”。

（2）此时弹出一个类似文本框的输入框，在这里可以输入提示和说明的信息，然后单击需要批注的单元格，在这个单元格中将会出现一个箭头，把鼠标移动到该单元格中，就会看到刚才输入的批注信息。

（3）还可以对批注进行修改。选中该单元格单击鼠标右键，在快捷菜单中选中“编辑批注”选项，将会显示刚才设置的类似文本框的输入框，重新对内容进行修改即可。

（4）如果想删除批注，只要在弹出的快捷菜单中选中“删除批注”选项即可。

119. 如何在数值前加“0”，并能计算

如果在“单元格格式”设置框中，将数字格式设置为文本时，可以在单元格输入前面有“0”的数字，但这样输入的数字不能进行计算。那么怎样才能输入以 0 开头的能计算的数值呢？

方法为：

（1）选中单元格，单击菜单命令“格式”/“单元格”。

（2）在出现的对话框中单击“数字”选项卡，在左边的“分类”中选择“自定义选项”，在右边的“类型”中选择“0”，这时“类型”编辑栏中出现“0”。根据需要，在单元格中设置要输入的数字的位数，如为“00005”=5 位，在编辑栏输入 5 个 0。

（3）单击“确定”按钮后，在单元格中就可以输入前面有“0”并可以计算的数字了。

提示!!

这种方式最多只能输入 15 位有效数值。

120. 如何添加计算器

有时需要在编辑工作表时使用计算器，这可以在 Excel 环境下添加按钮来使用它。

方法为：

（1）单击菜单命令“工具”/“自定义”。

（2）在弹出的“自定义”对话框中单击“命令”选项卡，在“类别”列表中选中“工具”选项，在“命令”列表中选中“自定义”（含有计算器图标）选项，如图 8-6 所示。

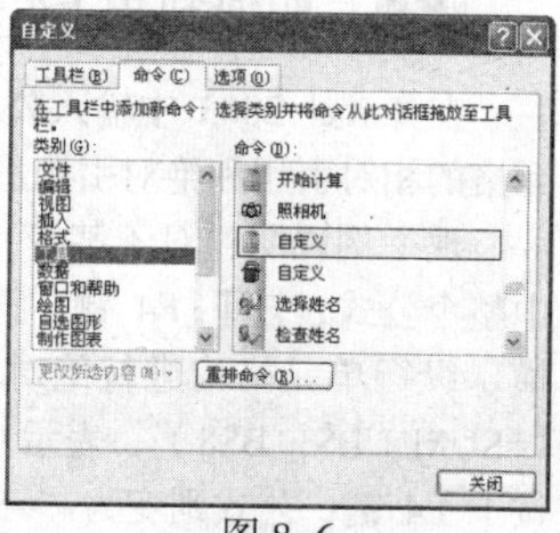

图 8-6

（3）将鼠标左键放在该选项上，按住左键不放，将它拖曳到菜单栏的适当位置，然后释放鼠标键。此时在菜单栏就生成了一个计算器图标▦，以后只要单击它就可以调用计算器了。

121. 如何合并矩形区域

Excel 2003 允许将矩形区域内的任意单元格合并，具体操作方法是：选中要合并的单元格，单击“格式”工具栏中的“合并及居中”按钮。则所有选中的单元格被合并为一个，而其中的数据则被放到单元格中间。

> 提示!! Excel 2003 只把合并区域左上角的数据放入合并后的单元格中。为此，输入标题之类的文本不能继续分布在几个单元格中，否则就会在合并过程中被裁去一部分数据。

122. 你知道 Ctrl 键与数字键的妙用吗

在 Excel 2003 中，Ctrl 键与数字键之间有着一些很微妙的关系，掌握这些快捷键对我们今后提高工作效率会有很大的帮助。

用 Ctrl+1 可以快速打开单元格格式对话框。

Ctrl+2、Ctrl+3、Ctrl+4 的作用分别是将所选单元格内的数据加粗、加斜、加下划线。

Ctrl+5 可以给选定的文字加上删除线。

Ctrl+7 显示/隐藏常用工具栏。

Ctrl+9 可以隐藏选定的行。

Ctrl+Shift+9 可以恢复显示隐藏的行。

Ctrl+0 和 Ctrl+Shift+0 则可以隐藏和显示选中的列。

> 提示!! 这里的数字键为大键盘上的数字键。

123. 如何利用 F4 键快速切换相对引用与绝对引用

在 Excel 2003 中输入公式时，只要正确使用 F4 键，就能简单地对单元格的相对引用和绝对引用进行切换。

现举例说明：对于某单元格所输入的公式为“=SUM（B4：B8）”。选中整个公式，按下 F4 键，该公式内容变为“=SUM$B$4：b8”，表示对横、纵行单元格均进行绝对引用；第二次按下 F4 键，公式内容又变为“=SUM（B$：B$8）”，表示对横行进行绝对引用，纵行相对引用；第三次按下 F4 键，公式则变为“=SUM（$4：$8）”，表示对横行进行相对引用，对纵行进行绝对引用；第四次按下 F4 键，公式变回到初始状态“=SUM（B4：B8）”，即对横行纵行的单元格均进行相对引用。

需要说明的是，F4 键的切换功能只对所选中的公式段有作用。

124. 什么是相对引用

公式中的相对单元格引用（例如 A1）是基于包含公式和单元格引用的单元格的相对位置。如果公式所在单元格的位置改变，引用也随之改变。如果多行或多列地复制公式，引用会自动调整。默认情况下，新公式使用相对引用。例如，如果将单元格 B2 中的相对引用复制到单元格 B3，将自动从 A1 调整到 A2。

125. 什么是绝对引用

单元格中的绝对引用（例如$A$1）总是在指定位置引用单元格。如果公式所在单元格的位置改变，绝对引用保持不变。如果多行或多列地复制公式，绝对引用不做调整。默认情况下，新公式使用相对引用，需要将它转换为绝对引用。例如，如果将单元格 B2 中的绝对引用复制到单元格 B3，则在两个单元格中一样，都是$A$1。

126. 什么是混合引用

混合引用具有绝对列和相对行，或是绝对行和相对列。绝对引用列采用$A1、$B1 等形式。绝对引用行采用$A1、$B1 等形式。如果公式所在单元格的位置改变，则相对引用改变，而绝对引用不变。如果多行或多列地复制公式，相对引用自动调整，而绝对引用不做调整。例如，如果将一个混合引用从 A2 复制到 B3，它将从$A1 调整到$B1。

127. 如何在 Excel 中少用鼠标

在 Excel 2003 中快速编辑数据时，当相对单元格做改动时，因为经常需要用到鼠标，从而使编辑速度大大减慢。其实你可以使用一个快捷键——F2，这样你的手就不用离开键盘了。方法为：

利用方向键选择要编辑的单元格，按下 F2 键，编辑单元格内容。编辑完成后，按 Enter 键确认所做改动，或者按 Esc 键取消改动。

128. 如何使单元格中的文本自动换行

选中换行单元格，单击“格式/单元格”，打开“单元格格式”对话框，单击“对齐”选项卡，勾选“文本控制”中的“自动换行”复选框，单击“确定”按钮后退出，这样单元格中文本宽度超过单元格宽度后，能自动换行。此法不足之处是换行起始点由单元格宽度控制，控制换行的起始点较困难。

129. 如何使单元格中的文本强制换行

要想随心所欲控制换行，还得利用“强制换行”。方法为：

在输入文本的过程中，在换行处按下 Alt+Enter 组合键，就能强制换行。如果要对换行进一步编辑，可在“编辑”中进行编辑。

8-4 数据输入/编辑故障处理速查

1. 在按下 Enter 键时输入的数据有误

如果刚刚使用了“编辑”菜单上的“复制”命令，或“复制”按钮，请检查在复制区域周围是否仍然保留着活动选定框。如果动态选定框仍存在，说明复制的单元格内容仍保存在剪贴板上，这样一旦按 Enter 键，Microsoft Excel 就会将这些内容插入到活动单元格中。如果要避免此类错误，按 Esc 键即可消除动态选定框。

2. 要进行复制和粘贴操作时，所选内容却变为非选定状态

一次只能复制和粘贴一个选定内容。为确保所复制的内容保持选定状态，请不要复制其他选定内容。

3. 单元格中键入的文本没有完全显示

如果显示选定单元格中多个行，则单击“格式”/“单元格”菜单命令，在出现的对话框的“对齐”选项卡上选中“自动换行”复选框。如果其中的文本为一个长单词，则该字符串不会换行，此时可以加大列宽或缩小字体大小来显示整个文本。

4. 找不到填充柄

单击“工具”/“选项”菜单命令，在出现的“选项”对话框中单击

“编辑”选项卡，确保选中了“单元格拖放功能”复选框。如果选定了整行或整列，Microsoft Excel 将在行首或列首显示填充柄。

5. 在拖曳填充柄复制单元格时出现了错误数据

如果复制的数据类型是 Microsoft Excel 中可扩展的数据序列，如数字、日期或其他自定义填充序列，在复制过程中这些数据将在选定区域中增减而不是原样复制。如果发生了这种情况，则重新选定原始数据，然后按住 Ctrl 键，拖动填充柄进行复制。

6. 在拖动填充柄时删除了某些内容

如果在向上或向左拖动选定区域上的填充柄时，没有将其拖出选定区域第一行或第一列就释放了鼠标按键，Microsoft Excel 将删除选定区域中的部分乃至全部数据。因此，在拖动时必须在放开鼠标按键前，将填充柄拖出选定区域以外，才可以避免不必要的数据丢失.

7. 对数字应用了“文本”格式后，数字数据并没有改变成文本数据

如果已经在单元格中输入了数字并应用了“文本”格式，请单击每一个单元格，按 F2 键，再按 Enter 键以文本格式重新输入数字。要将数字当作文本输入，首先对空单元格应用文本格式，然后在带格式的单元格中输入数字。

8. 已经在自定义词典中添加了词汇，但 Excel 仍对其提出质疑

如果 Microsoft Excel 对某个以大小写混合形式出现的词汇提出质疑，例如，全部小写、首字母大写或全部大写。请在自定义词典中重新以全部小写形式键入该词。这样就可以识别不同形式的拼写了。

该词汇可能在其他自定义词典中。Excel 每次只能查阅一本自定义词典。如果 Excel 在拼写检查时对某词提出质疑，请确认在“拼写检查”对话框中的“将词添至”列表框中已经选定了正确的自定义词典。

自定义词典中可能包含非打印字符或误拼词汇。用 Notepad 附件程序打开 Excel 所使用的自定义词典，更正拼错的词汇，删除非打印字符。这

些非打印字符通常以小黑框显示。然后将词典保存到包含主拼写词典的文件夹中。如果用 Microsoft Word 或其他应用程序编辑自定义词典，应将词典保存为纯文本文件，并以“.dic”为扩展名。

9. 小数点出现于输入的所有数据中

要避免出现小数点，方法为：

单击“工具”/“选项”菜单命令，在出现的对话框中单击“编辑”选项卡，然后清除“自动设置小数点”复选框。

要从已经输入的数字中移去小数点，方法为：

将该数字乘以一个 10 的幂次方数。根据所要删除的小数点的不同位置，在空白单元格中，可输入如 10、100、或 1 000 这样的数字。例如，如果某数字包含两个小数位并且需要整个数字，则在一个空白单元格中输入 100，然后复制该单元格，接着选择含有小数的单元格（选定的所有单元格必须是相邻的），单击“编辑”菜单中的“选择性粘贴”命令，再单击“乘”。

第 9 章

公式、函数应用技巧与故障处理速查

Office 2003 高效办公速查 1000——→本章内容

9-1 公式、函数应用技巧速查

1. 如何显示单元格中的公式

一般情况下，使用公式的单元格中显示的内容是经过公式计算以后得到的结果。那怎么能够在单元格中显示该单元格所使用的公式呢?

方法为:

（1）单击菜单命令“工具”/“选项”。

（2）在弹出的“选项”对话框中选择“视图”选项卡，在“窗口选项”中选中“公式”复选框。

（3）单击“确定”按钮，结束操作。

这时每个单元格中的公式就会显示出来，你可以方便地对公式进行编辑修改操作。如果你想恢复公式计算结果，就可以将“窗口选项”下的“公式”复选框取消即可。

2. 如何批量查看公式

如果要一次性查看所有单元格所使用的公式，除了在“选项”对话框的“视图”标签中选中“公式”复选框之外，还有另外一种方法:

（1）选中含有公式的单元格，比如选中了 C3:D3 单元格。

（2）用鼠标右键单击工具栏，从弹出的菜单中选择“监视窗口”命令。

（3）在弹出的“监视窗口”对话框中单击“添加监视”按钮，弹出“添加监视点”对话框，此时看到所选中的单元格范围已经显示在输入框内，如图 9-1 所示。

图 9–1

（4）单击“添加”，此时在监视窗口中就会显示出这些单元格所使用的公式及其计算结果。

3. 如何快速在多个单元格中输入同一个公式

在编辑公式中，可能出现多个单元格引用同一个公式。如果我们一个一个地输入，那么肯定很繁琐，而且容易出错。如果我们能够同时在多个单元格一次性输入一个公式，就显得很有必要了。Excel 提供了这样的功能。

方法为：

（1）利用 Ctrl 键或者 Shift 键，加上鼠标来选定需要输入公式的单元格。

（2）在公式编辑框中输入需要的公式。

（3）输入完毕，按 Ctrl+Enter 组合键，结束操作。

此时，所有选中的区域里的单元格中都会显示相同的公式内容。

4. 如何查找适用函数

对于熟悉 Excel 函数的用户来说，找到适合某项工作的函数并不容易。以下技巧可以助你一臂之力（假如要完成数据排序任务）：

（1）单击菜单命令“插入”/“函数”，打开“插入函数”对话框。

（2）在“搜索函数”框内输入“排序”，然后单击“转到”按钮，对话框就会列出“RANK”等用于排序的函数。

①选中其中的某个函数，就可以在对话框中看到它的功能说明。

②单击“有关该函数的帮助”链接，可以打开帮助查看更详细的信息。

5. 如何使用公式查错

对于带有嵌套函数的复杂公式来说，一旦出现错误往往很难追踪。Excel 2003 专门为此增加了一个“公式求值”功能。具体方法为：

（1）选中公式所在的单元格，单击工具栏中的“公式求值”按钮打开对话框。

（2）单击“求值”按钮，就可以按照公式的执行顺序逐步观察公式的运算结果，从而找到错误的根源。

这个功能有点类似编程时的“单步执行”，是公式查错的有力武器。

如果“公式求值”按钮不在工具栏中，则可以单击菜单命令“工具”/“自定义”，在出现的对话框中的“命令”选项卡中选择“类别”列表中的“工具”选项，然后将右边的“公式求值”按钮拖到工具栏上。

6. 如何输入数组公式

方法为：

（1）首先必须选择用来存放结果的单元格区域。

（2）然后在编辑栏输入公式。

（3）按 Ctrl+Shift+Enter 组合键锁定数组公式。此时 Excel 将在公式两边自动加上大括号“{}”。

> **提示!!** 此大括号不要自己键入，否则，Excel 认为输入的是一个正文选项卡。

7. 如何编辑或清除数组公式

方法为：

（1）选择数组区域并且激活编辑栏，公式两边的括号将消失。

（2）编辑或清除公式，然后按 Ctrl+Shift+Enter 组合键即可。

8. 如何在手工输入函数时获取参数提示

当在单元格手工输入带有参数的函数时，往往没有函数格式和参数的提示，这使得用户只有很好地记住该函数的参数才能快速地输入参数。其实，可以开启提示功能来解决这一问题。

方法为：

（1）单击“工具”/“选项”菜单命令。

（2）在弹出的“选项”对话框中单击“常规”选项卡，选中其中的“函数工具提示”复选项。这样在输入函数名称后，再输入左括号时就会有对该函数参数的提示帮助。

9. 如何使用求最大值和最小值函数

Max 和 Min 函数是使用最频繁的函数之一。下面来举例说明如何使用这两个函数。

比如我们要查找图 9-2 中语文成绩最高的和最低的同学。具体操作如下：

	A	B	C	D	E	F	G	H	I	J	K	L
1	学号	姓名	性别	语文	数学	英语	物理	化学	地理	总分	平均分	名次
2	9901	张佳	男	85	92	92	100	97	94	560	93.3333	1
3	9902	李惠芳	女	85	93	95	90	92	93	548	91.3333	2
4	9903	王丛	男	86	99	88	77	89	96	535	89.1667	4
5	9904	吴旗仁	男	92	93	88	85	96	90	544	90.6667	3
6	9905	周天齐	男	74	84	83	95	93	84	513	85.5	5
7	9906	孙晓梅	女	84	67	84	83	84	85	487	81.1667	14
8	9907	屈富昆	男	90	74	95	80	75	89	503	83.8333	8
9	9908	赵天理	男	82	79	85	93	79	74	492	82	12
10	9909	周欣	女	87	86	73	73	90	84	493	82.1667	10
11	9910	李枫	男	72	88	87	82	85	96	510	85	6
12	9911	张雪	女	78	89	70	94	83	77	491	81.8333	13
13	9912	张海	男	85	96	71	78	75	88	493	82.1667	11
14	9913	钱益佳	女	94	73	90	95	69	83	504	84	7
15	9914	李辉东	男	76	74		75	88	95	408	81.6	9

图 9-2

（1）选择单元格 D16，在“编辑”栏中输入“=MAX（D2:D15）”。

（2）按键盘上的 Enter 键后结束操作。

（3）此时 D16 单元格中就显示了语文成绩的最大值。同样，在 D17 单元格中输入“=MIN（D2：D15）”，该单元格最后就显示语文成绩的最小值，最后结果如图 9-3 所示。

	A	B	C	D	E	F	G	H	I	J	K	L
1	学号	姓名	性别	语文	数学	英语	物理	化学	地理	总分	平均分	名次
2	9901	张佳	男	85	92	92	100	97	94	560	93.3333	1
3	9902	李惠芳	女	85	93	95	90	92	93	548	91.3333	2
4	9903	王丛	男	86	99	88	77	89	96	535	89.1667	4
5	9904	吴旗仁	男	92	93	88	85	96	90	544	90.6667	3
6	9905	周天齐	男	74	84	83	95	93	84	513	85.5	5
7	9906	孙晓梅	女	84	67	84	83	84	85	487	81.1667	14
8	9907	屈富昆	男	90	74	95	80	75	89	503	83.8333	8
9	9908	赵天理	男	82	79	85	93	79	74	492	82	12
10	9909	周欣	女	87	86	73	73	90	84	493	82.1667	10
11	9910	李枫	男	72	88	87	82	85	96	510	85	6
12	9911	张雪	女	78	89	70	94	83	77	491	81.8333	13
13	9912	张海	男	85	96	71	78	75	88	493	82.1667	11
14	9913	钱益佳	女	94	73	90	95	69	83	504	84	7
15	9914	李辉东	男	76	74		75	88	95	408	81.6	9
16				94								
17				72								

图 9–3

10. 如何使用计数函数 COUNT

下面介绍如何使用 COUNT 计数函数：

单击要放 COUNT 函数最终结果的单元格，比如“L16”，使它被选中，然后在“编辑”栏中输入“=COUNT（B2：L15）”，按键盘上的 Enter 键，结束操作。

这样，COUNT 函数就会计算区域“B2：L15”之间有多少个单元格。

11. 如何将“姓”和“名”单独分为两列

在一些应用中，我们希望将工作表中的“姓名”栏拆成“姓”栏和“名”栏。这时可以利用 Excel 提供的 LEFT 函数来实现。

方法为：

（1）选中“姓名”栏中后面的一个空单元格。如果姓名后面没有空单元格，可以单击“插入”菜单中的“列”命令，在姓名后面插入一列，然后选中。

（2）单击菜单命令“插入”/“函数”，在弹出的“插入函数”对话框的“选择类别”框中选中“全部”选项，在“选择函数”框中选中“LEFT”函数。

（3）单击“确定”按钮，在弹出的“函数参数”对话框的“TEXT”框中输入所要分开的姓名单元格，在“NUM_CHARS”框中输入“1”，然后单击“确定”按钮，这时单元格中将显示姓。

（4）将鼠标移到单元格右下角，到鼠标变成黑十字时，按下鼠标向下拖动，即可将所有姓名中的姓分开出来。

12. 如何使用函数嵌套

一般的函数参数都是一些数值或者是单元格引用。其实函数参数也可以是其他的函数，这叫做函数嵌套。里面的函数必须返回外面的函数参数所对应的数值类型。如果返回数值不正确，则显示“#VALUE!”错误值。

在如图 9-4 所示中，“IF”函数中的第 1 个参数和第 2 个参数分别使用了函数“AVERAGE（F2：F5）”和“SUM（G2：G5）”。此时函数 AVERAGE 和函数 SUM 叫做“二级函数”，IF 函数叫做“一级函数”。

```
=IF(AVERAGE(F2:F5)>50,SUM(G2:G5),0)
```

图 9-4

提示!! 嵌套不是无限制的，系统规定公式最多包含 7 级嵌套。

13. 如何利用 REPT 函数多次填写相同字符

有时我们需要在某一个单元格中输入好多个重复字符。如果我们一个一个输入，一旦重复的个数很多就显得很浪费时间。此时我们可以利用 REPT 函数来重复输入小于或等于 256 个字符。

下面以多次输入●为例，实现方法为：

（1）选中要输入“●”号的单元格，然后单击菜单命令“插入”/“函数”。

（2）在弹出的“插入函数”对话框的“选择类别”列表框中选中“全部”，并在“选择函数”列表框中选中“REPT”选项。

（3）单击“确定”按钮，在出现的“函数参数”对话框中分别输入需要重复的文本“●”和需要重复的次数“20”。

（4）单击“确定”按钮，结束操作。这样，一次性就可以在单元格中显示 20 个“●”。

14. 如何使用 COUNTIF 函数

我们在计算选中区域的平均值时，一般使用 AVERAGE 函数。但是有时该函数不能奏效。原因是有一些单元格中包含零值。我们不希望把这些零值计算进去。可 AVERAGE 函数解决不了这个问题。此时可以使用 COUNTIF 函数就可以轻松解决。它在计算之前先对单元格中的值进行判定，如果是零值单元格将不进行计算，只对那些非零单元格中的值进行计算。

方法为：

（1）选中参加求平均值的单元格区域。比如“A2:A30”所标识的单元格。

（2）在“编辑公式栏”中输入“=SUM(A2:A30) /COUNTIF (A2:A30, "<> 0")”，然后按 Enter 键结束操作。这时选中的单元格的平均值将会显示出来。

（3）如果用户不熟悉该函数，可以单击菜单命令“插入/函数”，弹出“插入函数”对话框。利用插入函数向导来创建函数。

15. 如何利用求和函数进行跨表求和

有时需要对不同工作表的多个单元格或区域进行求和计算，方法为：

（1）单击菜单命令“插入”/“函数”，在出现的“插入函数”对话框的“选择类别”中选“常用函数”，在“选择函数”栏中选择“SUN”求和函数。

（2）单击“确定”按钮，打开“函数参数”对话框。

（3）切换至第一个工作表，用鼠标单击“Number1”框后的 。并选中需要求和的区域。如果同一工作表中的其他区域需要参与计算，则重复上面的操作。

（4）完成上述操作后，切换至第二个工作表，再次重复上述操作。

（5）最后单击“确定”按钮结束操作。

这样公式所在单元格将计算多个工作表中单元格数据之和，并把结果显示出来。

16. 如何使用 IF 函数

有时必须使用 IF 函数来避免一些特殊情况的发生，否则就不能避免错误。下面举两例进行说明。

第一例：零值问题。

这是最容易碰到的问题。在计算除法的时候，要求除数是不能为零的，所以必须判断除数是否为零才能采取进一步的计算。比如 C1=A1/B1，当 B1 单元格的数值不为零时，C1 单元格就会正常显示数值；但如果 B1 为零，那么就会出现“#DIV/0!”的错误信息。这时我们就可以使用 IF 函数将 C1 单元格中的计算公式更改为“=IF(B1=0," ",A1/B1)”即可。这样只有当 B1 单元格的值是非零时，C1 单元格中的值才按 A1/B1 进行计算，从而有效地避免了错误情况的发生。

第二例：“及格”和“不及格”问题。

在输入学生成绩时，当学生科目成绩低于 60 分时往往是用红色显示。这时就可以利用 IF 函数来将数值小于 60 的单元格的文本颜色设置为“红色”。甚至可以“粗体”或者“斜体”突出显示。

17. 如何使用 RANK 函数查找名次

在统计学生考试总成绩后，有时需要根据某个学生的总成绩数来查找其排名。可以利用 RANK 函数来进行。方法为：

（1）选中“总分”列右边的一列，然后单击“插入”/“函数”命令，打开“插入函数”对话框。

（2）在“选择类别”列表中选中“统计”选项，在“选择函数”列表中选中“RANK”选项。此外如果对此函数不了解，可以单击窗口左下角的“有关该函数的帮助”按钮，阅读帮助信息。

（3）单击“确定”按钮，在出现的“函数参数”对话框的“Number”框中输入需要查找的分数，比如 513。

（4）单击“Ref”框中右边的按钮，弹出一个对话框。用鼠标选中需要操作的单元格区域（这里是所有总分成绩的区域），然后再单击该按钮回到“函数参数”对话框。

（5）单击“确定”按钮，这时就可以在单元格中显示所输入分数所对应的名次。

18. 如何快速输入常用函数

我们经常用到的函数都是些常用的函数，比如 SUM、AVERAGE、MAX、MIN 等。并且只需要知道计算的结果，而不需要保存这些函数。对于这种情况，不需要按常规方法来使用它们，方法为：

（1）先确保“状态栏”显示出来，然后选定需要进行运算的单元格区域。

（2）用鼠标右键单击状态栏，在出现的菜单中包含了“求和(S)、最小值(I)、最大值(M)、计数(C)、平均值(A)”等选项，分别对应着 SUM、MIN、MAX、COUNT 和 AVERAGE 函数。选择其中的某一选项，则在状态栏中的“数字”区域左边就会显示出运算结果。

19. 多处复制公式

若需要应用公式的单元格分布没有规律，使用拖动法操作往往比较困难，“选择性粘贴”可以轻松解决这个问题，方法为：

（1）选中公式所在的单元格，单击工具栏中的“复制”按钮。

（2）按住键盘上的 Ctrl 键，用拖动或单击鼠标的方法选中需要应用公式的单元格。

（3）单击 Excel 2003“粘贴”旁的下拉按钮，选择菜单中的“公式”命令，公式即被粘贴至所选单元格。

20. 如何在公式中输入不连续的单元格地址

可以将一些不连续的区域统一定义为一个名称，这样对这个名称的操作就是对这个名称所代表的所有单元格的操作了。这种方法很方便，而且直观，更利于用户理解和操作，方法为：

（1）利用 Ctrl 键或 Shift 键和鼠标，将不连续单元格区域选中。比如“=Sheet1!$C$6:$C$9”。

（2）单击菜单命令“插入”/“名称”/“定义”，在弹出的“定义名称”对话框的“在当前工作簿中的名称”框中输入所定义的名称，比如：“ 数学总数”。

（3）单击“添加”按钮。此时，该名称就添加到下面的栏中了。

（4）单击“关闭”按钮关闭“定义名称”对话框。

此时，在公式中使用这个区域名称即可，比如：“=SUM(数学总数)”，即表示计算“Sheet1!$C$6:$C$9”的总和。

21. 如何切换公式内容与公式结果

Excel 2003 公式执行后会显示出计算结果，如果按 Ctrl+“~”键（位于键盘左上角），可使公式在显示公式内容与提示公式结果之间切换，方便公式编辑和计算结果的查看。

22. 如何查找与问题相关的适用函数

有时我们需要完成某项任务，但是并不知道 Excel 能提供给我们什么函数来实现该任务。此时，我们还是可以找到适合该任务的相关函数来帮助我们完成工作。

比如我们需要对数据进行求和运算，方法为：

（1）选择某单元格，单击“插入”/“函数”菜单命令。

（2）在打开的“插入函数”对话框的“搜索函数”栏中输入“求和”，然后单击“转到”按钮。

（3）此时对话框就会在“选择函数”栏中列出若干个与“求和”主题相近的函数。选中其中的某个函数，可以在下面查看其功能说明。此外，单击左下角的“有关该函数的帮助”，可以打开帮助来查看更详细的信息。

23. 如何在公式中使用函数

单元格除了使用公式外，还可以使用函数。在 Excel 中函数会输入一些数并返回一个数值。那么如何使用函数呢?

方法为：

（1）单击要使用函数的单元格，然后在“编辑栏”中输入“=”，此时在“编辑栏”左边的“名称”栏就变成了“函数”按钮。如图 9-5 所示。

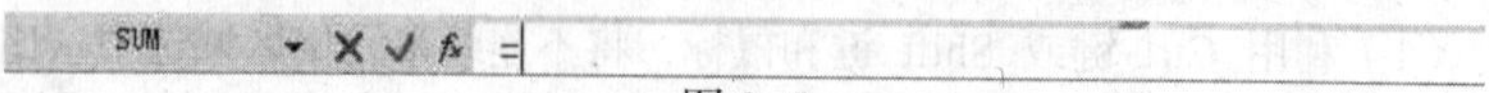

图 9–5

（2）单击“函数”按钮的下拉箭头，选择一种所需要的函数，比如选择 AVERAGE 函数。

（3）此时弹出“函数参数”对话框，在这里用户可以直接输入函数的参数，或者单击后面的“图表按钮”用鼠标选定。

（4）单击“确定”按钮，结束函数的输入。

24. 如何同时对多个单元格执行相同运算

请问有什么好的方法来实现一步完成对多个单元格数据执行同样的运算吗?

假设要对多个单元格执行全部加“1”的相同操作，方法为：

（1）首先在空白单元格中输入要执行运算的操作数“1”，再利用“复制”按钮将其添加到剪贴板。

（2）选择所有要进行运算的单元格，再单击“编辑”菜单中的“选择性粘贴”命令。

（3）在弹出的“选择性粘贴”对话框中单击“运算”选项区域下的“加”单选按钮，最后单击“确定”按钮完成。

25. 如何固定公式地址

Excel 公式一般使用相对地址引用单元格，若将一个含有地址引用的公式复制到新位置，公式中引用的单元格地址会发生变化。如果复制前将公式的引用修改为绝对引用，则公式粘贴后的地址就可以保持不变。

26. 如何妙用“自动求和”

Excel 2003 的“自动求和”功能有所扩充，它带有一个下拉按钮，可以选择“平均值”、“计数”等五种运算之一。

若选中空白单元格打开“自动求和”下拉菜单，单击“其他函数”命令，则可以激活“插入函数”对话框，完成在当前单元格中插入函数的任务。

27. 如何让表头跟随时间走

在 Excel 2003 中使用函数可制作出跟随时间走的表头，方法为：

选中输入表头的行，输入函数“=MONTH（NOW（））&〃××〃”，按 Enter 键后，就会显示系统日期所在月份的××表；如果本月制作上月的统计表，则输入函数=MONTH（NOW（））-1&〃×××〃，则显示系统日期月份的上一月××表。

28. 如何用 Excel 批量计算年龄

某位做保险业务的朋友接到一笔团队大订单，是一家有近千人的大客户，花了半天的时间用 Word 软件录入了客户的档案（包括每个人的身份证号）后，根据要求还要补充填写每个客户的年龄。这下却犯难了，如果一个个用笔手工算，又需要花上大半天的时间，但客户档案又急着用。怎么办呢？

简单的方法为：

（1）先把 Word 中的客户档案全部复制到 Excel 2003 中，生成一个数据库文件。然后在数据库文件中新建一列，并命名为“出生年月”。因为身份证号有 15 位和 18 位，为了计算方便，先对身份证号进行排序。

（2）用 MID 函数计算出第一个客户的出生年月。函数表达方式如下：MID（E2，7，2），表示第一个客户的身份证号在 E 列第二行中，要从这个位置中的第七个数字开始返回 2 个长度有效字符。如表 9-1 所示（表中人名为化名）。

表 9-1

B	C	D	E	F	G	J	I	J
姓名	性别	年龄	身份证号码	健康	金额	保费	受益人	出生年份
吴名	男		330122668123412	健康	1 万	15 万	法定	=mid（e2，7，2）
余莉	女		33063741215328	健康	1 万	15 万	法定	
李月兰	女		320324540513092	健康	1 万	15 万	法定	
张财友	男		320324640609091	健康	1 万	15 万	法定	
麻天英	女		330122389710282	健康	1 万	15 万	法定	

（3）按 Enter 键确认后，结果 J2 中的值变为 62，表示该职工 1962 年出生。接着下拉 J2 公式进行复制单元格，快速求出每个职工的出生年月（若身份证为 18 位，则公式变为 MID（E?，9，2）再把 J 列的格式改为数值型。

（4）在 D2 中输入计算机公式“=103-J2”就可求出该职工的实际年龄。下拉 D2 中的公式再次复制单元格，近千个职工的档案就一键敲定。

29. 如何进行自动求和，自动求平均值，自动计数……

Excel 的早期版本具有“自动求和”的按钮，单击该按钮便可以计算一个区域中单元格的总和。现在，单击同样的按钮，还可以在某一区域自动求平均值、计数，或者获得最大或最小值。

方法为：

选择数值区域，然后单击“自动求和”按钮上的箭头，并单击所需操作：“求和”、“平均值”、“计数”、“最大”或“最小”即可。

30. 如何实现无须滚动即可查看单元格中的结果

“监视窗口”是一个单独的窗口，它使你无须滚动单元格本身便可查看单元格中发生的情况。假设你正在第 162 行输入数据，而该数据可能会影响到单元格 A10 中公式的结果。那么不用滚动到 A10 去查看公式的结果，不管你在工作表何处，都可以从该窗口中“监视”公式变化的值。甚至还可以查看其他工作表上或工作簿中的值。

另外，你可以在“监视窗口”中单击单元格引用，将所选面移到你正在观察的单元格中。如果要观察单元格，使用右键单击该单元格并单击“添加监视”即可。

31. 如何统计相同的数据

在 Excel 中，Countif(range,criteria)函数是用来统计某个区域中给定条件单元格的数目的。Range 是要统计的区域，criteria 是以数字、表达式、字符串形式给出的计数单元格必须符合的条件。

下面以某公司市场营销部人员表为例，统计某一姓名出现的次数和所有姓名出现的次数。

（1）统计“姓名”这一列中有几个“琳子”，在 D7 单元格中输入“=COUNTIF（A3：A7，A5）”或“=COUNTIF（A3：A7，琳子）”，按 Enter 键，就可以看到统计结果。

（2）统计“姓名”列中每一姓名出现的次数。首先，在 D3 单元格中输入“=COUNTIF（A3：A7，A3）”，然后将此公式利用填充柄复制到 D4、D5、D6、D7 单元格中，修改单元格的值，结果很快就统计出来。

（3）如果一张工作表中数据很多，要求查出一列中重复的数据，当然你不想逐个单元格地输入或复制公式。下面介绍如何快速查出重复数据（多列中不行）。

仍以上表为例，方法为：

①在 D3 单元格中输入“=COUNTIF（A3：A7，A3）”；

②从上到下同时选中 D3、D4、D5、D6、D7。

③单击“编辑”菜单中“填充”子菜单中的“向下填充”命令，结果就出来了。

④将光标置于 D2 单元格中，单击“数据”菜单中“筛选”子菜单中的“自动筛选”命令，单击“次数”旁边的列表框，选中 2，这样，重复次数为 2 的记录就显示出来了。

以上的操作也适用于同一行中的数据。

32. 如何查找某个函数的各个参数

有时，我们知道完成某项任务需要调用某个函数，但是记不清它有几个参数以及各个参数代表什么意思了。此时，可按如下方法操作：

（1）在编辑栏中输入一个等号，然后输入函数名称。

（2）按键盘上的 Ctrl+A 组合键，此时 Excel 将自动弹出“函数参数”窗口，这样就可以根据窗口提示输入函数的各个参数了。

33. 如何批量插入固定字符

大家知道新的身份证号码（18 位）将旧身份证号码的年份由 2 位改为 4 位。现在我们要将年份的前两位（19）插入旧身份证号码中，如果一个一个地去插入，显然既麻烦又容易出错，如果利用 Excel 的函数来做，则既方便又准确。

此处假定旧身份号码保存在 B 列中，插入“19”后的号码暂时保存在 C 列中。我们在 C2 单元格中输入公式：=LEFT（B2，6）&19&RIGHT（B2，9）。再次选中 C2，将鼠标移到右下角成“细十字”状（我们称之为“填充柄”），按住左键向下拖拉，即可将上述公式复制到 C 列的以下单元格中（在复制过程中，系统会智能化地改变相应的单元格）。

34. 如何在 Excel 中打印工资条

现在许多单位都实现了工资代储，但每月的工资清单（工资条）还得要发给职工。如果用 Excel 程序处理的工资表，打印后每页只有一个表头，剪裁成条后除了每页的第一名职工外，其余的就没有表头了，这样将使职工无法清楚工资条的数字对应什么具体名目。怎样才能给每个职工的工资条加上工资表表头呢？

方法为：

首先根据每个职工工资具有唯一电脑序号的特点，使用 VBA 里的判断语句，让循环从第一个电脑序号开始，如果 Excel 表中相邻两行的电脑序号不同，就在这两行之间插入一个空白行，然后使用循环语句，把表头的内容依次复制粘贴到每个空白行。

下面是具体的操作步骤：

（1）在 Excel 中打开需要制作工资条的工资表文件。

（2）打开“工具/宏”（如果在菜单中没有看见“宏”，让鼠标在菜单上稍稍停留或者按向下的双箭头就会出现），选择“Visual Basic 编辑器”后打开 VBA 编辑器窗口，在 VBAProject 的工程资源管理中双击 Sheet1，会出现代码编辑窗口，在代码编辑窗口输入如下代码：

```
Sub gongzitiao()
Application.ScreenUpdating=Flase
'为避免破坏表一，将表一内容完整复制到表二
Sheet(1).[A1].CurrentRegion.Copy Sheets(2).[A1]
'定义循环变量的最大值小于表二中职工数的二倍（我校职工总数为2564）
a=(Application.WorksheetFunction.ContA(Sheets(2).[a1:a2600]*2))
'如果第一列（职工的工资电脑序号）上下单元格的值不相等，则在它们之间插入一个空白行
For I=3 To a
IfSheets(2).Cells(I,1)<>Sheets(2).Cells(I+1,1)And(Sheet(2).Gells(I,1)<>"")
Then
Sheets(2).Rows(I+1).Insert
End if
'如果第一列中的单元格为空，则将表中[A2：M2]（工资清单表头项目）复制到此行
If Sheets(2).Cells(I,1)=""Then
Sheets(2).[A2:M2].Copy Sheets(2).Gells(I,1)
End If
Next
Application.ScreenUpdating=True
End Sub
```

（3）检查源代码编辑无误后，在 VBA 窗口中单击菜单命令“运行”/“运行宏”，将弹出“宏”窗口，你只需单击“运行”即可。

（4）待宏运行完毕，再回到 Excel，单击工资表达式下方的“Sheet 2”，于是在每两个相邻职工间就插入了工资清单项目，再用打印机打印并裁条后，就可以发放给每位职工了。

35. 如何在公式中引用其他工作表的单元格数据

公式中一般可以用单元格符号来引用单元格的内容，但是都是在同一个工作表中操作的。如果要在当前工作表公式中引用别的工作表中的单元格，那该如何实现呢?

要引用其他工作表的单元格，可使用“工作表名称+‘!’+单元格名称”的方法。如要将 Sheet1 工作表中的 A1 单元格的数据和 Sheet2 工作表中的 B1 单元格的数据相加，可以表示为：“Sheet1!A1+Sheet2!B1”。

36. 如何快速进行数值运算

有时会遇到这样的情况，比如多个单元格内的数据需要与同一个数进行加、减、乘、除等运算，如果一个一个地进行运算，一旦单元格的个数很多的话就显得不实际了。如何才能解决这一问题呢？我们可以使用“选择性粘贴”功能，使得数值运算有事半功倍的效果。

方法为：

（1）先在一个空白单元格中输入某一个数，然后选中它并复制到剪贴板中。

（2）利用 Ctrl 键或 Shift 键，加上鼠标，将要参与数值运算的单元格全部选中。

（3）单击菜单命令“编辑”/“选择性粘贴”，在弹出的“选择性粘贴”对话框的“粘贴”栏中选择“数值”；在“运算”栏中选择某一个运算，比如“加”。

（4）单击“确定”按钮，结束操作。

这样，所选单元格中的数据就会同时与某一个数进行运算，并把结果显示在单元格中。

37. 如何使用公式的自动求和功能

求和计算是一种很常见的公式计算。因此 Excel 提供了很快捷的自动求和方法。用户可以使用工具栏上的“自动求和”按钮 Σ· 来进行快速求和运算。而其右边的下拉箭头中可以选择“平均值”、“计数”等五种运算之一。若选中空白单元格打开“自动求和”下拉菜单，单击“其他函数”命令，可以激活“插入函数”对话框，完成在当前单元格中插入函数的任务。

方法为：

（1）将光标移到要放置求和结果的单元格上，然后单击工具栏上的“自动求和”按钮旁边的下拉菜单，从中选择一种常用的函数，比如“SUM”。

（2）用鼠标选择需要进行运算的单元格或区域。

（3）最后按 Enter 键或者单击“输入”按钮 ✔，结束操作。

38. 如何利用单步执行检查公式错误

Excel 中提供的函数是十分丰富的。但是在使用一些比较复杂的嵌套函数时，一旦出现错误，要找到错误原因是比较困难的。请问有什么好的方法来查找公式函数中的错误吗？

可以利用“公式求值”功能来一步一步执行函数，这是一个准确找出错误的好办法。由于“公式求值”不是系统默认的按钮，所以需要先将其添加到工具栏。

（1）单击“工具”菜单中的“自定义”命令，在弹出的对话框中选择“命令”选项卡。

（2）在“类别”列表中选择“工具”项，在“命令”列表中选择“公式求值”项，最后将其拖到工具栏上。

（3）选择包含函数的单元格，然后单击“公式求值”按钮，在出现的对话框中，会用下划线表示公式中的执行步骤。

（4）通过“求值”按钮，可以一步一步地执行公式，同时观察下划线表达式的运算结果是否正确，从而找出公式的错误之处。

39. 如何快捷输入函数参数

系统提供的函数一般都有好多不同的参数，可以利用组合键在输入函数时快速地查阅该函数的各个参数功能。

方法为：

先在编辑栏中输入函数，然后按 Ctrl+A 组合键，系统就会自动弹出该函数的参数输入选择框，此时就可以直接利用鼠标单击来选择各个参数。

40. 如何快速数值运算

多个单元格内的数据如果需要与某一个数进行加、减、乘、除，并且不希望增加新的数据单元格，采用公式进行计算会很麻烦。如果使用“选择性粘贴”则有事半功倍的效果。

有 A1：A8、C6：C12 等多个数据区域，想让其中的数据同时加上 18，方法为：

（1）先在一个空白单元格中输入 18，将其选中后单击工具栏中的“复制”按钮，再按下 Ctrl 键将要加上 18 的单元格全部选中。

（2）单击菜单命令“编辑”/“选择性粘贴”，打开“选择性粘贴”对话框，选中“运算”下的“加”并单击“确定”按钮，所选单元格中的数据就会变为加上 18 的结果。

如果要对单元格中的数据执行其他运算，只需在对话框的“运算”下选中减、乘、除等运算即可。

41. 如何在函数中快速引用单元格

在函数使用时，常常需要用单元格名称来引用该单元格的数据。如果要引用的单元格太多、太散的话，那么逐个输入就会很麻烦。遇到这种情况时，可以试试下面的方法。

以 SUM 函数为例。我们在公式编辑栏中直接输入“=SUM()”，然后再将光标定位至小括号内。接着按住 Ctrl 键，在工作表中利用鼠标选择所有参与运算的单元格。这时会发现，所有被选择的单元格都自动地填入了函数中，并用“,”自动分隔开。输入完成后按 Enter 键，结束操作。

42. 如何快速找到所需要的函数

函数应用是 Excel 中经常要使用的。可是如果对系统提供的函数不是很熟悉，可以使用下述方法非常容易地找到需要的函数。

假如需要利用函数对工作表数据进行排序操作，方法为：

（1）单击工具栏的“插入函数”按钮，在弹出的对话框的“搜索函数”项下面直接输入所要的函数功能，如直接输入“排序”两个字。

（2）单击“转到”按钮，在下面的“选择函数”对话框中就会列出好几条用于排序的函数。单击某个函数，在对话框最下面就会显示该函数的具体功能。

如果觉得还不够详细，还可以单击“有关该函数的帮助”链接来查看更详细的描述。这样就再也不会为不懂函数而头痛了。

43. 如何快速实现矩阵型数据区域求和

在一个比较大的工作表中，需要对输入的数据进行横向和纵向的求和，请问有什么快捷的方法吗?

对这种矩阵形状的数据进行行和列的求和，可以使用如下快捷的方法：

如要对数据矩阵进行横向求和，则首先用鼠标拖动操作选择整个数据矩阵，同时还要多选择一空白列。然后单击工具栏上的“Σ”按钮。这样会发现多选择的那一个空白列中已经自动填入了对应行求和得到的结果了。

同样，如果要按列方向求和，则只要多选择一行；如果要同时对行和列进行求和，就多选择一行和一列，最后单击“Σ”按钮即可。

不过用这种方法来求和时，必须保证所有的单元格都是直接输入的数据，不能是通过函数式计算得到的数据。否则在该单元格前的所有单元格数据都不会参与求和。

9-2　公式、函数应用故障处理速查

1. 单元格中为什么出现#####错误

在 Excel 计算过程中常常会出现#####错误。

这可能是因为该单元格中公式所产生的结果太长，致使该单元格容纳不下的缘故。另外这也可能是对日期或时间做减法时出现了负值所造成的。

2. 单元格中为什么出现#DIV/0！错误

在 Excel 计算过程中常常会出现#DIV/0!错误。

这肯定是除法公式出了问题，需要检查一下除数是否为 0，或者除数是否指向了一个空单元格（以及包含空单元格的单元格）。

3. 单元格中为什么出现#VALUE 错误

在 Excel 计算过程中常常会出现#VALUE 错误。

有两种原因可以导致这种信息的出现：一是因为在需要数字或逻辑值时却输入了文本；二是在需要赋单一数据的运算符或函数时，却赋给了一个数值区域等。

4. 单元格中为什么出现#NAME？错误

在 Excel 计算过程中常常会出现#NAME？错误。

顾名思义，这是在公式中使用了 Excel 不能识别的文本而产生的错误，也可能是删除了公式中使用的共同名称或使用了不存在以及拼写错误的名称所致。

5. 单元格中为什么出现#N/A 错误

在 Excel 计算过程中常常会出现#N/A 错误。

很明显，这是在函数或公式中没有可用数值时产生的错误信息。如果某些单元格暂时没有数值，可以在这些单元格中输入“#N / A”，这样，公式在引用这些单元格时便不进行数值计算，而是返回“#N / A”。

6. 单元格中为什么出现#REF 错误

在 Excel 计算过程中常常会出现#REF 错误。

单元格中出现这样的信息，是因为该单元格引用无效的结果。比如，我们删除了有其他公式引用的单元格，或者把移动单元格粘贴到了其他公式引用的单元格中。

7. 单元格中为什么出现#NUM 错误

在 Excel 计算过程中常常出现“#NUM!”错误。

这是在公式或函数中某个数字有问题时产生的错误信息。例如，在需要数字参数的函数中使用了不能接受的参数，或者公式产生的数字太大或太小等。

8. 单元格中为什么出现#NULL 错误

在 Excel 计算过程中常常会出现#NULL!错误。

在单元格中出现此错误信息时，这是试图为两个并不相交的区域指定交叉点时产生的错误。例如，使用了不正确的区域运算符或不正确的单元格引用等。

9. 为什么看不到函数输入时的参数提示

平时在手动输入函数时，在输入过程中屏幕会显示一个提示条，可不知为什么现在没有了。请问该如何开启这种提示功能?

要开启函数的参数提示功能，方法为：

单击“工具”菜单中的“选项”命令，在弹出的对话框中选择“常规”选项卡，然后选择“函数工具提示”复选框即可。

第 10 章

Excel 2003 图表、图形编辑技巧与故障处理速查

Office 2003 高效办公速查 1000——→本章内容

10-1 图表、图形编辑技巧速查

1. 如何更改图表类型

如果用户对创建的图表不满意，就需要对图表的类型进行修改。我们大可不必重新使用“图表向导”来重新生成，而是直接从已有的图表来选择新的图表类型。

具体方法为：

（1）选定需要修改类型的图表，然后单击菜单命令“图表”/“图表类型”，弹出“图表类型”对话框。

（2）在“标准类型”选项卡中选择所要更改的图表类型。也可以使用“自定义类型”选项卡。

（3）单击“确定”结束操作。

这样新的图表类型就代替原有的图表类型了。

2. 如何准确选择图表中的元素

图表中的元素是很多的，而且它们的位置常常连接紧密，元素的覆盖范围又小，所以用鼠标直接单击选取实在不容易选中。有什么更好的办法吗？

鼠标对选择图表元素实在有点不太方便，但是如果用键盘来操作就会又快又准。

方法为：

首先利用鼠标左键双击该图表，使其处于编辑状态，然后利用上、下方向键来选择不同的元素组，利用左、右方向键在相同组的元素中选择。

3. 如何使用图表向导创建图表

在 Excel 中我们也可以使用“图表向导”来快速方便地建立数据分布图。

方法为：

（1）选取表格中的某个空白单元格区域，然后单击菜单命令“插入”/“图表”，在出现的“图表向导－4 步骤之 1－图表类型”对话框的“图表类型”框中选取适当的图形方式，Excel 中提供了 14 种图形供我们选择，在这里选择“直线图”。

（2）单击“下一步”按钮，出现“图表向导 – 4 步骤之 2 – 图表类型”对话框。单击“数据区域”框中右边的按钮，在弹出的新对话框中用鼠标选中所要建立图表的数据来源，然后回到上面的窗口中。

（3）单击“下一步”按钮，出现“图表向导 – 4 步骤之 3 – 图表类型”对话框。在这个对话框中可以设置图表的标题、分类（X）轴、数值（Y）轴、网格线、图例、数据标志、数据表等。具体的设置根据自己的需求。

（4）单击“下一步”按钮，出现“图表向导 – 4 步骤之 4 – 图表类型”对话框。在该对话框中选择一种插入图表的方式，其中有两个选项：一是“作为新工作表插入”，二是“作为其中的对象插入”。在这里选中“作为其中的对象插入”，这也是系统的默认值。

（5）单击“完成”按钮，结束操作。

这时所设置的图表就会显示在工作表中，可以对该图表的大小、位置进行修改。

4. 如何创建个性化的三维立体图表

利用系统默认的方法创建的三维立体图表往往达不到希望的效果，能不能对它进行个性化的设置?

能，方法为：

（1）首先选择三维立体图表，然后单击“图表”菜单中的“设置三维视图格式”命令。

（2）此时出现“设置三维视图格式”对话框。其中，左上角的两个按钮用来调节“上下仰角”，下边的两个按钮是用来调节“左右转角”的，右边的两个按钮可以用来调节“透视系数”（通过取消“直角坐标轴”得到）。或者也可以在各个输入框中直接输入相应的数值来精确调节。

（3）设置完毕，单击“关闭”按钮即可。

5. 如何改变图表的大小和位置

如果觉得嵌入图表的位置不合适，可以进行调整，方法为：

首先选中该图表，然后只要利用鼠标拖动至新的位置释放即可。

如果要调整图表的大小以适合窗口大小，方法为：

将鼠标指针移动到某个控制手柄上，此时光标会变成不同形状的箭头，只要按住鼠标进行拖动即可调整图表大小。

6. 如何利用组合键直接在工作表中插入图表

请问有比用菜单命令更快捷的方式来插入图表吗?

当然有，可以利用组合键。先选择好要创建图表的单元格，然后按下“F11”键或按下“Alt + F1”组合键，都可以快速建立一个图表。这种方式创建的图表会保存为一个以“chart + 数字”形式命名的工作表文件，可以在编辑区的左下角找到并打开它。

除了利用组合键外，还可以利用快捷按钮来实现。系统提供的该功能的快捷按钮不是默认的显示按钮，需要自行添加。单击“工具”菜单中的“自定义”命令，然后选择“命令”选项卡，在“类别”列表中选择“制作图表”项，再在“命令”列表中找到“默认图表”项，将其拖动到工具栏的适当位置。以后只要单击该按钮就可以完成图表的创建了。该方法创建的图表和用菜单命令创建的一样，直接插入到当前工作表中。

7. 如何断开图与数据的联系

我们知道，图表中的数据系列是与存储在工作表的数据相联系的。可以采取一定措施断开这种联系，使得数据系列不再依赖工作表中的数据。

方法为:

选择图表中的数据系列，激活编辑栏，按 F9 键，再按 Enter 键即可。这样就把该数据系列的区域引用公式转变为包含工作表数据的数组，从而断开了图与数据的联系。

如果图中所有数据系列的联系都被断开，图就变成了一个不依赖工作表中数据的“死”图了。

8. 如何更改数据源

有时候，我们可以更改数据图表的数据源。

方法为:

(1)单击要进行数据源更改的图表，使它处于被选择状态，然后单击菜单命令“图表”/“源数据”，弹出“源数据”对话框。

(2)在“数据区域”中重新设置新的数据区域。如果要更改或者删除一些系列的话，可以选择并打开“系列”选项卡进行操作。

(3)最后单击“确定”按钮，结束操作。

9. 如何改变标题

对于数据图表中的标题不满意的话，可以按如下的方法进行重新编辑：

有两种方法可以进行，分别是直接输入法和菜单法。

（1）直接输入法。直接用鼠标单击数据图表内的标题，当光标呈输入状态时就可以直接修改图表标题了。

（2）菜单法。单击菜单命令“图表”/“图表选项”，在弹出的“图表选项”对话框中选择“标题”选项卡，然后在“图表标题”栏中就可以修改标题了。

10. 如何为图表设立次坐标轴

由于数据之间的差值太大，有时在建立好的图表中几乎无法看清楚数据太小的项目。有没有什么办法让各个项目都清晰可见，而且又不会影响图表的结构?

有，方法为：

（1）在原图表中选择该数据系列，然后单击鼠标右键，在出现的菜单中单击“数据系列格式”命令。

（2）选择“坐标轴”选项卡，再选择“次坐标轴”按钮即可。

这时会发现在图表的右边多了一个新的坐标轴，该数据系列会以该坐标轴的比例来显示。为了以示区别，该系列数据会比其他数据系列粗一些。

11. 如何改变图例的放置位置

用户可以改变数据图表中的图例的位置。

方法为：

（1）单击要更改图例的数据图表，然后单击菜单命令“图表”/“更改图表”。

（2）在弹出的“图表选项”对话框选择“图例”选项卡，选中复选框“显示图例”表示显示图例，否则就是隐藏图例。一般为选中状态；在“位置”栏中调整图例的放置位置，可以根据空间的大小或从美观角度来调整图例的位置。

（3）最后单击“确定”按钮，结束操作。

12. 如何让图表也能绘制隐藏单元格中的数据

在为工作表单元格数据绘制图表时发现，如果单元格中的数据被隐藏起来，则无法在图表中表示。请问有什么办法让图表也能绘制隐藏的单元格数据？

图表无法绘制隐藏单元格数据的原因是系统默认“只绘制可见单元格数据”。只要改变该默认设置即可。

方法为：

（1）单击选择该图表，然后单击菜单命令“工具”/“选项”。

（2）在出现的对话框中选择“图表”选项卡，取消选择“只绘制可见单元格数据”复选框。

（3）单击“确定”按钮，结束操作。

13. 如何使用快捷键快速创建图表

当建立完 Excel 工作表，并输入完所有数据后，就需要创建图表使得数据更加直观地展现出来。使用向导创建图表的功能十分强大，但要花费一定的时间。如果你对图表的形式不是很在意的话，只需要使用某个快捷键就可以让系统快速地产生一个图表。

方法为：

选中要创建图表所需要的数据区域，按 F11 键，这时 Excel 将自动创建一个图表。此后就可以对该图表进行编辑，以符合我们的要求。

14. 如何为图表之间建立关联

由于实际需要，希望将工作表中的多个图表建立一种连线，用以表示它们之间的关系。请问有什么办法可以实现吗？

有，方法为：

（1）单击“绘图”工具栏上的“自选图形”工具按钮，在出现的菜单中选择“连接符”命令，然后在弹出下一级菜单中单击选择一种连接符类型。

（2）移动鼠标至要建立连接的图表区，这时鼠标指针就变成了一个中间为正方形并带有四条放射线的形状。

（3）移动鼠标到任意一个图表边界上，再单击一下，就建立了起始连接点。

（4）再移动鼠标至另一图表，单击该图表中的任意一个小点，这样就为两个图表建立了连接。

要建立其他连接，重复以上操作就可以了。

15. 如何创建组织结构图

我们可以利用 Excel 提供的功能来创建一个单位或部门的组织结构图，方法为：

（1）将光标移动到需要插入组织结构图的单元格中。

（2）单击菜单命令“插入”/“图片”/“组织结构图”命令，即可在工作表中插入组织结构图框架。

（3）随后利用刚出现的“组织结构图”工具栏，完善该图。比如，如果要增加一个“下属”，则单击“插入形状”下拉菜单并选择“下属”；增加“同事”或“助手”的操作类似；如果对组织结构图的样式不满意，可以单击“版式”下拉菜单进行选择。

此外还可以对该组织结构图使用“自动套用格式”，以美化该图。

16. 什么是趋势线？如何使用趋势线

趋势线是以图形的方式显示数据的预测趋势，并用于预测分析。它可以反映一个产品在几个时间段中市场占有率的变化曲线，使用它我们可以很直观地看出一个牌子的产品的市场占有率的变化。那么如何使用“趋势线”的功能呢？

方法为：

（1）单击要添加趋势线的数据系列。

（2）单击菜单命令“图表”/“添加趋势线”，弹出“添加趋势线”对话框。这里需要说明的是：我们必须在工作表中插入图表后，菜单栏中才会有“图表”菜单。

（3）在“趋势预测/回归分析类型”栏下，选中一种类型。

（4）在下面的“选择数据系列”列表框中选择“张三”。

（5）选择“选项”标签，在“趋势预测”栏中的“前推”、“倒推”框中输入一定的数值，就可以看到趋势线的趋势预测了。

（6）最后单击“确定”按钮。这时，图表中就多了一条我们刚刚添加的关于张三成绩的趋势线。

17. 如何在图表中增加数据表

为单元格数据建立图表，虽然可以非常直观地了解数据之间的相对关系和变化，但是相对我们平时常用的数据表格来说，对单个数据的描述不是很清楚。可以在图表中增加数据表吗?

可以，方法为：

（1）选定整个图表，单击鼠标右键，在打开的快捷菜单中单击“图表选项”命令。

（2）在出现的对话框中选择“数据表”选项卡，然后选择“显示数据表”复选框，最后单击“确定”按钮，结束操作。

这样，在原来的图表中就增加了一个数据表。

18. 如何选用图表类型

在创建图表时，我们有 14 种标准的图表类型可以选择，而每一种都具有多种组合和变换。用户可能迷惑了，到底选用那一种图表更好呢？其实，没有一种图表是绝对好的，图表的选择是根据数据的不同和使用要求的不同来选择的。

下面给出了一些常用图表的介绍和应用范围、规则。

（1）面积图：显示一段时间内变动的幅值。当有几个部分正在变动，而你对那些部分总和感兴趣时，它们特别有用。面积图使你看见单独各部分的变动，同时也看到总体的变化。

（2）条形图：由一系列水平条组成。使得对于时间轴上的某一点，两个或多个项目的相对尺寸具有可比性。比如：它可以比较每个季度、三种产品中任意一种的销售数量。条形图中的每一条在工作表上是一个单独的数据点或数。因为它与柱形图的行和列刚好是调过来了，所以有时可以互换使用。

（3）柱形图：由一系列垂直条组成，通常用来比较一段时间中两个或多个项目的相对尺寸。例如：不同产品季度或年销售量对比、在几个项目中不同部门的经费分配情况、每年各类资料的数目等。条形图是应用较广的图表类型，很多人用图表都是从它开始的。

（4）折线图：被用来显示一段时间内的趋势。比如：数据在一段时间内是呈增长趋势的，另一段时间内处于下降趋势，我们可以通过折线图，对将来做出预测。例如：速度-时间曲线、推力-耗油量曲线、升力系数-马赫数曲线、压力-温度曲线、转输功率代价-传输距离曲线等，都可以利用折线图来表示，一般在工程上应用较多。

（5）股价图：是具有三个数据序列的折线图，被用来显示一段给定时间内一种股票的最高价、最低价和收盘价。通过在最高、最低数据点之间画线形成垂直线条，而轴上的小刻度代表收盘价。股价图多用于金融、商贸等行业，用来描述商品价格、货币兑换率和温度、压力测量等。

（6）饼形图：在对比几个数据在总和中所占百分比值时最有用。整个饼代表总和，每一个数用一个楔形或薄片代表。饼形图虽然只能表达一个数据列的情况，但因为表达得清楚明了，又易学好用，所以在实际工作中用得比较多。如果想了解多个系列的数据时，可以用环形图。

（7）雷达图：显示数据如何按中心点或其他数据变动。每个类别的坐标值从中心点辐射。来源于同一序列的数据同线条相连。你可以采用雷达图来绘制几个内部关联的序列，很容易地做出可视的对比。

（8）XY 散点图：展示成对的数和它们所代表的趋势之间的关系。散点图的重要作用是可以用来绘制函数曲线，从简单的三角函数、指数函数、对数函数到更复杂的混合型函数，都可以利用它快速准确地绘制出曲线，所以在教学、科学计算中会经常用到。

19. 如何制作斜线表头

在 Excel 2003 中没有“绘制斜线表头”这项功能，以致在 Excel 2003 表格中插入表头时不得不用直线工具来绘制，这样做一来很麻烦，二来文字的位置也不易调整。可以利用 Word 2003 中的绘制斜线表头功能在 Excel 2003 中轻松插入斜线表头。

方法为：

（1）在 Excel 2003 中制作好一张表格并留出放置斜线表头的位置。

（2）接下来在 Word 2003 中绘制斜线表头。

①创建一个新文档，并使用“插入表格”工具插入一个二列的表格。选中表格中左上角的单元格，单击“表格”菜单，在出现的下拉菜单中单击“绘制斜线表头”命令，弹出“绘制斜线表头”对话框，该对话框共提供了五种斜线表头的样式，根据需要选择一种样式，并设置适当的字号，然后在行标题栏中分别填入各栏的标题，完成后单击“确定”按钮，则“插入斜线表头”对话框被关闭，在被选中的单元格中插入了一个斜线表头。

②用鼠标单击斜线表头，当在四周出现控点后，用鼠标选中它，按 Ctrl+C 组合键将它复制到“剪贴板”上。

（3）关闭 Word 2003 回到 Excel 2003 中，将斜线表头框架粘贴到工作表中并移动到要放置斜线表头的位置。

（4）调整斜线表头框架及它要覆盖的单元格的大小，选择所有被斜线表头覆盖的单元格，单击工具栏上的“合并单元格”按钮，将它们合并起来，则一个带有斜线表头的 Excel 工作表就制作完毕了。

提示!!

如果调整效果始终不能满意，则可选择斜线表头框架，右击鼠标选择“取消组合”命令，将斜线表头框架打散重新调整各部分的位置，然后再将它们组合起来即可。

20. 如何快速插入图表

要在 Excel 2003 中插入图表有许多种方式，但操作起来都不太方便快捷。根据笔者的实际经验，下面的这种方法比较快捷好用：在制作好的表格文件中，选择好要插入图表的区域，然后按 Alt+F1 键即可。

21. 如何在图表中增加可移动的文本内容

可以在图表中的任何地方增加可移动的文本内容（不限于标题）。

方法为：

选定图表除标题或数据系列外的任何部分，然后在编辑栏中输入文本内容，接着按 Enter 键，图表中就自动生成包含键入内容的文本框。并且可以把它移到任何地方并根据自己的喜好改变文本框的格式。

22. 如何直接为图表增加新的数据系列

如果不重新创建图表，要为该图表添加新的单元格数据系列，该怎么做？

方法为：

（1）选择要增加为新数据系列的单元格，然后将单元格中数据“复制”到剪贴板上。

（2）再选择该图表，单击菜单命令“编辑”/“选择性粘贴”，在出现的对话框中选择“新建系列”单选按钮，同时设置好数据轴。

（3）单击“确定”按钮，结束操作。

23. 如何绘制函数图像

函数图像能直观地反映函数的性质，用手工方法来绘制函数图像效果不太好，而用 Excel 绘制函数图像非常简便，所作图像非常标准、漂亮。

方法为：

（1）首先打开电子表格的操作窗口，然后用鼠标选择菜单栏中的“新建”命令，这时屏幕上会出现一个空白的电子表格。

（2）在表格 A 列的 A1 格输入“X=”，表明这是自变量，再在 A 列的 A2 及以后的格内逐次从小到大输入自变量的各个值；实际输入的时候，通常应用等差数列输入法，先输入前三个值，定出自变量中数与数的距离，然后单击 A2 格，按住鼠标拖到 A4 格选中这三项，使这三项变成一个黑色矩形，再用鼠标单击这黑色矩形的右下角的小方块，当光标变成“十”字后，按住鼠标拖动光标到适当的位置，完成自变量的输入。

（3）在 B 列的 B1 格中输入函数式 y=1/x，然后单击函数输入对话框旁的钩，B2 格内马上可以得出计算的结果。这时再选中 B2 单元格，让光标单击 B2 矩形右下角的方框，当光标变成“十”时按住光标沿 B 列拖动到适当的位置即完成函数值的计算。

提示!!

一定要把该函数中自变量 x 的位置输入前面 A 列自变量的绝对位置 A2 格，这样下面计算的时候才会对不同的自变量进行计算。

（4）单击工具栏上的“图表向导”图标，在出现的各种图表格式图标中选择“X、Y 散点图”，然后在出现的“X、Y 散点图”类型中选择“无数据点平滑线散点图”。这时可按住鼠标查看即将绘好的函数图像。另外，对于自变量仅为正值的函数，也可用“图表向导”中的“折线图”格式绘制。

24. 实现自定义图表的插入

用 Excel 制作的表格可以直观形象地用图表的形式表示出来，可是如果你插入的工作图表明是比较特殊的，每次插入时都要修改其中的参数和格式，工作量也就可想而知了，Excel 中提供了一种自定义的图表模式，只要将自己的图表模式编辑在其中，需要时就可以随意插入，而不必再进行繁琐的设置了。

方法为：

（1）首先将工作表编辑成一个图表。

（2）移动鼠标到图表，单击右键，在出现的菜单中选择“图表类型”，Excel 中便会出现一个“表格类型”窗口，选择“自定义类型”栏以及下方的“自定义”，这样刚才编辑好的图表缩略图就会出现在右侧的窗口中了。

（3）最后用鼠标单击一下“添加”按钮，输入标题后，图表的固定格式就被保存在 Excel 中了，如果下次再插入同类型的图表，在插入图表的“自定义”栏中就会出现这个图表模式了。

25. 如何快捷地绘图

系统提供的绘图工具实在不好用，每次选择一个绘图按钮后，只能画一次，就算接着马上画同样的图形也要重新选择一次该工具。请问有什么办法让绘图更快捷吗？

其实系统提供的绘图操作是很方便的，如果要利用同一个工具按钮来绘制多幅图，只要用鼠标左键双击一下该按钮即可，这样就可以反复绘制了。如果要取消，只要再单击一次该按钮即可。

26. 如何将单元格复制成图片

在 Excel 中，我们经常会看到一些插入的表格图片，有没有办法将自己制作出来的表格简单地做成图片呢？

方法为：

（1）按住鼠标左键，选定要复制成图片的 Excel 工作区域（工作单元格）。

（2）按住 Shift 键，单击“编辑”/“复制图片”命令，出现“复制图片”对话框。

提示!!

> 一定要一直按住 Shift 键，才会出现“复制图片”命令。并且，在整个操作过程中也得一直按住 Shift 键。

（3）按照提示设置对话框中的“外观”和“格式”选项，一般设置为“屏幕提示”和“图片”。

（4）单击“确定”按钮，就将选定的单元格复制成图片了。

（5）选择要放置图片的位置，然后按住 Shift 键，单击“编辑”/“粘贴图片”命令，将图片复制到当前位置。

同时，你也可以移动图片，更改该图片的大小（直接使用鼠标拖动就可以了），另外还可以将复制出来的图片放到其他的图形编辑器中进行编辑。

27. 如何将工作表型图表转换成对象型图表

可以将利用组合键创建的工作表形式的图表，以对象的形式插入到其他工作表吗?

可以，方法为：

（1）打开该图表文件，然后单击鼠标右键，在出现的菜单中单击“位置”命令。

（2）在出现对话框中单击“作为其中的对象插入”按钮，在下拉选择列表框中选择要插入到的数据工作表名称。

（3）单击“确定”按钮即可。

同时，利用该命令也可以将对象型图表转换为工作表型图表。

28. 如何合并两个单元数据

在进行 Excel 的操作中，经常碰到将单元内容合并起来的情况。如要将单元 A3 中的“123”和另一单元 B6 中的“456”合并成“123456”，而不是为“123+456=579”这样的结果。

方法为：

先在编辑栏中输入“=123&456”，单击“确定”按钮后，就可以轻松实现。

提示!!

> 文本运算符“&”还可以像函数一样使用单元格地址，比如在编辑栏中输入上文中两个单元格地址“=A3&B6”确定后同样可以得到“123456”这样的结果。

29. 如何为图表添加文字说明

为了更好地让别人理解所建立的图表，需要对图表进行一些必要的说明。请问该如何在图表中添加文字说明？

方法为：

首先选中该图表，然后在“编辑栏”直接输入需要添加的文字说明，完成后按下 Enter 键即可。此时在图表中会自动生成一个文本框来显示刚才输入的文字。同时还可以通过拖动操作来改变其在图表中的位置，并且可以自由地调整文本框的大小。

30. 在图表中如何实现文本框与单元格的链接

怎样将工作表单元格中的内容同图表文本框进行链接呢？

方法为：

（1）在工作表的空白单元格内输入要链接的文本，然后单击选中图表，在编辑栏输入等号“=”。

（2）单击包含要链接文本的单元格，按 Enter 键，该文本就出现在图表中的某个位置上。

这样，不管什么时候工作表单元格内的文本发生变化时，图表内的文本也随着改变。

提示!!

一旦取消了选中文本框，就很难再用鼠标选中该文本框进行进一步的修改，此时可以使用箭头键移动选择图表元素。

31. 如何将单元格中的文本链接到图表文本框

希望系统在图表文本框中显示某个单元格中的内容，同时还要保证它们的修改保持同步，这样可以实现吗？

这个是完全可以实现的，只要将该单元格与图表文本框建立链接关系就行。

方法为：

首先单击选中该图表，然后在系统的编辑栏中输入一个“=”符号，再单击选中需要链接的单元格，最后按下 Enter 键即可完成。此时在图表中会自动生成一个文本框，内容就是刚才选中的单元格中的内容。如果下次要修改该单元格的内容时，图表中文本框的内容也会相应的被修改。

32. 如何向图表中自动更新智能图表

在很多情况下，制作了一个图表后，经常需要向图表添加新的数据点。更新一个图表的引用数据范围并不难，只要使用一些特殊技巧，就可以创建一个在对工作表增加或删除数据点时会自动更新的智能图表。

方法为：

（1）创建一个图表。

（2）单击菜单命令“插入”/“名称”/“定义”，出现“定义名称”对话框。

（3）在“当前工作簿中的名称”栏中输入“月份”，在“引用位置”栏内输入公式“OFFSET（sheet1!$A$2,0,0,COUNTA（sheet1!$A:$A）-1）”，然后单击“添加”按钮。再单击“确定”按钮，关闭“定义名称”对话框。

（4）激活图表，并选择数据系列。此时就能看到编辑栏中的公式为“=SERIES（Sheet 1!$B$1,Sheet 1!$A$2:$A$7,Sheel 1!$B$2:$B$7,1）”。然后修改此公式为“SERIES（Sheet 1!月份，Sheet1!贷款，1）”，即用已定义的名称取代单元格区域引用。

这样，自动更新的智能图表就制作好了。以后，当你在 A 列和 B 列增加或删除数据时，图表就会自动更新。

33. 巧借 Excel 在 AutoCAD 中绘曲线

方法为：

（1）在 Excel 中输入坐标值。我们将 x 坐标值放入 A 列，y 坐标值放入 B 列，再将 A 列和 B 列合并成 C 列。由于 AutoCAD 中二维坐标点之间是用逗号隔开的，所以在 C2 单元格中输入：=A2&〃，〃&B2，此时 C2 中就出现了一对坐标值。

（2）用鼠标拖动的方法将 C2 的公式进行复制，就可以得到一组坐标值。

（3）选出所需画线的坐标值，将它们复制到剪贴板上。

（4）打开 AutoCAD，在命令行处键入 spline（画曲线命令），出现提示：“Object/：”，再在此位置处单击鼠标右键，弹出菜单，在菜单中选择 Paste 命令，这样在 Excel 中的坐标值就传送到了 AutoCAD 中，并自动连接成曲线。单击鼠标右键，取消继续画线状态，曲线就画好了。

10-2　图表、图形编辑故障处理速查

1. 为什么工作簿标题中出现“:1”或“:2”

这说明为活动工作簿打开了多个窗口。切换至需要关闭的窗口，然后

单击窗口右上方的“关闭”按钮。

> 提示!!
> (1)控制工作簿窗口的“关闭”按钮位于 Microsoft Excel 菜单栏的右端(如果窗口处于最大化状态),或在工作簿窗口的标题栏上。
> (2)如果在打开多个窗口时保存并关闭工作簿,当下次打开工作簿时这些窗口仍会自动打开。如想下次打开工作簿时只有一个窗口打开,请先关闭除一个以外所有的窗口,然后保存并关闭工作簿。

2. 为什么不能导入图形

可能是由于没有在正确的文件夹中安装恰当的图形过滤器,或者图形过滤器损坏。解决的方法是:从 C:\ Program Files \ Common Files \Microsoft Shared \ Graphifits 文件夹中删除相应的图形过滤器,然后运行安装程序重新安装新的图形过滤器。

3. 为什么撇号(')、脱字符(^)或引号(")出现在编辑栏上而非单元格中

这些字符均为格式代码,可能出现在由 Lotus 1-2-3 创建的文档中,或是由于使用了 Lotus 1-2-3 中的常用键。在 Lotus 1-2-3 格式下,省略符(')指出左对齐文本,引号(")指出右对齐文本,脱字符(^)指出中间对齐文本。

要删除代码,则单击菜单命令“工具”/“选项”,再单击“1-2-3 的帮助”选项卡,然后清除“Lotus 1-2-3 常用键”复选框即可。

4. 为什么无法重命名工作表

检查工作簿是否被保护,要重命名工作表,就需要撤销整个工作簿的保护,方法为:

单击菜单命令“工具”/“保护”,然后单击其中的“撤销工作簿保护”命令。

如果需要输入密码,请键入在保护工作簿时设置的密码。

> 提示!!
> 密码是区分大小写的。因此,一定要严格按照当初创建的格式输入密码,包括其中的字母大小写格式。

5. 为什么无法最大化或关闭工作簿窗口

“最大化”和“关闭”按钮不会显示在受保护的窗口上。

要删除保护，则单击菜单命令“工具”/“保护”，然后单击“撤销工作簿保护”。

> 提示!!
> 如果系统提示输入密码时，就输入密码。如果不知道密码，那么将无法删除保护。

6. 为什么绘制的任意多边形不能按照要求对齐

请试着通过移动来使对象对齐，不要使用“绘图”工具栏上的“绘图”按钮中的“对齐或分布”命令。

方法为：

（1）使用“绘图”菜单中的“微移”命令，可以将对象每次移动一个像素。如果在“绘图”菜单的“对齐”选项中选中了“对齐网格”或“形状”命令，则每次可将对象移动一个单元格或一个图形位置。

（2）如果在“绘图”菜单的“对齐”选项中已经选中了“对齐网格”命令，又要暂时取消此命令，请在拖动任意多边形时按住 Alt 键。

7. 为什么难以控制手画图形的效果

采取如下措施，可以尽量解决该问题：

（1）增加“显示比例”下拉编辑框中的显示比例值，因为在 200% 显示比例时绘制细节更容易。

（2）单击“绘图”工具栏上的“自选图形”按钮，再用“线条”选项中的“任意多边形”工具取代“自由曲线”工具进行绘图。

（3）将 Windows“控制面板”中的鼠标跟踪速度设置为最低值，因为在较低的跟踪速度下绘图更容易控制绘图过程。

8. 取消了某个绘图对象组却不能将其重新组合

如果正在对屏幕上的多个绘图对象组进行操作，请确保当前选定的绘图对象就是需要重新组合的对象组中的对象。如果在关闭 Microsoft Excel 之后又要重新组合被解散的对象，则需要按住 Shift 键再单击每个对象来选定对象组，然后单击“绘图”工具栏上的“绘图”按钮，在随后显示的菜单选项中单击“组合”命令。

9. 在单击绘图对象或图形进行移动或编辑时，却运行了某个宏

这是因为已经将相应的绘图对象或图形指定为某个宏的运行开关，如果单击该对象或图形就会运行相应的宏。如果只想选定对象而不运行宏，方法为：

（1）用鼠标右键单击并选定对象，同时显示快捷菜单。

（2）单击“绘图”工具栏上的“选择对象”按钮，然后拖动鼠标选定所需的对象。

10. 为什么图表中的字体大小不停地变化

在默认状态下，图表中的文字会随着嵌入图表或图表工作表的图表区的大小改变而自动按比例地改变字体的大小。如果希望图表中的字体大小保持不变，方法为：

（1）单击图表边界和绘图区之间的空白区域选定图表区。

（2）单击菜单命令“格式”/“图表区”，再单击“字体”选项卡，接着清除“自动缩放”复选框。

11. 为什么在屏幕底部没有出现工作表标签

要显示工作表标签，则单击菜单命令“工具”/“选项“，再单击“视图”选项卡，然后选中“工作表标签”复选框。

12. 为什么图表中绘制的时间坐标间有间断

如果用作分类坐标轴的工作表数据含有使用日期格式的数字，Microsoft Excel 将自动在图表中应用一种称为时间刻度坐标轴的特殊类型坐标轴。时间刻度坐标轴将没有日期的数据显示为空白分类。如果不希望看到这些间断，例如，如果有 1-Jan、15-Jan、3-Feb、12-Feb 和 2-Mar 这样一些日期，并且希望将这些日期彼此紧靠着绘制，可以将时间刻度坐标轴改变为标准分类坐标轴。

方法为：

先单击选定图表，再单击“图表”菜单中的“图表选项”命令，接着在“坐标轴”选项卡的“分类（X）轴”选项下单击“分类”命令即可。

13. 为什么没有足够内存创建数据透视表或数据透视图报表

（1）检查内存使用设置：如果报表是基于外部非 OLAP 源数据，则单击消息框中的“确定”按钮。要再次创建报表，可在向导的步骤 3 中单击“选项”，接着选中“外部数据选项”下的“优化内存”复选框。

（2）使用页字段以节省内存：如果进行内存优化后仍不能通过外部数据创建数据透视表或数据透视图报表，则可以按如下方式创建一个或多个页字段，使得在选择每一项时，都会检索外部数据：在向导的步骤 3 中，单击“版式”，然后将一个或多个页字段拖动到页区域中，接着双击某一页字段，然后单击“高级”，在出现的对话框的“页字段选项”下单击“当选择页字段项时，检索外部数据源（节省内存）”复选框。

（3）简化报表：请确保没有添加太多字段。如果要使用大量的字段，可将它们添加为行字段（数据透视表报表中）、系列字段（数据透视图报表中）或页字段。

提示!!

页字段使用的内存最少。行或系列字段使用的内存少于列字段（数据透视表报表中）或分类字段（数据透视图报表中）。

（4）根据某个数据透视表报表的相同数据构造多个报表：当创建数据透视表或数据透视图报表时，Microsoft Excel 将为报表创建一个中间存储区。如果要创建来自同一数据源的多个报表，那么对于第二个或以后的报表，最好在数据透视表向导的步骤 1 之中选择“另一数据透视表或数据透视图”。如果选择了该项，则这些报表会使用同一中间存储区，而不会为每一个数据透视表都创建一个备份，这样可以节省内存。

（5）简化文件：减少工作簿中数据透视表和数据透视图报表的个数。

（6）在单个文件中创建报表：如果数据透视表或数据透视图报表是基于 Microsoft Excel 数据清单的，则可以根据包含该数据清单的工作簿在单个工作簿中创建报表。也就是说，数据清单和报表不必同时位于内存中。请记住，创建数据透视图报表时，与数据透视图报表相关联的数据透视表报表必须位于同一工作簿中。

14. 数据透视图报表上没有字段按钮，无法更改布局

（1）查看是否隐藏了字段按钮。可能选择了“隐藏数据透视图字段按钮”选项。如果是这样，可通过清除选项的复选标记以显示字段按钮。

①单击该数据透视图报表。

②单击“数据透视表”工具栏上的“数据透视图”菜单，然后请单击下列操作之一：

如果要隐藏按钮，则选中“隐藏数据透视图字段按钮”复选框。

如果要显示按钮，则清除“隐藏数据透视图字段按钮”复选框的复选标记。

（2）查看报表是否已转换为静态或非透视图表。如果进行了以下操作，数据透视图报表将转换为静态图表：

①删除了相关联的数据透视表报表。

②将数据透视图报表复制或移动到新工作簿中。

③将含有报表的工作簿存储为 Microsoft Excel 95 或早期版本格式的工作簿，或将含有报表的工作簿另存为非 Excel 工作簿的格式。

15. 将绘图对象对齐后，对象却彼此叠放在一起

按照所选的对齐选项不同，对象可直接向上、向下、向左或向右移动，而且可能覆盖某些对象。使用“编辑”菜单中的“撤销”命令，可以取消不适当的对齐操作，然后在对齐之前将相应的绘图对象移动到新的位置。

16. 为什么复制和粘贴项目时，“剪贴板”工具栏不再显示

如果没有单击“剪贴板”工具栏上的“全部粘贴”按钮或任何收集的项目，同时又连续三次关闭了“剪贴板”工具栏，那么工具栏将不再自动显示。

要再次显示工具栏，则单击菜单命令“视图”/“工具栏”项，然后单击“剪贴板”命令。也可以通过连续两次复制某个项目来再次显示工具栏。

17. 为什么看不见绘图对象周围的边框

在为绘图对象添加三维效果后将关闭边框。

也可能是关闭了边框、边框颜色与背景色相同，或者为对象中添加了凸起或凹陷的阴影效果。如果要添加可见的边框，则选定相应的对象，再单击“绘图”工具栏上的“线条颜色”按钮右端的下拉箭头，然后单击其中所需的边框颜色。

第 11 章

Excel 2003 数据的筛选、排序和安全管理技巧速查

Office 2003 高效办公速查 1000——→本章内容

11-1 数据的筛选、排序

1. 如何使用自动筛选功能

数据的管理中有一项是经常要做的，就是筛选。就是在所有的数据中挑选出满足要求条件的数据进行显示，而其他的数据隐藏起来。而自动筛选是一种快速的方法。那么如何使用它呢?

方法为：

（1）单击数据清单中的任意一个单元格，然后单击菜单命令“数据”/“筛选”/“自动筛选”。

（2）此时，数据清单中的所有字段的右侧都会出现一个下拉箭头，单击某一字段的下拉箭头，在弹出的下拉菜单中选择要查找的选项。

①“升序排列”和“降序排序”：使得选中的列按照升序或者降序进行排列并显示。

②“全部”：显示所有的记录。

③“前 10 个”：显示数据清单前 10 个数据记录。需要注意的是：该选项只针对数值型字段有效。

④“自定义”：按照自己的定义条件进行筛选并显示。

⑤“59”、“90”、“100”等：分别显示单元格数据为“59”、“90”、“100”的记录。

⑥“空白”：只显示此列中单元格内容为空白的记录。

⑦“非空白”：只显示此列中单元格有数据的记录。只有当该列中有空白单元格时，“空白”和“非空白”这两个选项才出现。

（3）如果要取消“自动筛选”功能，只要再次单击菜单命令“数据”/“筛选”/“自动筛选”即可。

2. 如何自定义自动筛选

在“自动筛选”中，除了系统提供给我们的少数筛选条件外，更多的，我们要使用“自定义”选项来自定义筛选条件。那么如何来自定义筛选条件呢?

方法为：

（1）在使用“自动筛选”后，单击某一列右侧的下拉菜单，选择“自定义”。

（2）在弹出的“自定义自动筛选方式”的“显示行”栏下选择第一个条件。

（3）如果筛选要同时满足第二个条件，则设置第二个条件。

（4）设置以上两个条件的关系：“与”或者“或”。

（5）单击“确定”按钮。结束操作。

这样，系统就会按照用户自定义的筛选条件进行筛选。

3. 如何将表格中的数据筛选到另一张表格中

可以使用 Excel 中的“高级筛选”功能将一张表格中的数据筛选到另一张表格中。

方法为：

（1）在可用作条件区域的数据清单上插入至少三个空白行，条件区域必须具有列标题，且在条件值与数据清单之间至少留一个空行。

（2）在列标题下面的一行中输入所要匹配的条件。如果要查找一些字符相同但其他字符不一定相同的文本值，则可以使用通配符。

（3）单击数据清单中的单元格，然后单击菜单命令“数据”/“筛选”/“高级筛选”。如果要通过隐藏不符合条件的数据行来筛选数据清单，可单击“在原有区域显示筛选结果”项。

（4）单击“确定”按钮。结束操作。

4. 如何创建分类汇总

在创建分类汇总之前，需要先对数据清单进行排序，将关键字相同的一些记录集中在一起，此后就可以使用分类汇总功能了。

方法为：

（1）对需要分类汇总的数据清单进行排序，从而使相同的记录排在一起。

（2）选定数据清单中的任意一个单元格，然后单击菜单命令“数据”/“分类汇总”，弹出“分类汇总”对话框。

（3）在“分类字段”中选择需要进行的依据，在“汇总方式”栏中选择需要的汇总方式，在“选定汇总项”栏中，选择需要进行汇总的字段。

（4）单击“确定”按钮，结束操作。

这样，系统就会自动生成汇总信息。

5. 如何进行嵌套分类汇总

所谓嵌套分类汇总就是在原有的汇总之后再进行一次汇总，它更好地反映了数据的细节。

方法为：

（1）首先将汇总的数据进行排序，然后单击菜单命令“数据”/“分类汇总”。

（2）在弹出的“分类汇总”对话框的“分类字段”、“汇总方式”、“选定汇总项”中选择相应的选项。

（3）单击“确定”按钮，进行第一次汇总。

（4）再次单击菜单命令“数据”/“分类汇总”，在弹出的“分类汇总”对话框的“分类字段”、“汇总方式”、“选定汇总项”中选择相应的选项，并清除“替换当前分类汇总”复选框。

（5）单击“确定”按钮，结束操作。

这样就进行了嵌套汇总了。

6. 如何分级显示分类汇总

在创建完分类汇总后，分类汇总表中的左侧出现了一些按钮，它们是用来分级显示分类汇总的。其中：

+：显示细节按钮。单击此按钮会展开具体的分级汇总信息。

-：隐藏细节按钮。单击此按钮就会收回并隐藏分级汇总信息。

1：级别按钮。单击此按钮显示最上层分级汇总信息。

2：级别按钮。单击此按钮显示部分分级汇总信息。

3：级别按钮。单击此按钮显示全部分级汇总信息。

这样，用户可以利用这些按钮进行分类汇总信息的查阅，从而进行进一步的操作。

7. 如何按照自定义顺序进行排序

用户在 Excel 中进行的排序顺序都是系统默认的。有时这些默认的顺序并不能满足我们的需求。那么就要我们自己创建序列来进行排序了。那么如何按照自定义的顺序来排序呢？

比如我们要按照“第一名、第二名、第三名……”来进行排序，方法为：

（1）单击数据清单中的任意一个单元格，然后单击菜单命令“数据”/“排序”。

（2）在弹出的“排序”对话框中单击“选项”，在弹出的“数据选项”对话框的“自定义排序次序”栏中选择“普通”，在“方法”栏中选择“笔画顺序”。

（3）单击“确定”按钮，结束操作。

这样，系统就按照“一、二、三……”的笔画顺序来排列了。

8. 如何实现复杂数据的排序

在 Excel 编辑有时会遇到这种情况：某一列中的单元格数值都是类似于“类型 99346 数量 50 型号 1005”，但此时希望对其中的型号进行排序。那么该如何进行呢？这时候就需要利用“分列”功能来解决这样的问题。

方法为：

（1）选中要排序的列，单击菜单命令“数据”/“分列”。

（2）在弹出的“文本分列向导”对话框中，提供了两种分列形式，分别为“分隔符号”和“固定宽度”两种，可以视情况进行选择。这里选中“分隔符号”复选框，也是系统默认的形式。

（3）单击“下一步”按钮，在出现的对话框的“分隔符号”框中有五种形式提供我们进行分列，但是由于这个数据本身没有任何的分号、逗号等，所以在这里就需要选这些复选框。我们选中“其他”复选框，在框中输入“1005”前面的“号”字。

（4）单击“下一步”按钮，在对话框中单击“完成”按钮，结束操作。

这时，“类型 99346 数量 50 型号 1005”中的“1005”就从原来列中拆分开来，接下来我们就可以根据“1005”的字段进行排序了。

9. 如何根据多列数据进行排序

在一些工作中，对一项数据进行排序往往解决不了什么问题。这时就需要对多列数据进行排序。要进行多列排序，需要确定哪个字段是主关键字，哪一个是次关键字。确定了主关键字和次关键字后，Excel 就先按主关键字进行排序。对于主关键字相同的再按照次关键字进行排序。那么如何进行多列排序呢？

方法为：

（1）选中需要进行排列的列或行，然后单击菜单命令“数据”/“排序”。

（2）在弹出的“排序”对话框的“主要关键字”中选择字段，并在随后选择按“升序”排列还是“降序”排列；在“次要关键字”中选择字段，同样在随后的单选中选择按“升序”排列还是“降序”排列。

（3）如果有第三关键字，继续重复上面的操作。

（4）在“我的数据区域”选择“有标题行”。

（5）如果要对排序进行进一步设置，则单击“选项”，在弹出的“排序选项”对话框中进行设置。

（6）单击“确定”按钮，结束操作。

提示!!

> 一次排序最多只能同时使用 3 个字段进行，如果有大于 3 个字段需要进行排序，那么就得进行大于 1 次的排序。那么怎么分配好大于 3 个字段的排序顺序呢？在 Excel 中，当两个字段值大小相同时，会保留原来或者上次排序的顺序，所以应将最重要的字段放到最后来处理。

10. 建立数据清单的一般准则是什么

用户可以创建一个数据清单来管理数据。数据清单是包含相关数据的一系列工作表的数据行。创建数据清单时应注意以下问题：

（1）每个数据清单相当于一个二维表。

（2）一个数据清单最好单独占一个工作表。如果在一个工作表中存放了多个数据清单，则各个数据清单之间要以空白行或者空白列隔开；反之，在一个数据清单中不能放置空白行或者空白列。

（3）避免将关键数据放在数据清单的左右两侧，防止在筛选时被隐藏。

（4）数据清单中的每一行作为一个记录，存放相关的一组数据；而每一列作为一个字段，存放相同类型的数据。

（5）在数据清单的第一行中创建列标题。

（6）列标题使用的字体、对齐方式、格式等应当与数据清单中的其他数据的格式不同。

11-2 数据安全管理

1. 如何自动修复工作簿

早期的 Excel 程序一旦发生致命错误（如死机或文件错误不能打开等），你从前所做的一切工作只能全部丢失。但 Excel 2003 则可以避免此类惨重损失。

如果程序遇到错误或电脑停止响应，再次运行 Excel 2003 时，出错时正在处理的工作簿便会显示在“文档恢复”任务窗格中。可以按以下原则保留文件：

假如文件标题中出现红色的“已修复”字样，则该文件要比含有“原始文件”字样的文件包含更多有用信息。如果要查看系统对文件的修复情况，应当选中“文档恢复”窗格中的文件名，单击右边的下拉按钮，选择菜单中的“显示修复”命令即可。此时可以选择菜单中的“另存为”命令，将修复后的文件保存到其他位置。如果选择“关闭”，则弹出一个对话框，让你选择“删除”还是“保存”。

与上述功能相对应，Excel 2003 增加了“保存自动恢复信息”的功能，我们可以在“保存”选项卡设置经过多长时间保存一次，也可以修改自动恢复文件的保存位置。

2. 如何隐藏个人保密资料

Excel 2003 可以隐藏文档创建者的个人资料，如“属性”对话框中的作者、单位等等。

方法为：

单击菜单命令“工具”/“选项”，在出现的对话框中单击“安全性”选项卡，将“隐私选项”下的“保存时从此文件中删除个人资料”选中，然后单击“确定”按钮即可。文件下次存盘时，Excel 2003 就会删除其中的个人资料，或者用一些通用的资料代替。

3. 如何隐藏公式

大家知道，在单元格中输入公式并确认后，公式的运算结果被显示在相应的单元格中，如果此时选中该单元格，公式即被显示在“编辑栏”

中，能在编辑栏中不显示公式吗?

能，方法为:

选中包含公式的单元格，然后进入“单元格格式”对话框中的“保护”标签中，在“隐藏”选项前面复选框中加上“√”号，最后将工作表保护起来即可。

4. 如何隐藏整行（列）

如果不想让使用者浏览某些行（列）的数据，可以这样隐藏：选中想隐藏的行（列），右击鼠标，在出现的菜单中选中“隐藏”选项，然后将工作表保护起来就行了。

方法为:

（1）按住 Ctrl 键，然后用鼠标在行（列）标号上单击，即可同时选中多个不连续的行（列）。

（2）如果想取消隐藏的行或列，则先解除工作表的保护，然后选中有数据的行（列），右击鼠标，在出现菜单中选中“取消隐藏”项即可。

5. 如何隐藏部分单元格中的内容

如果想将部分单元格中的数据和编辑栏中的内容全部隐藏起来，可以采取的方法为:

按住 Ctrl 键，用鼠标分别在需要隐藏的单元格中单击，同时选中多个不连续的单元格，然后单击“格式”工具栏上“字体颜色”右侧的下拉按钮，在出现的“调色板”中选择“白色”，再仿照前面隐藏公式的方法，完成编辑栏内的隐藏和工作表的保护。

提示!!

此方法只能对付菜鸟，因为透明功能使隐藏的数据“透”出来；同时选中上述隐藏的某个单元格及其周围的部分单元格，则“隐藏”的数据就显示出来了。

6. 如何阻止浏览者进入

如果不想让别人打开某个工作簿文档，那就对它添加密码，方法为:

（1）单击菜单命令“文件”/“保存”（如果是原有工作簿文档，则单击菜单命令“文件”/“另存为”）。

（2）在打开的“另存为”对话框中单击右上侧“工具”旁的下拉按钮，在出现的下拉列表中选中“常规选项”，打开“保存选项”对话框。

（3）在“打开权限密码”后面的方框中输入密码，单击“确定”按钮返回“另存为”对话框后，再保存该工作簿。

以后如果要打开该工作簿时，必须输入正确的密码才行。

提示!!

如果在上述“保存选项”对话框“修改权限密码”后面的方框中输入了密码，使用者如果没有密码，则只能以“只读”方式打开该工作簿，可以浏览、编辑工作簿中的内容，但编辑的内容不能保存到原工作簿中。此时如果要保存编辑的结果，只有将工作簿文档另存一份。

7. 如何保护工作簿的结构

如果不想让使用者对工作表进行某些操作，如改变行高、列宽、复制、删除工作表等，那就将工作簿保护起来吧。

方法为：

单击菜单命令“工具”/“保护”/“保护工作簿”，在打开的“保护工作簿”对话框中输入密码，单击“确定”按钮返回即可。

8. 将工作表转换为数据库时要注意什么

由于工作原因，笔者常常要把具有二维表性质的 Excel 工作表转换为 DBF 数据库，在将 Excel 工作表保存为 DBASE 格式（DBF）文件时，要注意以下几点，以免在转换过程中丢失数据。

（1）DBF 文件只会保存工作表中命名区域或当前区域中的数据。当以 Dbase（DB2、DB3 或 DB4）格式保存 Excel 工作表，且该工作表中包含一个名为“Database”的区域时，只有命名区域中的数据会保存到 DBASE 文件中。如果区域命名之后又添加了新记录，则必须重新定义包括新记录的“Database”区域后，才能以 DABASE 格式保存工作表。如果工作表中并没有名为“Database”的命名区域，那么只有当前区域的数据会被转换。如果数据的第一行包含文本，Excel 会将它作为标题行来定义字段名。如果第一行中包含的全是数字，则 Excel 会创建诸如 N1、N2 之类的字段名。

（2）工作表中字符串长度不超过列宽。以 DABSE 格式保存 Excel 工作表数据时，Excel 会为每个字段（数据列）指定数据类型，该类型取决于数据库区域或当前区域中第一条记录的字段数据。如果第一条记录的字段中包含文本，就会将该字段指定为字符数据类型，这样其他行中对应于该字段的任何数字都将变为字符串。字段的列宽决定了字符串的长度，长度大于列宽的字符串在 DBF 文件中将被截断。若要防止数据丢失，请在 Excel 中选定需要转换的区域，然后使用一种等宽字体，如“Courier”字体。

（3）使用非常规的数字格式。如果 Excel 工作表中小数具有“常规”数字格式，在 DBF 文件中小数位被截掉。在以 DBASE 格式保存数据之前，请对该字段中的所有数据应用其他数字格式，方法是：单击菜单命令“格式”/“单元格”，在出现的对话框中单击“数字”选项，在“分类”框中单击“数值”或“科学记数”选项，然后指定所需的小数位数。

（4）将时间数据更改为文本数据。将 Excel 工作表转换为 DBF 文件时，不能转换包含时间数据的字段。在以 DBASE 格式保存数据之前，请使用 TEXT 函数将时间数据更改为文本数据。

9. 如何锁定全部单元格

方法为：

（1）启动 Excel 2003，打开相应的文档，切换到需要锁定的工作表下，然后单击菜单命令“工具”/“保护”/“保护工作表”。

（2）在打开的“保护工作表”对话框中，根据锁定的内容的需要进行适当设置，并输入密码（密码需要确认输入一次），最后单击“确定”按钮，结束操作。

这样当前整个工作表即被锁定，使用者只能浏览，不能对锁定项目进行处理。

10. 如何锁定部分单元格

下面我们就来把包含公式的单元格锁定起来。

（1）选中工作表中所有包含数据的单元格，执行“格式/单元格”命令，打开“单元格格式”对话框，切换到“保护”标签下，清除“锁定”选项前面复选框中的“√”，点“确定”按钮。

（2）执行“编辑/定位”命令（或者按“Ctrl+G”组合键），打开“定位”对话框，单击“定位条件”按钮，打开“定位条件”对话框，选中“公式”选项，点“确定”返回，即可选中工作表中所有包含公式的单元格。

（3）再次打开“单元格格式”对话框，在“保护”标签中，在“锁定”选项前面复选框中加入“√”，点“确定”返回。

（4）最后，仿照上面的操作，将工作表保护起来。则包含公式的单元格被锁定，使用者不能对它进行编辑处理，而其他单元格能进行编辑处理。

提示!! 如果制作者需要编辑处理锁定的单元格，则单击菜单命令“工具”/“保护”/“撤销工作表保护”，然后输入密码，解除对工作表的保护即可。

11. 如何关闭智能标记

关闭 Excel 2003 智能标记的方法是：单击菜单命令“工具”/“自动更正选项”，在出现的对话框中单击“智能标记”选项卡，取消选中“用智能标记标识数据”项。

还可以关闭 Excel 2003 的错误检查智能标记（如果公式不符合事先设定的规则，该智能标记就会自动出现），方法为：

单击菜单命令“工具”/“选项”，在出现的“选项”对话框中单击“错误检查”选项卡，取消“允许后台错误检查”，然后单击“确定”按钮即可。

关闭 Excel 2003 智能粘贴标记按钮的方法是：单击菜单命令“选项”/“编辑”，将“显示粘贴选项按钮”和“显示插入选项按钮”取消，然后单击“确定”按钮即可。

12. 如何恢复 Excel 应用程序

Excel 2003 能在程序发生错误时将当前文件存盘，最大限度地防止用户丢失文件。

如果正在使用的 Excel 2003 因故停止响应，处理方法为：

（1）执行 Windows 任务栏中的“开始”/“程序”/“Microsoft Office 工具”菜单命令，然后单击其中的“Microsoft Office 应用程序恢复”。

（2）选中对话框中停止响应的应用程序，若想恢复当前打开的文件，可以单击“恢复应用程序”或“重新启动应用程序”按钮；如果想关闭已经停止响应的程序，并且放弃对文件中最新更改的部分，可以单击“结束应用程序”按钮。

13. 如何自动创建备份文件

用 Excel 2003 编辑重要数据文件时，如果害怕不小心把数据修改错了，可以让 Excel 在保存文件时自动创建一份备份文件，方法为：

（1）单击菜单命令“文件”/“保存”。

（2）在出现的“保存”对话框中单击右上角的“工具”，然后单击“常规选项”。

（3）在出现的“保存选项”对话框中勾选“生成备份文件”选项，然后单击“确定”按钮。

现在保存一下文档，Excel 就会自动给这个文件创建一份备份文件，备份文件的文件名为原文件名后加上“的备份”字样，如“Book 1 的备份.xlk”，而且图标也不相同，能轻易地分辨出哪个是备份文件。

第 12 章

Excel 2003 打印应用技巧与故障处理速查

Office 2003 高效办公速查 1000——→本章内容

12-1 Excel 2003 打印应用技巧速查

1. 如何查找打印机

方法为：

（1）单击菜单命令“文件”/“打印”。

提示!! 如果从未添加过打印机，则必须首先设置新打印机。在 Windows XP 中，单击“开始”，再单击“打印机和传真”，然后在“打印机任务”下单击“添加打印机”进行添加。在 Windows 2000 中单击“开始”，指向“设置”，再单击“打印机”，然后双击“添加打印机”图标。最后按照添加打印机向导中的指导进行操作。

（2）在出现的“打印”对话框的“名称”框中，选择要使用的打印机。

（3）如果未列出所需的打印机，并且“查找打印机”按钮不可用，则可以查找打印机，并将其添加到“名称”框列表以及计算机的“打印机”文件夹中。

2. 如何设置默认打印机

方法为：

（1）如果有需要，请重新安装新打印机。

（2）在 Windows XP 中，单击“开始”，再单击“打印机和传真”；在 Windows 2000 中，单击“开始”，指向“设置”，再单击“打印机”。

（3）用鼠标右键单击要用作默认打印机的打印机图标，从弹出的菜单中选择“设为默认打印机”即可。

提示!! 如果“打印机”图标或该命令旁有复选标记，则该打印机已设置为默认打印机。

3. 如何进行多工作簿打印

如果要打印的工作簿较多，通常采用逐个打开的方法打印。如果这些工作簿位于一个文件夹内，可以采用下面的方法一次打印：

（1）单击菜单命令“文件”/“打开”，按住 Ctrl 键选中需要打印的所有文件。

（2）单击“打开”对话框中的“工具”下拉按钮，单击其中的“打印”命令，就可以一次打印多个工作簿了。

4. 如何批量打印 Excel 文件

方法为：

（1）通过 Ctrl 键或 Shift 键选择好要打印的多个 Excel 文档，如果文档不在同一目录，可将要打印的文件拷入同一目录。

（2）在选定的文件上右击鼠标，从弹出的菜单中选择“打印”命令，系统会自动调用 Excel 程序分别打开文档，并执行打印命令。全部文档都打印完毕，会自动关闭程序。

5. 如何将多个打印区域打印到同一页上

如果打印区域包含工作表中的不相邻区域，在默认情况下，Excel 将把每个区域打印到单独的页面上。可以使用下列方法指定工作表中的独立区域，并将它们打印到单独的页面上。

（1）将不相邻的列打印到相邻的位置上：选定不想打印的列，单击“格式”菜单中的“列”，然后单击“隐藏”。设置一个包含所有列的打印区域，其中也包括隐藏的列。

（2）将不相邻的行打印到上下相邻的位置上：选定不想打印的行，单击“格式”菜单中的“行”，然后单击“隐藏”。设置一个包含所有行的打印区域，其中也包括隐藏的行。

6. 打印窗口有何妙用

Excel 2003 具有后台打印功能，在执行打印任务时，用户可以在前台继续从事其他操作，而系统则会在后台进行打印，状态栏将会显示出一个打印机图标。此时，用户只需双击状态栏中的打印机图标即可打开“XXXX Printer”窗口（其中 XXXX 为打印机名），从而执行暂停、删除打印等操作。

7. 如何打印行号和列标

方法为：

（1）单击菜单命令“文件”/“页面设置”。

（2）在出现的对话框中单击“工作表”选项卡。如果每一页都要打印表格标题、说明和列标题，可以用鼠标在“顶端标题行”框内单击，再将光标移动到工作表左边的“行标”处，待光标变成右箭头以后拖过要打印的所有行，使绝对引用的行号出现在“顶端标题行”内。

经过上述处理，表格的每一页均可重复打印选中的内容。选项卡中“左端标题列”的作用同上，如果将数据的标题放到了列中，也可以像“顶端标题行”那样重复打印。

8. 如何打印工作表中选定的区域

方法为：

（1）选中工作表中需要打印的区域，然后单击菜单命令“文件”/“打印”。

（2）在出现的对话框中单击“打印内容”下的“选定区域”，该选项的作用是只打印工作表中选定的单元格和对象。

（3）单击“确定”按钮，开始打印。

9. 如何禁止“零”显示或打印

财务计算中不允许输入或计算出来的“0”显示或打印。要实现这样的要求，方法为：

（1）单击菜单命令“工具”/“选项”。

（2）单击“选项”对话框中的“视图”选项卡，将其中的“零值”取消，然后单击“确定”按钮，结束操作。

10. 如何“单色打印”工作表

在编辑 Excel 工作表时，为突出和强调某些数据，你可能对这些数据应用了彩色格式，比如红色底纹、绿色数字、黄色边框等，这在屏幕上看起来确实主次分明，很是醒目。但是，将这个彩色的工作表，用黑白打印机打印到纸上时，效果就欠佳了，因为打印机仅会以不同深浅的灰色来显示原本的彩色。

为了让显示与打印同时取得满意的效果，只要使用 Excel 的“单色打印”功能即可完成。

方法为：

（1）打开准备打印的 Excel 工作表，然后单击菜单命令“文件”/“页面设置”。

（2）在打开的“页面设置”对话框中单击“工作表”选项卡，在“打印”标题下，选中“单色打印”复选框。

（3）单击“确定”按钮，结束操作。

以后，当打印该工作表时，如果数据有彩色格式，不论是黑白打印机还是彩色打印机，Excel 都会自动按黑白方式打印。而且，对于彩色打印机而言，“单色打印”可以减少打印所需时间。现在对显示与打印工作表都挺满意了吧。

11. 如何实现区域的标题行打印

现在，企业财务部门的报表通常都是采用 Excel 来制作，如果 Excel 报表是以流水账的形式输入的，那么日积月累表单会变得很长，如果进行区域打印，上端或左侧的标题行将不会被打印出来，输出的表单当然不完整。其实只要在“页面设置”中稍加调整，一张显示有标题栏的区域表单就会被轻而易举地打印出来，方法为：

（1）首先设置标题行。单击菜单命令“文件”/“页面设置”，在出现的对话框中单击“工作表”选项卡，其中“打印标题”中包括“顶端标题行”和“左端标题行”两项，每一项右端都有一个带有红色小箭头的图标，这时候就可以选定上端标题行了（被选定的区域会被虚线圈定），左端标题行的设置也是同样的方法。

（2）设置好打印标题栏后，再对打印区域进行设置。在“工作表”选项卡中有一项“打印区域”，用设置标题行的方法选定需要打印的区域报表。

（3）设置完毕，单击“打印”按钮进行表单输出。

12. 如何加快打印作业

可采取如下措施：

（1）以草稿方式打印 。可以通过临时更改打印质量来缩短打印工作表所需的时间。如果知道所需的打印机分辨率，就可以改变打印机的打印质量来缩短打印时间；如果不能确定所需的打印机分辨率（或质量），则可以用草稿方式打印文档，此方式将忽略格式和大部分图形以提高打印速度。

（2）以黑白方式打印。在单色打印机上，Excel 以不同的灰度来打印彩色效果。如果将彩色以黑白方式打印，可以减少 Excel 在打印彩色工作表时所需的时间。在以黑白方式打印工作表时，Excel 将彩色字体和边框打印成黑色，而不使用灰度。Excel 还将单元格和自选图形背景打印为白色，而将其他图形和图表按不同灰度打印。

（3）不打印网格线。如果不打印网格线，可提高大型工作表的打印速度。

12-2 Excel 2003 打印故障处理速查

1. 无法打印从其他程序复制或导入的“自选图形”或对象

操作步骤如下：

（1）用鼠标右键单击需要打印的对象。如果“自选图形”附加有文本，或是没有填充（例如，只显示了图形的轮廓），请用鼠标右键单击其边界。

（2）在快捷菜单中，单击“设置对象类型格式”命令，然后单击“属性”选项卡。

（3）选定“打印对象”复选框。

提示!!

如果需要打印的对象是 ActiveX 控件，必须显示“控件工具箱”工具栏，将控件的属性更改为设计模式。

2. 打印文档时没有响应

（1）检查 Windows 中的打印机设置。计算机的打印工作主要由 Windows 的设置所控制。请使用 Windows 的“打印疑难解答”来检查在 Windows 中所作的打印机设置是否正确。方法为：单击 Windows“开始”菜单中的“帮助”命令，然后单击“索引”选项卡，输入“打印疑难解答”。单击“显示”按钮，然后按照提示进行操作即可。

（2）检查 Microsoft Excel 打印机设置。如果 Windows 打印机设置正确，则检查 Excel 的打印机设置以确认选中的打印机与使用的打印机是否匹配。方法为：单击菜单命令“文件”/“打印”，然后在“打印机”框中单击所需打印机即可。

3. 如何避免工作表打印错误

如果你的工作表存在错误，可以采取下面的措施避免它们被打印：

（1）单击菜单命令“文件”/“页面设置”。

（2）单击打开对话框中的“工作表”选项卡，然后打开“错误单元格打印为”下拉列表，根据需要选择“<空白>”或“— —”即可。

（3）单击“确定”按钮，结束操作。

4. 只打印了部分工作表

（1）检查是否定义了打印区域。如果工作表中包含打印区域，

Microsoft Excel 将只打印该打印区域。如果需要确认自己的工作表中是否包含打印区域，则单击菜单命令“视图”/“分页预览”，工作表区域中显示为白色背景的区域将被打印。

（2）清除打印区域可打印整张工作表 。可以使用“文件”菜单中的“打印区域”子菜单中的“取消打印区域”命令来清除打印区域。

（3）更改打印区域。可以更改打印区域的大小，以包含或排除某些行和列。

方法为：单击菜单命令“视图”/“分页预览”，然后拖动环绕在打印区域周围的边框。

（4）如果要向打印区域中添加不相邻的单元格，则先选择所需单元格，接着在选定区域的任意单元格上单击鼠标右键，然后单击菜单中的“添加到打印区域”项。

5. 将彩色表格打印进行到底

为了突出显示某些特殊数据，给单元格设置颜色和底纹是常见方法。如果你使用的是黑白打印机，则会连颜色和底纹一起打印，导入表格的可视性受到严重影响。解决这个问题的方法为：单击菜单命令“文件”/“页面设置”，在打开的对话框中将“工作表”选项卡中的“单色打印”选中，此后打印表格就会忽略已设置的颜色和底纹了。

6. 将多余的行添加到了工作表中

如果在应用格式前选取了整行或整列（单击行号或列标），Excel 将设置底部行或最后一列以外的空白单元格的格式。这样，Excel 就保存了包括其他所有空白单元格在内的格式信息，文件就变得非常大。

若要解决此问题，请执行下列操作之一：

（1）如果不想启动新工作表，则按 F5 键，然后单击“定位”对话框中的“定位条件”，再单击“最后一个单元格”。删除实际数据外的所有行并保存工作簿。

（2）插入空白工作表。在要打印的工作表上，只选取所要打印的单元格，并将其复制到新的空白工作表中。

7. 打印输出的页眉或页脚不符合要求

可从提供的几种页眉和页脚中选择，或创建自己的页眉或页脚。页眉和页脚不能含有图形或指向特定单元格的链接。

（1）只使用黑白色。页眉和页脚中的文字只能打印为黑色。即便使用彩色打印机，也不能对页眉和页脚中的文字应用彩色。

（2）使用打印标题在每页上重复图形或链接的信息。如果要在每页的顶端重复图形或链接的信息，可使用打印标题代替页眉。例如，要在每页的顶端打印公司的徽标与地址：

①将徽标与地址信息放置在工作表的前几行。

②单击菜单命令“文件”/“页面设置”，在出现的对话框中单击“工作表”选项卡，然后在“顶端标题行”框中输入包含徽标与地址的行。如果正在将一张宽工作表打印在多页上，请确认将上述重复信息复制到其他所需的行或列中。

> 提示!! 打印标题就是在打印出的工作表的每一页上端或左侧打印的行或列标志。

（3）用两个和号 (amp;) 字符打印一个和号。Microsoft Excel 使用和号来初始化页眉和页脚中的特殊格式代码。因此，若要向页眉或页脚中输入和号，必须输入“&&”。例如，要将“Subcontractors & Services”添加到页眉中，就需输入“Subcontractors && Services”。

8. 打印输出的页眉和页脚的边距不正确

（1）使用已有的左右页边距。不论页面的左右页边距如何，页眉和页脚的左右边距都是四分之三（0.75）英寸。可在“左”编辑框中的文字前和“右”编辑框中的文字后键入空格，从而在单行上模拟加宽页边距（要定位这些编辑框，则单击“页面设置”对话框中的“自定义页眉”或“自定义页脚”）。在“右”编辑框中输入的空格不会显示在编辑框中，但会出现在打印的工作表上。

（2）调整页眉和页脚的空间。可以调整页面顶部与页眉或页面底部与页脚之间的距离。也可以改变页面上打印的数据与页眉或页脚之间的距离。方法为：单击“打印预览”，再单击“页边距”按钮，然后拖动边距尺寸控点以调整间距。

9. 不能将图表调整为所需打印的尺寸，或不能在一页中打印多张图表

（1）设置图表工作表的打印大小。如果图表在图表工作表中，可在打印时将其缩放。

> **提示!!** 所谓的“图表工作表”，就是工作簿中只包含图表的工作表。当希望单独查看图表或数据透视图报表（独立于工作表数据或数据透视表）时，图表工作表非常有用。

①激活图表工作表，单击“文件”菜单上的“页面设置”，再单击“图表”选项卡。

> **提示!!** 所谓“激活”，就是使图表工作表或工作表变为活动工作表或选定工作表。激活的工作表决定显示的菜单栏和工具栏。激活工作表的方法是单击工作簿中相应的工作表标签。

②在“打印图表大小”下，单击所需的缩放选项。如果单击“自定义”按钮，将按你拖动图表的尺寸控点时设置的大小打印。

（2）对于嵌入图表，可通过拖动来调整其大小。如果图表是工作表中的嵌入图表，可通过单击该图表，然后拖动其尺寸控点来调整大小。

（3）若要在一页上打印多张图表，请将它们设为嵌入图表。不能在一页上打印多张图表工作表，若要将两张或多张图表打印到一页上，可建立嵌入图表，然后调整这些图表的大小，以将它们调整到一页中。可使用“视图”菜单上的“分页预览”命令来检查各图表在打印区域中的位置。

10. 某些页面上没有打印标题

Excel 仅在包含具有标志的行或列的页面中重复打印行列标志。例如，如果选取单元格 A1:A5 作为要重复的行标志，那么 Excel 将不会在只包含第 5 行以下各行的页面中打印这些行标志。如果选取单元格 A1:E1 作为要重复的列标志，那么 Excel 将不会在只包含第 E 列右边各列的页面中打印这些列标志。若要让 Excel 在其他页面中打印这些标志，则要将它们复制到其他的行或列中。

11. 未打印工作表背景

用“格式”菜单上的“背景”命令添加到工作表中的背景图案不会被打印出来，然而，用“插入”菜单上的“图片”命令添加到工作表中的图案，以及用“格式”菜单上的“单元格”命令添加到工作表中的单元格背景图案或阴影，都会被打印出来。

12. Excel 忽略了所设置的分页符

如果已设置让 Excel 将工作簿打印到特定数目的页面中，那么，

Excel 将忽略已设置的手动分页符，并缩小打印工作表的尺寸（若要查看是否属于这种情况，请单击“文件”菜单上的“页面设置”，再单击“页面”选项卡，然后选定“缩放”下的“调整为”选项）。

（1）用“缩放比例”，而不用“调整为”。若要将工作表打印到指定的页数中并使用手动插入的分页符，请单击“文件”菜单上的“页面设置”，再单击“页面”选项卡，然后单击“缩放比例”。

（2）将每一页设置为独立的打印区域。如果“缩放比例”不能产生预期效果，那么，可以在设置打印区域时，将其中的每一页都选定为独立的区域，Excel 会将打印区域中不相邻的区域打印到独立的页面上。

①在需要手动分页的每个位置上插入空白行或空白列。

②选定要包含在整个第一页中的区域，忽略空白行或空白列。

③按住 Ctrl 键并选定第二页的区域，忽略空白行或空白列。按此步骤继续进行操作，直至选定了要打印的所有页面。

④在“文件”菜单上，指向“打印区域”，然后单击“设置打印区域”。

⑤在“文件”菜单上，单击“页面设置”，再单击“页面”选项卡，然后单击“调整为”，最后输入所需的页数。

13. 某些行和列打印到了错误的页面上

列宽、行高、页边距和分页符决定了可以打印在一页中的行数和列数。

（1）缩小页边距。如果某些行或列将打印到下一页上，则尝试减小“上”、“下”、“左”、“右”页边距。

（2）调整分页符。可以在打印文档前移动分页符。在“视图”菜单上，单击“分页预览”。Excel 用蓝色的粗线显示手动分页符；而自动分页符显示为虚线。你可以向上、向下、向左或向右拖动它们。如果某列打印到了错误的页面上，例如，打印到第二页而不是第一页上，那么请将该列左边的分页符向右拖动一列。如果某行打印到了所要打印页面的下一页，那么请将该行上边的分页符拖动到该行下边。Excel 将自动缩放工作表以使行和列适应页面的大小。

（3）设置工作表按一页宽度打印。如果要使工作表只有一页宽，而不考虑页数，可以将其限制为一页的宽度。

（4）更改纸张方向。如果需要在同一页中打印多列，请将纸张方向改为横向。

第 13 章

PowerPoint 2003 幻灯片基本操作技巧与故障处理速查

Office 2003 高效办公速查 1000——→本章内容

13-1 幻灯片创建技巧

1. 如何使用“幻灯片搜索器”复制其他幻灯片

用户可以使用“幻灯片搜索器”工具快速从其他演示文稿中复制幻灯片。

方法为：

（1）在普通视图的“幻灯片”选项卡上，选中将要复制的幻灯片插入到后面的幻灯片缩略图。

（2）单击菜单命令“插入”/“幻灯片（从文件）”，弹出“幻灯片搜索器”对话框。

（3）在弹出的“幻灯片搜索器”对话框中单击“浏览”查找文件，然后单击“打开”按钮，回到“幻灯片搜索器”对话框。

（4）如果用户希望幻灯片能够保持当前的格式，在“幻灯片搜索器”对话框中选中“保留源格式”复选框。如果清除了这个复选框，复制的幻灯片将采用将其插入时前一张幻灯片使用的格式。

（5）如果用户只是想要插入选定的幻灯片，则单击要插入的幻灯片，再单击“插入”。

（6）如果要插入所有的幻灯片，请单击“全部插入”。

（7）完成以后，单击“关闭”按钮关闭对话框。

2. 如何让创建摘要幻灯片自动化

如果能够实现快速、自动创建摘要幻灯片，那就比较方便了，能实现吗？

能，方法为：

单击菜单命令“视图”/“幻灯片浏览”，按住 Ctrl 键不放的同时，依次单击最能概括该幻灯片文稿内容的几页幻灯片，最后按住 Alt+Shift+S 组合键或直接单击“幻灯片浏览”工具栏上的“摘要幻灯片”按钮，即可快速、自动地创建以选定的各张幻灯片的标题为内容的摘要幻灯片。

3. 如何快速插入新幻灯片

除了可以利用“插入”菜单插入新的幻灯片以外，还有什么更简单更快捷的方法吗？

可以通过以下两种快捷方式来实现：

（1）选中一张幻灯片，然后按下 Shift+Enter 组合键在其后插入一张新幻灯片。

（2）使用 Ctrl+M 组合键。两种方式的区别在于，前者选中当前幻灯片只能通过单击左边的幻灯片显示栏来实现，而后者无该限制，即使将光标定位在当前幻灯片编辑区也可。

4. 如何在指定位置插入空白幻灯片

我们可以在指定位置插入空白幻灯片。

方法为：

（1）单击“常用”工具栏上的“新建”按钮。或者单击菜单命令“文件”/“新建”。

（2）如果要保留第一张幻灯片的默认标题版式，在幻灯片上或“大纲”选项卡上输入所需的文本即可。

（3）如果需要第一张幻灯片使用不同的版式，在“幻灯片版式”任务窗格中单击所需的版式。还可先单击“工具”栏上的“新幻灯片”按钮，再单击所需的版式。

（4）对每张新幻灯片都重复以上步骤，并添加所需的设计元素或效果即可。

5. 如何利用模版创建新的幻灯片

幻灯片母版是存储信息的设计模版元素，包括风格、占位符和配色方案。有了这个特性，用户就可以对演示文稿中的所有幻灯片做全面更改。例如，替换一种字体风格。

在使用多个幻灯片母版时，请记住如果用户要全面更改自己的演示文稿，就需要改变每一个幻灯片母版。

如果用户想要插入一个幻灯片母版，按如下方式操作：

（1）单击菜单命令“视图”/“母版”/“幻灯片母版”。

（2）如果要插入使用 PowerPoint 默认风格的幻灯片母版，则在“幻灯片母版视图”工具栏中单击“插入新幻灯片母版”按钮。

（3）这样就在幻灯片母版视图中添加了一个母板，接下来对母板进行我们所要求的操作。最后保存它即可。

6. 如何快速复制幻灯片

我们可以利用如下的方式快速复制已有的幻灯片：

（1）在普通视图左侧的“大纲”或“幻灯片”选项卡中，选择要复制的幻灯片（如果希望按顺序选取幻灯片，使用鼠标的同时使用 Shift 键。如果按照随机顺序选取幻灯片，使用鼠标的同时使用 Ctrl 键）。最后单击菜单命令“插入”/“幻灯片副本”即可。

（2）通过按 Ctrl+Shift+D 键复制幻灯片。

13-2 文本编辑技巧

1. 向幻灯片中添加文本有哪几种方法

向幻灯片中添加文本的方法为：

（1）添加正文或标题文本：在文本占位符内单击鼠标，然后输入或粘贴文本。如果文本大小超出了占位符的大小，PowerPoint 会逐渐减小输入的字号和行间距以使文本大小合适。

（2）向自选图形中添加文本：若要添加已成为形状的一部分的文本和在移动形状时移动文本，请选择自选图形并开始输入；若要添加独立于形状的文本以及在移动形状时不移动文本，请添加文本框。

（3）向文本框中添加文本：在“绘图”工具栏上，单击“文本框”按钮即可添加文本。

（4）添加艺术字：在“绘图”工具栏上，单击“插入艺术字”，然后单击所需的艺术字效果，再单击“确定”按钮，并在“编辑‘艺术字’文字”对话框中输入所需的文本即可。

2. 如何在幻灯片中插入竖排的文字

可以利用“竖排文本框”来插入竖排的文字。

方法为：

（1）打开“绘图”工具栏，然后单击“竖排文本框”按钮。

（2）在幻灯片上拖动鼠标，这样就圈定了一个文本框。

（3）在文本框中输入文字，文字就会自动排列为竖排。

3. 如何在插入文字时不改变对象大小

一般情况下，如果我们插入较多文字后，被插入的对象往往会自动改变大小以适应文字。我们怎么才能保证对象不变呢?

方法为：

（1）单击菜单命令“工具”/“自动更正选项”。

（2）选择“输入时自动设置格式”选项卡。

（3）若要关闭标题文本的自动调整，则清除“根据占位符自动调整标题文本”复选框。

（4）若要关闭正文文本的自动调整，则清除“根据占位符自动调整正文文本”复选框。

4. 如何改变公式的颜色

用户常需要在幻灯片中插入公式，尤其在制作数学课件时需要更多的公式。而为了在放映幻灯片并讲述公式时使公式高亮度显示，用户最好改变公式的默认颜色。

方法为：

（1）选择要改变颜色的公式，然后右击该公式，在弹出的菜单中选择“设置对象格式”命令。

（2）在弹出对话框中选择“图片”选项卡，然后单击“重新着色”按钮，在“更改为”下拉菜单中选择一种颜色，比如“红色”。

（3）单击“确定”按钮，关闭对话框。

此时就会看到公式的颜色已经变成红色了。

5. 如何使文字和图形一起移动

有时，我们会遇到这样的问题，在移动图形后，图形上的文字并不跟着移动。此问题可能是由于文字位于文本框中，使用“文本框”工具创建并放置在对象顶部的文字不会附加到对象上，所以这些文字将不与对象一起移动或旋转。

方法为：

（1）若要使附加文字成为形状的一部分，请单击对象，然后输入或粘贴文字。

（2）若要将文本框和对象组合在一起使其作为一个单元移动，则在选取文字和对象时按住 Shift 键，然后单击“绘图”工具栏上的“绘图”按钮，再选择“组合”命令结束操作。

提示!!

即使附加到形状上，文字也不能翻转。如果要翻转文字，例如要创建镜像效果，则使用艺术字，然后再进行翻转。

6. 如何在幻灯片中添加公式

在 PowerPoint 中添加公式时，许多特殊符号和格式都无法直接输入，请问要如何才能在幻灯片中加入公式?

方法为：

（1）单击菜单命令“插入”/“对象”，在出现的对话框的“对象类型”列表中选择“Microsoft 公式 3.0”。

（2）单击“确定”按钮，启动“公式编辑器”。在“公式编辑器”窗口中，直接单击工具栏中的各类公式符号，即可非常简单地实现各类公式的输入。

（3）单击“关闭”按钮，返回到幻灯片编辑窗口后，就会发现公式已经插入到该幻灯片中。

（4）但插入的公式的大小和位置都不符合要求，还需要对它进行改进。

①要移动公式的位置时，只需要选定该公式，当鼠标箭头变成双十字形的时候，就可以按住鼠标左键调整公式位置。

②如果要改变公式大小，只要把鼠标指针移到该公式的控点上，当鼠标指针变成双箭头的时候，按住鼠标左键拖动即可。

③还可以用鼠标右键单击该公式，在弹出的菜单中选择“显示图片工具栏”选项，利用图片工具栏中的各个工具来对该公式进行颜色、格式等其他方面的改进。

7. 如何将一个幻灯片中的文本拆分为两个幻灯片

如果由于一个幻灯片中的文本太多，需要分为两个幻灯片来显示时，我们可以按如下的方法快速完成任务：

（1）在普通视图的“大纲”选项卡上，将插入点置于要拆分文本的位置，按 Enter 键。

（2）在“格式”工具栏上单击“减少缩进量”按钮 ，直到出现一个新的幻灯片图标和编号（拆分文本作为正文文本出现在下方）。

（3）为新幻灯片输入新幻灯片的标题。

此外，还有一种拆分两个幻灯片之间文本的方法：

（1）向单栏版式的幻灯片上的文本占位符中输入时，如果文本超出了占位符的容量，“自动调整选项”按钮将出现在文本的左边。

（2）单击“自动调整选项”时，在弹出菜单中选择“将文本拆分为两个幻灯片”即可。

8. 如何在段落中另起新行而不用制表位

在使用编号列表和项目符号列表时，每种项目符号或编号以及正文都有预设的缩进。这些缩进和制表位有助于对齐幻灯片上的文本。但有时用户可能要在项目符号或编号列表的项之间另起一个不带项目符号和编号的新行。它需要独占一行，但不用制表位。该怎么办呢？

用户只需要按 Shift+Enter 组合键，即可另起新行。

> 提示!!
> 一定不能直接使用 Enter，这样系统自动会给下一行添上制表位，会自动套用项目符号或编号了。

9. 如何在幻灯片任何位置插入日期和时间

一般的用户都知道，我们可以在幻灯片的页眉页脚里添加日期、时间。实际上，幻灯片中的任意一个位置，用户都可以添上时间和日期。

方法为：

（1）将鼠标定位到要插入日期和时间地方。

（2）单击菜单命令“插入”/“日期和时间”，弹出“日期和时间”对话框。

（3）选择自己喜欢的时间格式。

（4）如果要保持日期和时间随着时间的推移而变化，就选定“自动更新”栏，否则以后打开幻灯片时显示的还是插入时的时间。

（5）单击“确定”按钮，结束操作。

10. 如何更改任意多边形的形状

可以更改多边形图形的形状，以满足我们的要求。

方法为：

（1）选取要更改的任意多边形或曲线对象，然后在“绘图”工具栏上单击“绘图”按钮，在弹出菜单中选择“编辑顶点”。

（2）如果要重调任意多边形的形状，则拖动组成该图形轮廓的一个顶点；如果要将顶点添加到任意多边形，则单击要添加顶点的位置，然后进行拖动；如果要删除顶点，则按住 Ctrl 键并单击要删除的顶点。

（3）为了更好地控制曲线的形状，在单击“编辑顶点”后，用鼠标右键单击一个顶点。使用快捷菜单可添加其他类型的顶点以精调曲线的形状。

11. 如何一次性撤销对图片的所有改动

在编辑图片的过程中，如果觉得对图片的更改不满意，可以退回到之前的状态。如果要退回到最原始的状态，不停地按 Ctrl+Z 撤销的话，其实也是很慢很费力的。如果使用 PowerPoint 提供的“重设图片”命令，就可以快速撤销对图片的对比度、颜色、亮度、边框或大小进行的所有更改。

方法为：

（1）选取要还原的图片，在“图片”工具栏上单击“重设图片”按钮即可。

（2）如果“图片”工具栏不可见，可以通过单击菜单命令“视图”/“工具栏”/“图片”命令打开。

> 提示!!
> 如果已对图片使用“Web”/“屏幕”、“打印”或“删除图片的剪裁区域”等操作后，则将无法恢复图片了。

12. 如何将幻灯片保存为图片

可以将幻灯片保存为图片，将其应用到其他应用程序中，比如 Word 中，方法为：

（1）切换到要保存为图片的幻灯片，然后单击菜单命令“文件”/“另存为”，弹出“另存为”对话框。

（2）在“保存类型”列表中选择所需的图形格式，比如 jpg 格式，然后单击“保存”按钮即可。

> 提示!!
> 在保存时可单击下列操作之一：
> ①如果只保存当前幻灯片，则选择“仅当前幻灯片”；
> ②如果要保存演示文稿中的所有幻灯片，则选择“每张幻灯片”。

13. 如何更方便地绘制多边形

在绘制和编辑多边形时，往往因为移动的距离比较小而显得麻烦而不精确。我们可以通过下面的方法来更好地控制多边形。

方法为：

（1）增加“显示比例”框中的放大程度。当显示为 200%时绘制细节就会更加容易了。

（2）使用“任意多边形”工具进行绘制，不要使用“自由曲线”工具。

（3）在 Windows“控制面板”中将鼠标的跟踪速度设置为最慢，当以很慢的速度绘图时，可以更好地控制。

14. 如何创建图片的镜像

可以使用下面的方法去创建一个对象的镜像，来实现幻灯片中的一些特殊效果：

（1）首先单击选中要复制的对象，比如复制一个月牙型的图形。

（2）单击菜单命令“编辑”/“复制”，然后在指定位置单击菜单命令“编辑”/“粘贴”。

（3）在“绘图”工具栏上单击“绘图”按钮，选择“旋转或翻转/水平翻转”。

（4）用鼠标拖动并放置复制的对象，使它与原始对象呈镜像，效果如图 13-1 所示。

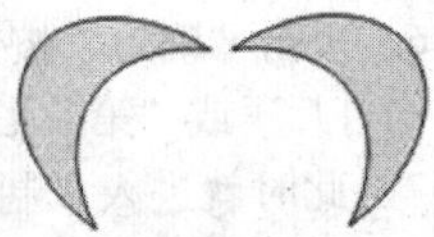

图 13-1

15. 如何创建到某幻灯片某个位置的超链接

一般的超链接都是创建到一个文件或网页。其实超链接还可是创建到某一个幻灯片中的某一位置，方法为：

（1）选择用于代表超链接的文本或对象，然后单击菜单命令“插入”/“超链接”。

（2）在弹出的“编辑超链接”对话框的“链接到”栏中，选择“本文档的位置”选项；在右边的“请选择文档中的位置”栏中选择需要链接到的幻灯片。然后在“幻灯片预览”栏中可以看到所选择的幻灯片的外观。

（3）如果还想要创建鼠标指针停留在超链接上时显示的屏幕提示或简短批注，则单击“屏幕提示”按钮，输入所需要提示的文本。如果没有指定提示，则使用默认提示。

（4）最后单击“确定”按钮，结束操作。

16. 如何在幻灯片中录制旁白

用户有时候需要使用自己的解说来为幻灯片增加个性化的东西。比如可以为每张幻灯片添加旁白，使其更加有声有色。这就需要我们在幻灯片中录制旁白。那么该怎么录制呢？方法为：

（1）单击菜单命令“幻灯片放映”/“录制旁白”，弹出“录制旁白”对话框。

（2）单击“更改质量”按钮可以设置录制声音的质量，然后在弹出“声音选定”对话框中的设置可以控制整个幻灯片文件的大小。如果对音质要求不高，而对文件的大小限制有要求，就在“属性”栏中选择位数小的（比如 8 位）和单声道的选项；反之，则选择 16 位的甚至立体声的选项。

（3）单击“确定”返回“录制旁白”对话框。

（4）此外可以设置“话筒级别”。

（5）如果要将使用外部的声音文件作为旁白，可以选中“链接旁白”，并在“浏览”中选择一个声音文件作为旁白。

（6）单击“确定”按钮，在弹出的“录制旁白”对话框中可以选择为“当前幻灯片”或“第一张幻灯片”录制旁白，这里选择“当前幻灯片”。

（7）此时就进入录制状态，用户可以利用话筒录制了。

（8）录制完毕后，按 Esc 键，弹出如图 13-2 所示的对话框。

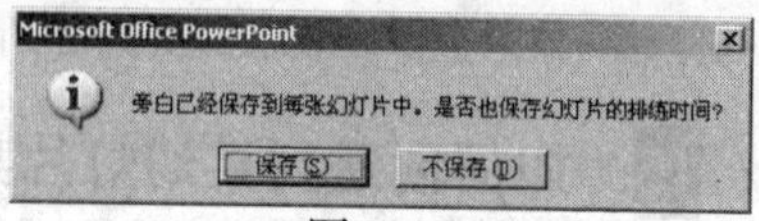

图 13–2

（9）单击“保存”按钮即可。

17. 如何为超链接添加声音

一般的，当用户单击超链接后，画面只是简单地切换到链接的幻灯片处。而用户不想安于此，却想在切换时添加一段音乐，从而体现个性化的超链接。如何创建与众不同的超链接呢？

方法为：

（1）选择创建好超链接的文本或对象，然后单击菜单命令“幻灯片放映”/“动作设置”。

（2）在弹出的“动作设置”对话框中选择“单击鼠标”选项卡，然后在其中选择“播放声音”按钮，在下面的下拉菜单中选择需要播放的声音。

（3）如果要在指向对象时应用动作设置，则单击“鼠标移过”选项卡，按照类似步骤（2）的操作方法进行设置。

（4）单击“确定”按钮，结束操作。

18. 如何在幻灯片中播放影片

我们可以从以下位置向幻灯片中添加影片：本地计算机上的文件、剪辑管理器、Intranet 或 Internet 等。

当影片插入幻灯片后，可以有多种启动它的方法：

（1）某一幻灯片显示时自动播放。

（2）用鼠标单击或移到该影片的图标上。

（3）创建一个计时以在指定的延迟后播放。

插入后的影片文件的默认插入方式是“链接”，而不像图片或绘图一样以“嵌入”方式插入到演示文稿中。这样演示文稿的大小就没有太大的改变。因此如果要在另一台计算机上播放带有链接文件的演示文稿，则必须在复制该演示文稿的同时复制它所链接的文件。

19. 如何以黑白方式显示图片

在编辑幻灯片时，有时需要特殊效果，需要将图片以黑白形式来显示。怎么办呢？方法为：

（1）选择要设置为黑白显示的图片，然后单击菜单命令“视图”/“工具栏”/“图片”，弹出“图片”工具栏。

（2）单击其中的“颜色”按钮，然后选择“黑白”即可。

（3）最后单击“确定”按钮，结束操作。

13-3 幻灯片排版技巧

1. 如何为幻灯片添加备注

在普通视图和大纲视图中，我们可以看到在幻灯片的下侧有一个“单击此处添加备注”提示文字以及一个小窗口。这就是备注窗口。我们可以在其中添加备注。

方法为：

（1）打开要添加备注的演示文稿，然后选择一种视图模式。

（2）单击备注窗口的编辑区，在其中插入备注文字。

（3）如果要改变字号大小，可以将光标放置在备注窗口中，使用“常用”工具栏上的“显示比例”按钮设置新的显示比例即可。

2. 如何为幻灯片添加页眉和页脚

我们可以为演示文稿中的每个幻灯片添加相同或者不同的页眉和页脚。

方法为：

（1）单击菜单命令“视图”/“页眉和页脚”。

（2）在弹出的“页眉和页脚”对话框中选择“幻灯片”标签；然后选中“日期和时间”复选框，表示在页眉和页脚中插入日期和时间。如果要保持日期和时间的随时变动性，可以选中下面的“自动更新”；否则选中“固定”；如果要添加幻灯片的编号，则选中“幻灯片编号”；由于第一张幻灯片往往跟后面的幻灯片不同，可能不需要页眉和页脚，则可以选择“标题幻灯片中不显示”。

（3）单击“备注和讲义”选项卡，这里设置的效果应用于备注和讲义中，而不是幻灯片。在这里根据在“幻灯片”标签中的操作进行必要的设置。

（4）最后单击“应用”按钮即可。

如果要应用到所有的幻灯片，则单击“全部应用”。

3. 如何自动更新页眉、页脚中的日期和时间

如何才能让页眉、页脚中的时间和日期随系统自动更新呢？

方法为：

（1）单击菜单命令“视图”/“页眉与页脚”。

（2）在弹出的对话框中单击“幻灯片”选项卡，然后选择“日期与时间”复选框，并单击“自动更新”按钮。

（3）最后单击“全部应用”按钮即可。

以后在每次打开 PowerPoint 文档时，将随系统自动更新页眉、页脚的日期和时间。

4. 如何创建带有动画效果的背景

为了给幻灯片增加生机勃勃的景象，我们可以为它们添加动画效果的

背景。在制作带有动画效果的背景时，首先必须找到一幅背景图片，用 GIF 动画制作软件对该背景图片进行加工，并将其保存为 GIF 动画格式。

方法为：

（1）打开演示文稿，然后单击菜单命令“视图”/“母版”/“幻灯片母版”，打开母版幻灯片。

（2）单击菜单命令“插入”/“图片”/“来自文件”，选择制作好的 GIF 动画。

（3）单击母版工具栏上的“关闭”按钮。这样动画背景就制作完成了。

5. 如何改变幻灯片的设计模板

如果对当前的模板不满意，或者还没有使用模板，我们就可以改变或应用幻灯片的模板。

方法为：

（1）单击菜单命令“格式”/“幻灯片设计”。

（2）在弹出的“幻灯片设计”对话框中选择“设计模板”，然后在下面的栏目中选择需要的模板，它包括当前幻灯片中已用的模板、最近使用过的模板以及可以使用的模板。

（3）将鼠标移动到需要应用的模板图标上，在出现的如图 13-3 所示的下拉菜单中选择合适的选项即可。

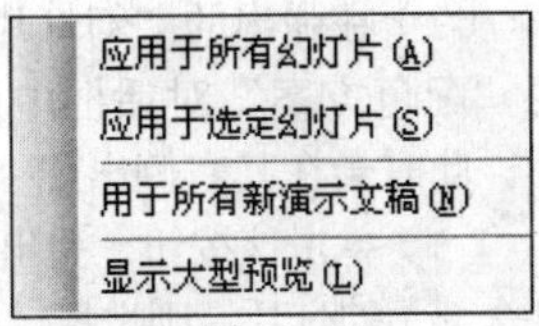

图 13-3

6. 如何防止更改配色方案的同时改变图表颜色

当应用配色方案时，幻灯片中的图表同时会改变颜色，这样会很糟糕。该怎样消除这种现象呢？

方法为：

（1）单击要保留其颜色的图表，然后单击菜单命令“视图”/“工具栏”/“图片”。

（2）在弹出的“图片”工具栏中单击“重新着色”按钮，弹出“图表重新着色”对话框。

（3）若要允许图表参照演示文稿的文本和背景色，则单击“参照文本及背景色”；若要保留图表的当前颜色，则单击“无”。

（4）单击“确定”按钮，结束操作。

7. 让模板别具一格

在使用 PowerPoint 编辑幻灯片时，系统提供了很多种模板供我们使用。有时候为了别具一格，希望把自己设计的一些幻灯片样式保存为模板，该怎么做呢？

方法为：

在保存的时候，单击菜单命令“文件”/“另存为”，在出现的“另存为”对话框中把保存类型设置为“演示文稿设计模板”，就可把该页幻灯片保存为模板，以供下次调用了。

8. 如何改变幻灯片的配色方案

可以为已有的幻灯片使用配色方案，使得它们更加美观。

方法为：

（1）单击菜单命令“格式”/“幻灯片设计”。

（2）在弹出的“幻灯片设计”对话框中选择“配色方案”，然后在出现的“配色方案”对话框中选择一个合适的配色方案，将鼠标移动到它上面，此时会在其右侧出现一个下拉按钮。

（3）单击该按钮，弹出一个菜单。如果要将配色方案应用于选定的（不是全部）幻灯片，则选择“应用与所选幻灯片”；如果应用了多个设计模板，并希望将配色方案应用于所有幻灯片，则选择“应用于所有幻灯片”。

9. 如何为幻灯片添加编号

有时，为了便于告诉演讲者当前的幻灯片在演示文稿中的位置，需要插入编号。而编号一般放置于页眉和页脚处。所以我们必须设置页眉和页脚，然后在页眉和页脚中插入幻灯片编号。

方法为：

（1）单击菜单命令“视图”/“页眉和页脚”，在弹出的“页眉和页脚”对话框中单击“幻灯片”选项卡，然后选中“幻灯片编号”。

（2）最后单击“全部应用”按钮即可。

10. 如何更改编码列表中的开始编号

一般情况下，项目编号都是从“1”开始的。其实在 PowerPoint 中，其项目编号不一定非要从“1”或者“a”之类的开始。我们可以对编码列表的开始编号进行修改，使得编码工作更灵活。

方法为：

（1）选择要更改项目编号的文本，然后单击菜单命令“格式”/“项目符号和编号”。

（2）在弹出的“项目符号和编号”对话框中选择“编号项”选项卡。

（3）在“开始于”栏中选择所要的编号，比如“3”。

（4）最后单击“确定”返回。

此时项目符号从“3”开始。

11. 如何改变幻灯片的版式

无论以哪种方式创建幻灯片，我们接下来的工作都是要向幻灯片输入内容。没有内容的演示文稿是不成立的。而输入内容的过程其实就是撰写每一张幻灯片的过程。所谓版式，就是指幻灯片的格式和版面布局。根据所提示信息所包括的对象类型不同，可以分为多个版式：空白类，纯文本类，表格类，文本与单一对象类，文本与多个对象类，图表类，剪贴画类和多媒体类。

那么如何在这么多版式中进行随意的更改呢？方法为：

（1）单击菜单命令“格式”/“幻灯片版式”。

（2）在弹出的“幻灯片版式”对话框中浏览其中的“文字版式”、“内容版式”、“文字和内容版式”、“其他版式”等栏目中的版式，选择需要的合适的版式。

（3）将鼠标移至选中的版式上面，此时会出现一个下拉箭头，单击它，弹出一个菜单。如果要应用于当前幻灯片，则选择“应用于选定幻灯片”；如果要插入新幻灯片并应用该版式，则选择“插入新幻灯片”。

12. 如何将图片文件用作项目符号

有时候使用系统默认的项目符号，比如“1、2、3”、“a、b、c”可能不能满足用户的要求。其实，我们还可以使用图片文件作为项目符号。

方法为：

（1）选择要添加图片项目符号的文本或列表。

（2）单击菜单命令“格式”/“项目符号和编号”，选择“项目符号项”选项卡。

（3）单击“图片”，在弹出的“图片项目符号”对话框中选择一张图片。

（4）单击“确定”按钮，结束操作。

如果要将自己的图片添加到此对话框中，则单击“导入”按钮，然后选择所需的文件，最后单击“添加”按钮即可。

13. 如何删除不需要的配色方案

如果不再需要某一个配色方案时，要删除它以节约空间时，该怎么办？

方法为：

（1）单击菜单命令“格式”/“幻灯片设计”。

（2）在弹出的“幻灯片设计”对话框中选择“配色方案”。

（3）在“幻灯片”选项卡上单击幻灯片以显示任务窗格中的配色方案。如果在演示文稿中应用了多个设计模板并且希望看到所有的可用配色方案，则按住 Ctrl 键并单击每个设计组的幻灯片。

（4）在任务窗格的底部单击“编辑配色方案”命令，在弹出的“编辑配色方案”对话框中单击“标准”选项卡，然后在“配色方案”栏中选择要删除的配色方案。

（5）最后单击“删除配色方案”按钮即可。

提示!! 一篇演示文稿必须包含至少一种配色方案，因此不能把所有的配色方案都删除掉，必须保持一种。

14. 如何用高对比度查看幻灯片

如果需要，我们可以采用高对比度来查看幻灯片。

方法为：

（1）单击 Windows 任务栏左侧的“开始”菜单，将鼠标指向“设置”，单击弹出菜单中的“控制面板”命令。

（2）双击“辅助选项”图标，在出现的对话框的“显示”选项卡上选中“使用高对比度”复选框，然后单击“确定”按钮。

（3）切换到 PowerPoint 中，单击菜单命令“视图”/“颜色/灰度”/“高对比度”。

提示!! 高对比度仅是一种屏幕设置，此设置不影响实际的演示文稿，也不应用于打印的演示文稿。

13-4　视图操作技巧

1. 如何获取幻灯片缩略图

如果用户在“大纲”选项卡，而不是在“幻灯片”选项卡（在该选项卡上缩略图可见）上工作，或在仅显示幻灯片窗格的情况下，幻灯片缩图将十分有用。用户可以在幻灯片窗格中放大幻灯片或者使用灰度进行查看，但幻灯片缩图保持不变，从而提供完整的、格式化的幻灯片视图。

我们可以添加一个菜单项目或工具栏按钮来激活它。该视图在幻灯片窗格中显示当前幻灯片的缩微版本。

方法为：

（1）单击菜单命令“视图” / “工具栏” / “自定义”。

（2）在出现的“自定义”对话框中单击“命令”选项卡，然后在“类别”栏中选择“视图”，并在随后的命令栏中找到“幻灯片缩图”。

（3）将“幻灯片缩图”拖到菜单或工具栏中。此时指针上会出现一个加号，并将有一条黑线指示放置命令的位置。

（4）单击“关闭”按钮。

现在，用户单击该按钮或命令就可以激活幻灯片缩图。

2. 如何在大纲中展开或折叠隐藏文本

可以在大纲中快速地展开或者折叠文本。

方法为：

（1）若要在单张幻灯片上折叠文本，可通过双击幻灯片图标 ▣ 或按 Alt+Shift+“－”（减号）组合键来实现；若要在单张幻灯片上展开文本，继续双击幻灯片图标或按 Alt+Shift+“+”（加号）组合键即可。

（2）若要折叠演示文稿中的所有文本，可在“常用”工具栏上，单击“全部展开”按钮,或按 Alt+Shift+“1”（数字）组合键；若要展开演示文稿中的所有文本，则在“常用”工具栏上单击“全部展开”按钮或按 Alt+Shift +9 键即可。

3. 如何使用快捷键对大纲进行操作

通过键盘上的快捷键，可以对大纲进行快速准确方便的操作。

升级一个段落，则按 Alt+Shift+←。

降级一个段落，则按 Alt+Shift +/。

向上移动选定的段，则按 Alt+Shift + ↑。

向下移动选定的段，则按 Alt+Shift + ↓。

显示第 1 级标题，则按 Alt+Shift +1。

展开标题下的文本，则按 Alt+Shift + “+”（加号）。

折叠标题下的文本，则按 Alt+Shift + “－”（减号）。

显示或折叠全部文本或标题，则按 Alt+Shift +A。

打开或关闭字符格式，则按数字键盘上的“斜线（/）”。

4. 如何在大纲中增加或减少文本缩进量

要对幻灯片中的文本进行排版时，经常要增加或减少文本缩进量。方法为：

（1）在普通视图的“大纲”选项卡上，单击要更改其缩进级别的文本。

（2）若要增加缩进量，则在“格式”工具栏上单击“增加缩进量”按钮，或按 Tab 键，也可按 Alt+Shift+“/”键增加文本缩进量。

（3）若要减少缩进量，则在“格式”工具栏上单击“减少缩进量”按钮，或按 Shift+Tab 组合键，也可按 Alt+Shift+“←”减少文本缩进量。

（4）若要将幻灯片标题作为前一个幻灯片项目符号列表的一部分，则单击该标题文本，然后单击“增加缩进量”按钮或按 Tab 键。文本位置上移至项目符号列表，可以继续添加到项目符号列表（原始幻灯片标题下的文本也上移）。

（5）若要将项目符号列表项目更改为下一个幻灯片的标题，则单击文本，再单击“减少缩进量”按钮或按 Shift+Tab 组合键（原始列表中文本下的项目也下移到下一个幻灯片）。

5. 如何使用 PowerPoint 的 3 种常见视图

在 PowerPoint 中，演示文稿的所有幻灯片都放在一个文件里，因此需要有多种方式从各个侧面来观察幻灯片的效果，所以在 PowerPoint 中除了常用的传统的普通视图外，还提供了“幻灯片浏览视图”和“幻灯片放映视图”。单击 PowerPoint 窗口左下角的视图切换按钮 ，就可在视图之间轻松地进行切换。最左边的是“普通视图”按钮，中间是“幻灯片浏览视图”按钮，最右边是“幻灯片放映视图”按钮。

（1）普通视图。普通视图是 PowerPoint 的默认视图，共包含两种窗格：大纲窗格和幻灯片窗格。这些窗格使得用户可以在同一位置使用演示文稿的各种特征。拖动窗格边框可调整不同窗格的大小。其中在大纲窗格可以输入演示文稿中的所有文本，然后重新排列项目符号点、段落和幻灯片；在幻灯片窗格中，可以查看每张幻灯片中的文本外观。可以在单张幻灯片中添加图形、影片和声音，并创建超级链接以及向其中添加动画。

（2）幻灯片浏览视图。在幻灯片浏览视图中，可以在屏幕上同时看到演示文稿中的所有幻灯片，这些幻灯片是以缩图显示的。这样，就可以很容易地在幻灯片之间添加、删除和移动幻灯片以及选择动画切换。还可以预览多张幻灯片上的动画，方法是：选定要预览的幻灯片，然后单击“幻灯片放映”菜单中的“动画预览”。

（3）幻灯片放映视图。在创建演示文稿的任何时候，用户都可以通过单击“幻灯片放映”按钮，来启动幻灯片放映和预览演示文稿。在幻灯片放映视图中并不是显示单个的静止的画面，而是以动态的形式显示演示文稿中各个幻灯片。幻灯片放映视图是演示文稿的最后效果，所以当演示文稿创建到一个段落时，可以利用该视图来检查，从而可以及时对不满意的地方进行修改。

在幻灯片的具体制作过程中，可以根据上面的介绍，在不同的要求下以及不同的编辑时段进行适当选择，便于操作。

6. 如何隐藏暂不需要的幻灯片

有时我们不需要放映一些幻灯片，但我们也不希望删除它，那么我们可以隐藏它们，这样在幻灯片放映时就不会播放它。

方法为：

选择要隐藏的幻灯片，然后单击菜单命令“幻灯片放映”/“隐藏幻灯片”即可。

这样，所选择的幻灯片就在随后的放映中不播放出来。而且隐藏的幻灯片在大纲中可以明显地发现在其编号周围有个矩形方框。

7. 如何快速在窗格之间移动

在编辑幻灯片时，需要在多个幻灯片之间进行切换。我们可以用下列方法快速在的各个幻灯片之间进行切换定位：

（1）按 F6 键可以顺时针方向在普通视图各幻灯片之间移动。

（2）按 Shift+F6 组合键可以按逆时针方向在普通视图幻灯片之间移动。

（3）按 Ctrl+Shift+Tab 组合键，可以在普通视图中“大纲与幻灯片”窗格的“幻灯片”和“大纲”选项卡之间切换。

13-5 安全性操作技巧

1. 如何理解 PowerPoint 的安全级别

PowerPoint 所定义的安全级别是用于降低宏病毒的感染的，如图 13-4 所示。

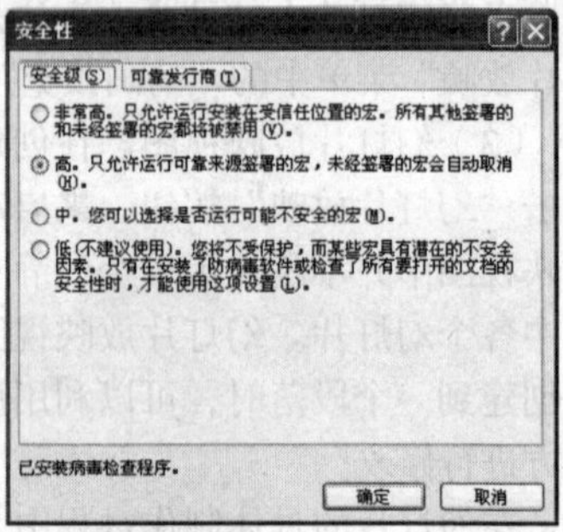

图 13–4

（1）非常高：只允许运行具有数字签名和确实来自可靠来源的宏。因此，当我们使用宏时，必须首先确认该宏的来源是否可靠，并且最好在对该宏进行签名之前进行病毒扫描。所有未签名的宏将会自动被禁用。此时，演示文稿在打开时不会有任何警告。

（2）高：当 PowerPoint 发现宏不是来自所列出的可靠来源时，系统会显示一条警告信息。这往往发生在刚打开演示文稿时。此时，用户可以选择启用或禁止宏。

（3）低：如果用户能确信打开的所有演示文稿和加载项都是安全的，则可以选择该选项。此时打开一切包含宏的演示文稿时总会启用宏。

2. 让 PowerPoint 文件更安全

该如何设置才能给 PowerPoint 文件加密，以防止别人未经允许就私自查看或更改自己的文件?

方法为：

（1）单击菜单命令“工具”/“选项”。

（2）在弹出的对话框中单击“安全性”选项卡，此时可以在“打开权限密码”和“修改权限密码”后输入相应密码。如果希望该文件的安全性更强，还可以单击右边的“高级”按钮，选择相应的“加密类型”来提高安全保障。

（3）单击“确定”按钮，结束操作。

3. 如何增强幻灯片的安全性

随着网络的发展，安全性已经成为一个不可忽视的问题。对于有很多用户共同使用的电脑，其安全性尤为重要。设置密码是一种增加安全性的方法，那么如何来增强幻灯片的安全性呢？方法为：

（1）防止别人从 PowerPoint 中直接打开文稿，可以清除最近打开的文档。

①单击菜单命令“工具”/“选项”，在弹出的“选项”对话框中选择“常规”选项卡。

②取消“列出最近使用文件数”的复选框。

③单击“确定”按钮，结束操作。

（2）为了快速启动文档，Windows 在“开始”菜单的“文档”中列出最近使用过的 15 个文档，为了防止别人从这里打开文件，应该将其清除。

移动光标到 Windows 任务栏中的“开始”按钮上，然后右击该按钮，从出现的菜单中单击“属性”，在打开的“任务栏和[开始]菜单”对话框中单击“自定义”按钮，在出现的“自定义[开始]菜单”的“高级”选项卡中清除“列出我最近打开的文档”前的复选框即可。

（3）用专用文件保护软件。

13-6 其他操作技巧

1. 如何在“插入”菜单栏中添加“符号”项

利用 PowerPoint“插入”菜单栏的“符号”选项可以添加特殊符号，但为什么在我的电脑上找不到呢？

这是因为你的电脑上没有安装微软拼音输入法，只要正确地安装该输入法就能找到它。

2. 如何将演示文稿转化为文本格式

如果不能将演示文稿保存成图形文件，则可以使用文本格式来转换演示文稿。可以将文稿保存为 RTF 格式的文件。如果不希望保存文本格式，或是用

户的程序不支持 .rtf，可以将演示文稿保存为纯文本文件（.txt）。

将演示文稿转化为文本格式的方法为：

（1）单击菜单命令“文件”/“另存为”。

（2）在弹出的“另存为”对话框的“保存类型”中选择“大纲”/“RTF 文件（*.rtf）”；在“文件名”栏中输入要保存的文件名。

（3）单击“确定”按钮，结束操作。

3. 如何用特殊符号做项目符号

如果想采用一些有意思的特殊符号来做项目符号，该怎么办？

方法为：

（1）选定需要设置项目符号的文字，然后单击鼠标右键，从出现的菜单中单击“项目符号和编号”选项，在弹出的“项目符号和编号”对话框中单击“自定义”按钮，就会出现“符号”对话框。

（2）单击“字体”下拉列表选择不同类型的字体，同时在下面的符号列表中选择各类适合的特殊符号。如果希望更改符号的颜色或是大小，还可以在返回的“项目符号和编号”对话框中，直接选择适合的颜色和设置它的大小以达到满意的效果。

4. 如何解决打印幻灯片时出现的没有反应现象

有时在打印幻灯片时，会出现没有任何反应的现象。这时，我们应该按先硬件后软件的方法来检查出现该现象的原因。

方法为：

（1）确定打印机打开并处于联机状态。应该有一个标记为 Online 的按钮或开关。

（2）检查计算机与打印机间的电缆两端，看其连接是否牢靠。

（3）随后确认打印机中有纸，检查“打印”对话框内所选择的打印范围，是否与要打印的幻灯片相符；检查“打印”对话框内的打印机名称是否与正在使用的打印机相符；检查 Microsoft Windows“打印机”文件夹内的打印任务状态。尝试打印其他演示文稿。如果该演示文稿能够顺利打印，问题可能出在原演示文稿的内容上。

5. 如何一次性展开全部菜单

在使用 PowerPoint 菜单的过程中，发现有时候要想全部展开所有菜单项，必须单击菜单中向下的双箭头，非常麻烦。可以避免这类重复操作一次性展开全部菜单吗？

可以，方法为：

单击菜单命令“工具”/“自定义”，在弹出的“自定义”对话框中单击“选项”选项卡，选定“始终显示整个菜单”复选框，再单击“关闭”按钮即可。

6. 如何更改撤销次数

PowerPoint 可以撤销的操作次数默认是 20 次。一般情况下这已经足够了，但在某些特殊的时候可能我们需要撤销的次数远远不止这个数，此时就有必要修改这个默认值。

方法为：

（1）单击菜单命令“工具”/“选项”，弹出“选项”对话框。

（2）选择“编辑”选项卡。

（3）在“最多可取消操作数”栏中设置需要撤销的次数。

（4）单击“确定”按钮，结束操作。

提示!!

此数值最高限制次数为 150 次。而且此数值越大占用系统资源越多。

7. 如何将有文字说明的图片保存为图片格式

如果要将 PowerPoint 中带有文字说明的图片保存为图片格式，以便下次调用该图片时无需再次添加文字说明，该怎么办呢？

（1）选定图片所在的幻灯片，把图片以外的其他无须保存为图片格式的所有文字或对象都清除。

（2）选定该图片，并把它的大小调整到和整个幻灯片编辑区一致。单击菜单命令“文件”/“另存为”，在弹出的对话框中输入新的文件名，并且把“保存类型”设置为“JPEG 文件交换格式”或“GIF 可转换的图形格式”，就能实现把有文字说明的图片保存为图片格式这一操作了。

8. 如何让多个对象整齐排列

在某张幻灯片上插入了多个对象，希望用鼠标拖动的方式能让它们间隔均匀地排列整齐，但是怎么都做不好。该怎么做呢？

方法为：

（1）首先用鼠标右键单击工具栏任意位置，在弹出的工具栏选择列表中选中“绘图”以调用出绘图工具栏。

（2）然后按住 Ctrl 键不放的同时，依次单击需要排列的对象，再选择绘图工具栏最左边的“绘图”按钮，单击“对齐或分布”选项，最后在排列方式列表中任选一种合适的排列方式即可实现多个对象间隔均匀地整齐排列。

9. 如何让 PowerPoint 自动保存更新后的幻灯片

如果要让 PowerPoint 能自动保存更新后的幻灯片，以避免由于死机或断电等特殊原因造成的文件丢失，该怎么操作？

方法为：

单击菜单命令“工具”/“选项”，在出现的对话框“保存”选项卡下选中“允许快速保存”复选框即可。也可以设置自动保存的时间间隔，以便 PowerPoint 自动按所设置的时间间隔保存更新后的幻灯片。

10. 如何添加可靠来源的安全宏

为了只运行我们信赖的宏，可以把那些觉得可靠的宏添加到我们的安全宏列表中去，从而能使之顺利运行。具体的添加工作如下：

（1）打开包含宏的演示文稿或装入加载项，弹出一“安全警告”对话框。

（2）选中“永远相信来源于此的宏”复选框，单击“确定”按钮即可。

提示!!

如果“安全警告”框中没有“永远相信来源于此的宏”复选框，则说明该宏未进行数字签名，那么它就不能被添加到可靠来源中。

11. 如何在幻灯片中添加日期和时间

如果要给幻灯片添加创建的日期或时间，该怎么办？

方法为：

首先将插入点移动到需要插入日期或时间的幻灯片的相关位置，然后单击菜单命令“插入”/“日期与时间”，在弹出的对话框中的“可用格式”列表中选定一种表示方式，最后单击“确定”按钮即可。

12. 如何在不同的幻灯片上使用不同的模板

在用 PowerPoint 设计幻灯片时常常用到模板，但是不知道该怎样才能在每张幻灯片上使用不同的模板。

方法为：

（1）首先用鼠标右键单击需要应用模板的幻灯片，在弹出的菜单中选择“幻灯片设计”选项后，幻灯片编辑区的右边就会出现幻灯片设计选项框。

（2）单击“设计模板”，把鼠标在模板列表中合适的模板上停留一会儿，在右边出现下拉按钮时单击该按钮，选择“应用于选定幻灯片”项。重复该操作，即可在每张幻灯片上使用不同的模板。

13. 如何正确地打印幻灯片

如果要打印幻灯片的话，需要注意以下几点，才能正确地打印：

（1）首先应设置好要打印的幻灯片大小。若要查看幻灯片的打印效果，请在“文件”菜单上单击“打印预览”命令，再进行所需的更改。

（2）在“打印预览”工具栏的“打印内容”框中选择“幻灯片”，然后在“打印预览”工具栏上单击“打印”按钮即可。

（3）如果要打印彩色幻灯片，单击菜单“视图”/“颜色”/“灰度”/“颜色”。必须将彩色打印机选为默认打印机，才能在“打印预览”中预览彩色幻灯片。

（4）如果正在创建投影机的透明胶片，单击此操作可以在透明胶片上打印演示文稿。Microsoft PowerPoint 对于选定的打印机自动优化幻灯片，将其打印为黑白或彩色。

14. 为什么无法在幻灯片中使用宏

有时，我们在一个使用“宏”功能的演示文稿中不能单击宏，这是什么原因呢？一般有两种可能。

（1）可能是由于宏已被系统自动禁用了。

（2）PowerPoint 的安全级别设置为“高”，而且该演示文稿所使用的宏中含有未签名的宏。

要使用宏功能，可以单击“工具”/“选项”，在弹出的 “选项”对话框选择“安全性”选项卡，并将安全级更改为“中”，然后关闭演示文稿或卸载加载宏。

15. 如何让幻灯片中的日期或时间随着系统日期或时间变化

如果希望在幻灯片中创建的日期或时间能随着系统日期或时间变化，该如何操作?

方法为:

首先将插入点移动到要设置的幻灯片的相关位置，然后单击菜单命令“插入”/“日期与时间”，在弹出的对话框中选择“自动更新”复选框，就可以让添加的日期和时间随系统自动更新。

16. 如何打印被隐藏的幻灯片

为了在播放演示文稿时不播放幻灯片，我们可以将它隐藏。但是在打印文稿时，我们又希望它能正常地打印出来。那么我们如何将隐藏的幻灯片在保持隐藏状态的同时又将它们标记为“打印”状态呢?

方法为:

（1）单击菜单命令“文件”/“打印”，弹出“打印”对话框。

（2）选中“打印隐藏幻灯片”复选框，然后单击“确定”按钮结束操作。

17. 如何统计幻灯片中包含的字数和幻灯片张数

要想统计幻灯片中的字数和幻灯片的张数，该怎么办?

方法为:

单击菜单命令“文件”/“属性”，在弹出的对话框中单击“统计”选项卡，在出现的“统计信息”列表中即可查看该幻灯片中包含的字数和幻灯片张数。

18. 如何在备注中添加图片

一般情况下，我们可以向幻灯片上添加图片等多媒体对象，也会给幻灯片添加备注文字。其实，我们可以在备注中插入图片。那么如何向备注中添加图片对象呢?

方法为:

（1）打开菜单命令“视图”/“备注页”，使得程序出现当前幻灯片的备注页。

（2）在备注页上像平常一样添加图片或对象。

如果要从备注页视图返回普通视图，单击位于 PowerPoint 窗口左下角的“普通视图”按钮。

> 提示：在备注页中添加的图片看不到，但可以在打印预览和已打印的备注中看到它。

19. 如何提高幻灯片的打印速度

提高幻灯片的打印速度的方法有很多，方法如下：

（1）确定硬盘中至少有 2MB 的可用空间。

（2）如果同时打开了多个程序，则关闭不需要的程序。

（3）减少打印的分辨率。单击菜单命令“文件”/“打印”，弹出“打印”对话框。

（4）单击“属性”按钮，并选择“布局”选项卡，然后选择“高级”按钮。

（5）在弹出的“高级选项”对话框中可以改变“打印质量”，比如“300dpi”。

（6）尝试关闭后台打印，方法为：单击菜单命令“工具”/“选项”，弹出“选项”对话框。

（7）在“选项”对话框中选择“打印”选项卡，并清除“后台打印”复选框。

20. 如何更改最近使用的演示文稿的列表

如果对最近使用的演示文稿的列表数目嫌少，可以增加它的个数。

方法为：

（1）单击菜单命令“工具”/“选项”。

（2）在“选项”对话框中单击“常规”选项卡。如果要显示或隐藏该列表，则选中或清除“最近使用的文件列表”复选框；如果要更改要求显示的演示文稿文件的数目，则单击上下箭头以选择数字。

（3）最后单击“确定”按钮，结束操作。

> 提示：步骤（4）中最大的数字只能设置为“9”。此外，这里所选择的设置将只应用于 PowerPoint，但不会影响其他 Office 程序。

21. 给图片加上文字说明

要如何才能给幻灯片中的图片加上文字说明呢？如果想把文字说明放在图片中该怎么做呢？

方法为：

（1）只要在幻灯片中添加了图片，就可以直接单击屏幕左下方的“自选图形”按钮，在弹出的菜单中选择“标注”选项，同时在标注列表中选择一种合适的标注框类型。

（2）然后把鼠标移到需添加文字说明的区域，按住鼠标左键，拖动出标注框，并在其中输入文字说明。

①如果需要改变它的大小，可以选中标注框，把鼠标指针移到相应控点上，当它变成双向箭头的时候，按住鼠标左键，拖动该双向箭头即可调整标注框的大小。

②如果想把文字说明放在图片中，可以把鼠标指针移到标注框上，当它变成双十字箭头的时候，按下鼠标左键，拖动到图片上即可。

22. 如何在幻灯片播放时在幻灯片文稿上加入文字

有时候在 PowerPoint 中播放幻灯片文稿时，想在其中同时加入一些文字时，该怎么办？

方法为：

（1）只要在播放演示文稿的同时，单击鼠标右键，在弹出的菜单中选择“指针选项”中的“画笔”选项，此时指针会自动变成一枝画笔的形状。

（2）按住鼠标左键，就可以随意书写文字了。如果要结束该项操作，可以直接按 Esc 键退出，幻灯片会继续播放。

23. 如何快速为多张幻灯片着色

当多张幻灯片的着色方案都相同的时候，有什么快捷方法能够把同一方案运用于多张幻灯片吗？

有，方法为：

首先选中已经着色的一张幻灯片，然后用鼠标左键双击工具栏上的“格式刷”按钮，当鼠标指针右边出先一把刷子的时候，单击需要运用同一着色方案的各张幻灯片即可。

24. 如何将幻灯片中的任何对象保存为图片

如果想在其他程序中使用幻灯片里的对象，一种有效的方法就是将幻灯片对象保存为图片，使它以图片的形式插入到其他程序中。那么如何实现呢？

方法为：

（1）选择要保存为图片的对象，然后用鼠标右键单击它，在弹出的快捷菜单中选择“另存为图片”。

（2）在弹出的“另存为图片”对话框中的“保存类型”栏中选择希望保存的图片格式，比如 jpg 格式；在“文件名”框里，输入想要保存的图片名称。

（3）最后单击“保存”按钮，结束操作。

25. 如何把某一文件中的着色方案运用到另一文件中

如果是不同文档中的幻灯片，可以把某一文件中的着色方案运用到另一文件中吗？

可以，方法为：

在打开两个文档之后，单击菜单命令“窗口”/“全部重排”选项，然后像在同一文件中一样，利用格式刷操作即可。

26. 如何快速实现动作按钮的统一设置

在 PowerPoint 幻灯片设置过程中，常常要给幻灯片添加动作按钮。可是为了美观实用，又需要对同一幻灯片中的所有动作按钮做统一设置，非常麻烦。请问有什么快捷方法吗？

有，方法为：

（1）选中已设置好的动作按钮，单击鼠标右键，从弹出的菜单中单击“复制”选项。

（2）单击要设置同样动作按钮的其他幻灯片，选择“粘贴”选项，这样不仅在其他的幻灯片中设置了相同的动作按钮，这些按钮的位置也是完全相同的。

如果同一幻灯片上的动作按钮较多，可以按住 Ctrl 键全部选定以后，再进行“复制”和“粘贴”操作。

27. 如何把 Excel 工作表或图表插入到幻灯片中

有时需要在幻灯片中插入 Excel 工作表或图表，此时该怎么办？

方法为：

（1）选定需要插入 Excel 工作表或图表的幻灯片，并且把插入点移到合适的位置，然后单击“插入”菜单栏中的“对象”命令。

（2）如果要新建一个 Excel 工作表或图表，可以单击“插入对象”对话框的“新建”单选按钮，并且在右边的选择列表中选择插入“Microsoft Excel 工作表”或“Microsoft Excel 图表”，单击“确定”按钮后就会插入新建的工作表或图表。

如果希望插入的是已经编辑好的工作表或图表，则单击“根据文件创建”项，然后单击“浏览”按钮来导入相应的工作表或图表。

28. 如何把多个演示文稿合并

在 PowerPoint 2003 的实际应用过程中，有时候需要把多个幻灯片演示文稿合并，并且希望它们分别保持原有的风格。请问可以吗？如果可以，该怎么操作呢？

当然可以，方法为：

首先打开需要合并的某一个演示文稿，然后单击菜单中的“工具”栏的“比较并合并演示文稿”选项，在弹出的对话框中选择要与之合并的另一个演示文稿并单击“合并”按钮，接着按提示单击“继续”按钮，操作完成后即可实现两个文稿的合并。

29. 如何设置超链接

在 PowerPoint 中使用超链接功能不仅可以在不同的幻灯片之间自由切换，还可以在幻灯片与其他程序或文件之间随意地转换。如何才能设置超链接呢？

方法为：

（1）首先选中需要设置超链接的图像或文字，单击“幻灯片放映”菜单栏的“动作设置”选项。根据需要单击“单击鼠标”或“鼠标移过”选项卡。

（2）选择“超链接到”单选按钮，并在下拉列表中选择要链接到的内容。如果要链接的内容不在该下拉列表中，可以单击“其他文件”来导入相应的链接内容，设置完毕单击“确定”按钮即可。

（3）除了上述两种方法以外，还可以利用“动作按钮”来设置超链接。方法如下：单击“幻灯片放映”菜单的“动作按钮”选项，在列表中任选一个适合的动作按钮。把鼠标移到幻灯片编辑区域，指针就会变成一个黑“十”字型，在需要添加超链接的位置按住鼠标左键拖动，绘出一个动作按钮。

30. 如何用键盘辅助定位对象

鼠标定位对象不太准确，该怎么办？

方法为：

可以利用键盘来帮忙。按住 Shift 键的同时用鼠标水平或竖直移动对象，可以基本接近于直线平移。在按住 Ctrl 键的同时用方向键来移动对象，可以精确到像素点的级别，非常准确。

31. 如何利用网格和参考线来整齐排列对象

如果要实现多个对象横向或纵向的整齐排列，方法为：

（1）首先单击菜单命令“视图”中的“网格和参考线”选项，在弹出的“网格线和参考线”对话框中选中“对象与网格对齐”和“屏幕上显示绘图参考线”复选框。

（2）单击“确定”按钮返回到幻灯片编辑区域后，会发现多了两条相互垂直的辅助线。可以先把其中的一条辅助线拖动到对象要排列的相应位置，然后再逐一拖动对象至辅助线附近，对象就会自动地与辅助线对齐。多个对象也就非常漂亮地整齐排列好了。

32. 如何改变默认文件保存位置

PowerPoint 默认的文件保存位置是“我的文档”文件夹，但实际上用户不会把演示文稿保存到那里，而是存放到其他逻辑硬盘上的文件夹中。这样每次保存就会频繁地更改目录。可以更改文件的默认保存位置，使得操作更加简便。

方法为：

（1）单击菜单命令“工具”/“选项”，弹出“选项”对话框。

（2）单击“保存”选项卡，在“默认文件位置”中输入要保存到的文件夹的路径名称即可。

33. 如何将大纲、备注或讲义发送到 Word

如果要将 PowerPoint 的大纲、备注或讲义发送到 Word，该怎么办?

方法为:

（1）单击菜单命令“文件”/“发送”，在弹出的下拉列表中选择“Micro-soft Office Word”选项。如果要发送到 Word 的是大纲，必须选择“只使用大纲”；如果要发送到 Word 的是备注，可以选择“备注在幻灯片旁”或“备注在幻灯片下”；如果要发送到 Word 的是讲义，那么可以选择“空行在幻灯片旁”或“空行在幻灯片下”。

（2）最后单击“确定”按钮即可。

34. 如何利用“快速保存”减小幻灯片大小

PowerPoint 的“快速保存”功能每次保存时都在文件尾增加本次的更改情况。这样就使得文件存储了大量修改信息，变得越来越大。可以通过关闭“快速保存”功能，不保存这些信息。

方法为:

（1）单击菜单命令“工具”/“选项”。

（2）在弹出的“选项”对话框中选择“保存”选项卡，取消选中“允许快速保存”复选框。

（3）单击“确定”按钮关闭对话框，结束操作。

35. 为何不能调整文本或图片等对象的大小

一般情况下，我们可以自由地调整文本框或插入图片的大小，但有时候却不能调整其大小。原因可能是文本的“调整对象大小以适应文字”选项或图片的“锁定纵横比”选项被选中了。可以按如下方法取消这两个选项:

（1）对于文本框，选择该文本框。然后单击菜单命令“格式”/“占位符”，弹出“设置文本框格式”对话框。

（2）选择“文本框”选项卡，并清除“调整自选图形以适应文字”复选框。

（3）选中该图片。

（4）单击“格式/图片”菜单命令，弹出“设置图片格式”对话框。

（5）选择“大小”选项卡，并清除“锁定纵横比”复选框即可。

13-7　幻灯片操作故障处理速查

1. 在标题母版中修改了文本属性，但标题幻灯片却不变

标题母版从幻灯片母版中继承所有的文本属性。如果在幻灯片母版中修改了文本的字体、字号或样式，这些变化都会反映到标题幻灯片中。要在标题母版中使用不同的文本属性，可以在改完幻灯片母版中的文本属性之后再修改标题母版中的文本属性。这样，所做的修改就只停留在标题母版中，而不会体现到幻灯片母版中。

2. 试图保存对演示文稿的修改时，获得演示文稿是只读文件的信息

不能对只读的演示文稿进行任何更改。如果要保存更改，请使用“文件”菜单中的“另存为”命令，用新名称保存该演示文稿。如果将此演示文稿保存于新的或其他文件夹中，可以使用相同的名称。

3. 文本不随对象移动、翻转或旋转

使用“文本框”工具创建且置于对象上的文本不会附在对象上。此文本不会随对象移动、翻转或旋转。

（1）如果要附着文本，使其成为对象的一部分，请单击该对象并输入文本。

（2）如果要将文本框和对象组合成为一个单位，请选择该文本和对象时按下 Shift 键，单击“绘图”工具栏上的“绘图”，再单击“组合”即可。

4. 无法更改对象正文文字的页边距，或文本不能容纳到对象中

只有在选择“调整自选图形尺寸以适应文字”复选框时，才能调整文

本和对象间的页边距，或使文本容纳到对象中。

方法为：

（1）选择对象。

（2）在“格式”菜单中，为所选对象类型单击命令，例如，“自选图形”或“文本框”。

（3）在所出现的“设置文本框格式”对话框中单击“文本框”选项卡，再选中“调整自选图形尺寸以适应文字”复选框。

5. 无法向备注页中添加图片或图形对象

普通视图下无法在备注窗格中绘制或放置图片。可单击“视图”菜单中的“备注页”命令切换到备注页视图，然后在其中绘制或添加图片。图形对象或图片会在你打印备注页或切换到备注页视图时出现。

6. 图形对象或图片未出现在每张幻灯片中

将图形对象或图片添至幻灯片母版。单击菜单命令“视图”/“母版”子菜单中的“幻灯片母版”命令。

添加所需的图形对象或图片，然后单击“母版”工具栏上的“关闭”按钮返回普通视图。

背景可设为忽略母版的图形。为此单击“格式”菜单中的“背景”命令，设置忽略母版的背景图形复选框不被选中。

7. 创建或更改图表时，出现程序无法启动的信息

计算机的内存不够，因此不能运行另一个程序。

如果正在运行其他程序，请先存储文档，然后关闭这些程序。如果在PowerPoint 中打开多个演示文稿，请将当前处理的演示文稿之外的所有演示文稿关闭。

第 14 章

PowerPoint 2003 幻灯片的多媒体操作和播放技巧与故障处理速查

Office 2003 高效办公速查 1000——→本章内容

14-1 多媒体操作技巧

1. 让图片同时运动起来

在 PowerPoint 中设置了动画效果的图片，往往只能够按前后顺序运动起来。能让它们同时运动吗？

能，方法为：

（1）在按住 Shift 键的同时，分别选定各张图片，然后单击“绘图”下拉菜单，选择“组合”选项把它们设置为一个整体。

（2）单击菜单“幻灯片放映”/“自定义动画”，在出现的对话框中为该组合设置一个动画效果后，就会发现这些图片都同时运动起来了。

2. 如何换个角度显示剪贴画

如果想让插入的 PowerPoint 幻灯片中的剪贴画能够换个角度显示，该怎么办？

方法为：

选定该剪贴画，然后利用绘图工具栏的“绘图”下拉菜单下的“旋转或翻转”功能来实现。

提示!!

如果“旋转或翻转”选项功能是灰色的，就选定该剪贴画，然后单击绘图工具栏的“绘图”下拉菜单下的“取消组合”选项，并在弹出的对话框中直接单击“确定”按钮，此时，剪贴画被分解成了若干个被选定的小对象。再次选择绘图工具栏的“绘图”下拉菜单下的“组合”选项后，就会激活该功能了。

3. 如何为插入的图片减肥

为了使 PowerPoint 幻灯片更生动、更好看，常常需要在幻灯片中插入图片，但是这样会导致文件太大。要缩减图片文件的大小，该怎么办？

方法为：

（1）单击菜单命令“视图”/“工具栏”，在其下拉列表中选择“图片”，然后在弹出的图片工具栏上单击“压缩图片”按钮，出现“压缩图片”对话框。

（2）如果希望压缩的图片尽可能小，可以选定“删除图片的剪裁区域”复选框。还可以设置该压缩是运用于“选中的图片”还是“文档中的所有图片”。也可以根据需要来更改图片的分辨率，以达到最佳的效果。

（3）设置完毕，单击“确定”按钮，结束操作。

4. 如何实现动画效果

要在多媒体课件中设置栩栩如生的动画效果，该怎么办？

方法为：

PowerPoint 2003 的动画功能非常强大。我们可以通过“添加效果”中的“进入”、“强调”、“退出”、“动作路径”等功能实现相应的动态效果；同时在动画播放速度上有“非常慢”、“慢速”、“中速”、“快速”和“非常快”等多种选择，时间可以精确到 0.01 秒。为了达到最佳的效果，在动画连接控制方面增加了“之前（从上一项开始）”和“触发器动画”两项控制动画的新功能，并且还可以设置动画开始的“方向”等。

5. 如何导入 GIF 动画

GIF 动画是互联网上比较常用的图片格式，互联网上有着非常丰富的 GIF 资源，如果恰当地使用，就能给课件制作增色不少。从 Office 2000 开始，PowerPoint 就已经支持 GIF 动画了。

要将 GIF 动画导入 PowerPoint 中，方法为：

（1）单击菜单命令“插入”/“图片”/“来自文件...”，在打开的对话框中，选择一个 GIF 图片，然后单击“确定”按钮，图片就插入到文档中了。

（2）单击菜单命令“幻灯片放映”/“观看放映”，刚才插入的图片就会飞起来了。

6. 如何引入 Flash 动画

在幻灯片中插入 Flash 的动画，能让设计的幻灯片更好看、更灵活，但是该怎么操作呢？

可以利用“插入”菜单下的“对象”选项来完成 Flash 动画的引入，方法为：

（1）选定要插入 Flash 动画的那页幻灯片，然后单击菜单命令“插入”/“对象”。

（2）在出现的如图 14-1 所示的对话框中选择“由文件创建”单选按钮，并且在右边的“文件”文本框中输入要插入的 Flash 动画的路径和名称。

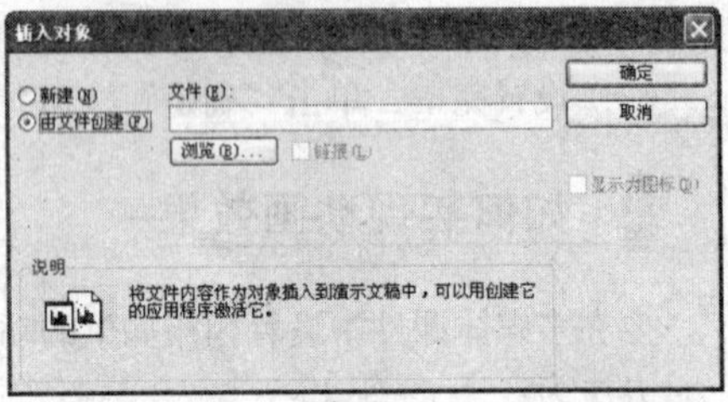

图 14-1

（3）单击“确定”按钮，返回到幻灯片页时会发现刚插入的 Flash 动画在该页上有一个图标。

（4）为了能够让插入的 Flash 动画顺利播放，还可以用鼠标右键单击该图标，在出现的菜单中选择“动作设置”选项，并在弹出的对话框中把“对象动作”下拉列表中设置为“激活内容”，同时可以根据需要选择是“鼠标移过”还是“单击鼠标”时播放该动画。

提示!!

采用上述方法插入的 Flash 动画必须在系统安装了相应 Flash 播放软件时，才能激活播放。

7. 如何为幻灯片设置动画方案

动画方案是除幻灯片切换外的另一种特殊效果，它能提供更多的效果。使用它可以给幻灯片带来类似好莱坞电影般的效果。如何为幻灯片设置动画方案呢?

方法为：

（1）选定需要应用动画的幻灯片，然后单击菜单命令“幻灯片放映”/“动画方案”。

（2）在弹出的“幻灯片设计”对话框中选择“动画方案”，在“应用于所选幻灯片”栏中选择一种动画方案。

（3）如果要将该动画方案应用到所有幻灯片上，单击“应用于所有幻灯片”按钮。

（4）如果要预览切换效果，则单击“播放”按钮。如果要播放演示文稿，就直接单击“幻灯片放映”按钮。

8. 如何让文字连续闪烁

在 PowerPoint 2003 中可以用“自动义动画”来做闪烁文字，但文字都是一闪而过，无法让文字连续闪烁。其实是可以实现连续闪烁的。

方法为：

（1）创建文本框，设置好其中文字的格式和效果，并制作成闪烁的动画效果。

（2）单击这个文本框，再单击“编辑”菜单下的“复制”命令，根据想要闪烁的时间来确定粘贴的该文本框个数，再将这些框的位置做相应的设置。

（3）最后把这些文本框都设置为在前一事件一秒后播放，文本框在动画播放后隐藏即可。

9. 如何让幻灯片字幕闪起来

要让幻灯片上的字幕能够由下至上缓缓上升，到顶端后才慢慢消失，这样的效果该怎么实现?

方法为：

（1）首先调整好字幕所在的位置及其文本框的大小，然后单击菜单命令“幻灯片放映”/“自定义动画”。

（2）在出现的“自定义动画”对话框中单击“添加效果”按钮，在出现的下拉菜单中选择“进入”效果列表中的“其他效果”选项，在弹出的对话框中选择“华丽型”中的“字幕式”即可。

（3）还可以在“自定义动画”对话框中设置该字幕运动的速度、字幕效果等。

10. 如何引入 MP3 音乐

想要把 MP3 音乐插入到幻灯片中，该怎么办?

可以通过“插入”菜单下的“对象”功能来实现，方法为：

（1）选定要插入 MP3 音乐的那页幻灯片，然后单击菜单命令“插入”/“对象”。

（2）在出现的对话框中选择“由文件创建”单选按钮，并且在右边的“文件”文本框中输入要插入的 MP3 音乐的完整路径和名称。

（3）单击“确定”按钮，返回到幻灯片页时会发现刚插入的 MP3 音乐在该页上有一个图标。

（4）选定该图标，然后单击菜单命令“幻灯片放映”/“自定义动画”，在出现的对话框中单击“添加效果”按钮，选择“对象动作”子菜单中的“激活内容”选项，这样就可以在幻灯片播放的时候，自动调用 MP3 音乐播放器来播放该音乐。

提示!!

> 要想实现 MP3 音乐的正确播放，系统必须安装相应的 MP3 音乐播放器。

11. 如何为动画效果添加声音效果

可以在动画效果进入屏幕时，为它添加声音效果来增加动感。

方法为：

（1）单击菜单命令“幻灯片放映”/“自定义动画”。

（2）在弹出的“自定义动画”对话框中选择需要添加声音效果的对象，然后单击旁边的下拉箭头，选择“效果选项”。

（3）在弹出的对话框的“声音”栏中选择一种声音即可。此外，还可以单击后面的“小喇叭”按钮调节音量。

12. 如何快速预览动画效果

要想快速预览正在编辑的幻灯片的动画效果，该怎么办？

方法为：

单击菜单命令“视图”/“幻灯片浏览”，在打开的窗口中就会发现有动画的幻灯片的左下方都会有一个五角星符号，单击该符号就可以实现动画效果的快速预览。

13. 如何让对象在显示之后隐藏

如果希望某个对象在显示后，在另一个对象显示前隐藏起来，该怎么办？方法为：

（1）单击菜单命令“幻灯片放映”/“自定义动画”。

（2）在弹出的“自定义动画”对话框中选择某个需要隐藏的对象，然后单击旁边的下拉箭头，选择“效果选项”。

（3）在弹出的对话框中选择“效果”选项卡，并在“增强”之下的“动画播放后”列表中，选择“播放动化后隐藏”即可。

14. 如何让对象随心所欲动起来

希望在幻灯片中插入的图片、文字等对象能够根据需要随意地移动，该怎么办?

方法为:

（1）用鼠标右键单击要设置移动效果的对象，在出现的菜单中选择“自定义动画”选项。

（2）在弹出的“自定义动画”编辑区域中单击“添加效果”按钮，然后选择“动作路径”选项。在弹出的下一级菜单中单击“更多动作路径”命令，在显示的“添加动作路径”列表中选择任意动作路径，再单击“确定”按钮即可。

> 提示!!
> 如果希望自己绘制该对象的运动路径，就要在“动作路径”级联菜单中选择“绘制自定义路径”菜单中的“自由曲线”选项，此时当把鼠标移到幻灯片编辑区域的时候，指针会变成一枝“笔”型，就可以按住鼠标左键随意地绘制对象的运动路径了。

15. 如何安排对象的出场顺序

由于一张幻灯片上面往往不止一个对象，所以很有必要为它们合理安排出现在屏幕上的先后顺序。

方法为:

（1）首先安排好所有的动态对象的所有动作，比如有 3 个对象分别对应着 3 个动作。

（2）如果要把某个对象发生的动作上移一个时，选中它后单击上移按钮即可。

（3）同样，如果要把某个对象发生的动作下移一个时，选中它后单击下移按钮即可。

16. 如何设置对象的动态交互效果

在编辑幻灯片时，希望单击某个图片后，再动态地出现相应的文字说明，做了很多次，都无法实现。要实现两个任意的声音、图片或文字对象的交互效果，该怎么办?

假设要设置动态交互效果的两个对象为对象 1、对象 2，方法为:

（1）首先选中对象 1，单击鼠标右键，在出现的菜单中选择“自定义动画”选项，此时在幻灯片编辑区域的右边就会出现“自定义动画”编辑区。

（2）单击“添加效果”按钮选择一种合适的动态效果，在随之出现的效果显示框中用鼠标右键单击该效果名，选择“计时”选项。

（3）单击弹出对话框的“触发器”按钮，选中“单击下列对象时启动效果”单选按钮，并在其后的列表框中选择“对象 2”。

（4）单击“确定”按钮后，就可以实现单击对象 2 时，对象 1 出现动态交互效果了。

17. 如何设置静态对象和动态对象

在设置幻灯片的动画效果之前，我们必须设置哪些对象在幻灯片一播放时就出现在屏幕上（静态对象），哪些对象在鼠标单击或定时器到时才出现在屏幕上（动态对象）。那么该如何设置静态对象和动态对象呢?

方法为：

（1）切换到某一幻灯片中，然后单击菜单命令“幻灯片放映”/“自定义动画”，弹出“自定义动画”对话框。

（2）系统默认的对象都是静态对象，所以我们只需要设置动态对象就行了。幻灯片中选择要设置动画效果的对象，然后单击“添加效果”，在出现的下拉菜单中就可以为该对象设置进入时、退出时的动画效果，以及动作路线等效果了。

（3）设置完毕，就可以在其中为该动态对象的动画效果做进一步的修改。比如对于对象的“进入效果”，可以设置它进入时的开始点、方向、速度等。

（4）最后单击“自定义动画”对话框底部的“播放”预览该动画，单击“幻灯片放映”放映该幻灯片。

18. 如何实现反弹效果

如何才能实现这样的效果：幻灯片的标题文字缓缓地落下来，然后又反弹上去，连续几次后才静止不动?

方法为：

（1）选中操作对象后，单击鼠标右键，在出现的菜单中选择“自定义动画”选项。

（2）在出现的对话框中单击“添加效果”按钮，选择“进入”菜单下的“其他效果”选项。

（3）在“添加进入效果”对话框中单击“华丽型”列表中的“挥舞”项，再单击“确定”按钮即可。

19. 如何选择对象出场的触发条件

安排完了幻灯片中的各个对象的出场顺序后，就需要确定每个对象出场的触发条件。

方法为：

（1）单击菜单命令“幻灯片放映”/“自定义动画”，弹出“自定义动画”对话框。

（2）选择需要进行设置的对象，单击其后的下拉箭头，在出现的对话框中选择“单击开始”或“从上一项开始”或“从上一项之后开始”即可。

20. 如何使用触发器控制声音

如果你正在做一个语文课件，想在课件中加上一段音乐，用于学生朗读课文时播放，希望能在适当的时候停止，又能在适当的时候重新播放。该怎么办呢？

方法为：

（1）在幻灯片中单击菜单命令“插入”/“影片和声音”/“文件中的声音”，然后在出现的“插入声音”对话框中把所需的声音文件导入，导入声音文件后会出现一个提示，询问是否需要在幻灯片放映时自动播放声音，此时选择“否”。

（2）单击菜单命令“幻灯片放映”/“动作按钮”/“自定义按钮”，然后在幻灯片中拖出三个按钮，在出现的“动作设置”对话框中设置为“无动作”。分别选择三个按钮，在右键菜单中选择“编辑文本”，为三个按钮分别加上文字：播放、暂停、停止。

（3）将声音文件播放控制设定为用播放按钮控制。选择幻灯片中的小喇叭图标，单击菜单命令“幻灯片放映”/“自定义动画”，在幻灯片右侧出现的自定义动画窗格中可以看到背景音乐已经加入了自定义动画窗格中。双击有小鼠标的那一格，出现“播放声音”设置对话框，选择“计时”标签，在“单击下列对象时启动效果”右侧的下拉框选择触发对象为

“播放按钮”，最后单击“确定”按钮。

（4）将声音暂停控制设定为用暂停按钮控制。继续选择小喇叭图标，在“自定义动画”窗格单击“添加效果”/“声音操作”/“暂停”，这样就在“自定义动画”窗格下方出现了暂停控制格。双击控制格，出现“暂停声音”设置对话框，单击“触发器”按钮，在“单击下列对象时启动效果”右侧的下拉框中，选择触发对象为“暂停”按钮，最后单击“确定”按钮。

（5）将声音停止控制设定为用停止按钮控制。在自定义动画窗格中单击“添加效果”/“声音操作”/“停止”，然后按照步骤（4）的方法，将触发对象设定为“停止”按钮。

经过上述操作后，在放映幻灯片时，就可以用“播放”、“暂停”和“停止”这三个按钮来控制音乐播放了：单击“播放”按钮，音乐开始播放；单击“暂停”按钮，音乐停下来，继续单击“暂停”按钮，音乐接着播放；单击“停止”按钮，音乐停止播放。

提示！！

如果觉得声音图标不美观的话，可以在“播放声音”设置对话框中选择“效果”标签，把“播放时隐藏”选项勾上，放映幻灯片时就看不到声音图标了。

21. 如何实现滚动字幕

要在 PowerPoint 2003 中实现字幕滚动效果，该怎么办呢？

方法为：

（1）字幕由上往下或由下往上滚动。这两种效果都可以直接选取“自定义动画”中的“字幕式”效果来实现。有时选择“进入”时的“字幕式”不能达到的目的，要选择“退出”时的“字幕式”效果，反之亦然。

（2）字幕从左到右或从右到左滚动。使用上面提到的“字幕式”不能制作出字幕左右滚动这种效果，可以借助“缓慢进入”或者“缓慢移出”来实现。选择效果后，还需要在“方向”下选择“自左侧”还是“自右侧”。实际上“缓慢进入”和“缓慢移出”也可以制作字幕的上下滚动（选择“自底部”或者“自顶部”）。

（3）此外，字幕的滚动速度默认是在“速度”下面从“非常慢”到“非常快”之间进行选择，但是也可以自行调节。只需要在“任务窗格”下的自定义动画项目列表中右击要滚动的字幕对象，选择“计时”菜单项，然后在出现的对话框中的“速度”后面直接输入一个数字来表示字幕滚动所需的全部时间（单位为秒）。

22. 如何控制对象的出场时间

选择了对象出场的触发条件后，需要确定对象出现与触发条件之间的时间间隔，以更好地控制其出现。

方法为：

（1）单击菜单命令“幻灯片放映”/“自定义动画”。

（2）在弹出的“自定义动画”对话框中选择需要进行设置的对象，单击其后的下拉箭头，选择“计时”选项。

（3）在弹出的对话框的“延迟”栏中输入从触发条件到对象开始出现时的时间间隔，在“速度”栏中选择对象从开始出现到完全出现所用的时间，在“重复”栏中选择对象的出现是否需要重复。

（4）最后单击“确定”即可。

23. 将 PowerPoint 文件转化为视频文件

要把 PowerPoint 演示文稿转化为流媒体文件，这需要一个具有此转化功能的工具。由 Real 公司开发的 RealPresenter 软件就具有这一功能，可以到 http://www.realnetworks.com 站点下载 RealPresenter 的试用版本，在安装前请先确认是否已经安装了 PowerPoint 97（或更高版本）和 RealPlayer，然后再安装 RealPresenter。

14-2 幻灯片播放技巧

1. 用浏览器播放 PowerPoint

如果你在公司的会议上，正准备把做好的 PowerPoint 现场演示时，突然发现演示用的笔记本电脑居然没有装上 PowerPoint，该怎么办？

别着急，有办法：

（1）单击菜单命令“文件”/“保存为 Web 页”，在出现的对话框中选择文件类型为“Web 档案（*.mhl;*.mhtml）”。

（2）选择好保存的文件路径后，单击“保存”按钮。

（3）这时会发现保存下来的网页文件仅仅只有一个文件（非常方便携带），而不是通常的一个 html 文件加上一堆图片文件。双击该文件，就会在 IE 中完美地显示出你制作的 PowerPoint 效果来了。单击网页右下角的“幻灯片放映”按钮，就可以像在 PowerPoint 中那样进行演示了。

2. 如何把播放后的对象隐藏

通过如下设置，可以把播放后的对象隐藏起来。

（1）单击“幻灯片放映”菜单的“自定义动画”选项，对该对象进行动画效果设置。

（2）用鼠标左键双击右边的“自定义动画”对话框的效果列表中显示的效果名，在弹出的对话框中单击“效果”选项卡，然后单击“动画播放后”右边的下拉按钮，选择“播放动画后隐藏”。

（3）最后单击“确定”按钮后即可实现该特殊效果。

也可以通过单击“下次单击后隐藏”选项来设置单击鼠标后动画才隐藏这一特殊效果。

3. 如何循环播放不同的声音

插入到同一个幻灯片的声音文件默认情况下是同时播放的，如果要让他们能一首一首地播放，并且能不断循环地播放，该怎么办?

方法为：

（1）插入声音文件。需要注意的是，在插入时要选择“放映时自动播放”选项。

（2）选中所有的声音图标，然后单击鼠标右键，在出现的菜单中选择“自定义动画”，弹出“自定义动画”对话框。

（3）每个声音文件都有对应的下拉菜单，计算出第一个声音文件的播放时间后，打开第二个声音文件的下拉菜单。

（4）选择“计时”项，在弹出的“播放声音”对话框中选择“计时”选项卡，把“迟延”时间设置为第一个声音文件的播放时间，然后单击“确定”按钮返回到“自定义动画”对话框。

（5）同样，重复设置随后所有的声音文件，只不过每个文件所设置的延迟时间是前面所有声音文件播放时间的总和。

这样就可以在随后的播放幻灯片时循环播放声音了。

4. 如何实现自动播放音乐

如果想让音乐自动播放，该怎么办?

方法为：

（1）在添加声音文件时将其设置为自动播放。

（2）右键单击声音文件，在出现的菜单上单击“自定义动画”命令，在出现的“自定义动画”任务窗格的“修改：播放”之下的“启动”框中，单击箭头并选择“之前”。

（3）如果幻灯片上有一个自定义的动画序列或动画方案，则“之前”命令在动画的环境中起作用。同样，如果声音是动画序列的一部分，“之后”也是自动播放声音的一个选项。

5. 如何让背景音乐连续播放

如果希望插入的背景音乐在整个幻灯片播放过程中能够连续播放，不会随着幻灯片的切换而消失，该怎么做?

方法为：

（1）选定整个幻灯片的第一页，单击菜单命令“幻灯片放映”/“幻灯片切换”。

（2）在弹出的“幻灯片切换”对话框的“声音”下拉列表中选择一种适合的声音文件。如果想使声音个性化一点，可以单击“声音”列表的最后一项“其他声音”，在“添加声音”对话框中把该声音文件导入。然后选定“循环播放，到下一声音开始时”复选框，就可以实现该背景音乐的连续播放。

6. 如何更改幻灯片的顺序

在播放幻灯片前，可能临时需要调整幻灯片之间的顺序。根据不同的视图，操作方法也有所不同。

（1）在普通视图的“大纲”选项卡上，选择一个或多个幻灯片图标，然后将其拖动到一个新位置。

（2）在普通视图的“幻灯片”选项卡上，选择一个或多个幻灯片缩略图，然后将其拖动到一个新位置。

（3）在幻灯片浏览视图中，选择一个或多个幻灯片缩略图，然后将其拖动到一个新位置。

（4）若要在一行中选取多个幻灯片，则在单击幻灯片图标或缩略图之前按住 Shift 键。选择幻灯片缩略图时，在选择后用鼠标右键单击并将缩略图拖到新位置。拖动后会出现快捷菜单，该菜单提供了移动或复制幻灯片的选项。

7. 如何使文字的出现与讲演同步

在幻灯片放映时，最好让文字的出现与讲演者的演讲速度同步。怎么实现呢？

可以使用“自定义动作”中按字母形式向右擦除这个动作来实现。方法为：

如果是一大段文字，为了避免文字出现的速度太快，可将这一段文字分成一行一行的文字块，甚至是几个字一个字块，然后分别按顺序设置每个字块中字的动画形式为按字母向右擦除，并在时间项中设置与前一动作间隔 1~3 秒，就可使文字的出现速度和旁白一致了。

8. 如何选择放映幻灯片的开始位置

在编辑幻灯片时，如果要测试效果，就要放映幻灯片。放映幻灯片的开始位置一般有两种：从头开始放映和从当前幻灯片开始放映。如何选择这两种开始位置呢？

方法为：

（1）如果单击 F5 键或者单击菜单命令“幻灯片放映”/“观看放映”，则是从第一张幻灯片开始放映。

（2）如果单击左下角的 或者单击 Shift+F5 组合键，则是从当前幻灯片开始放映。

9. 如何让动画重复多次播放

有时候需要在 PowerPoint 中重复多次播放某一动画，该如何实现？

方法为：

（1）在“自定义动画”窗口中用鼠标右键单击该动画效果，在出现的菜单中选择“计时”选项。

（2）在出现的“字幕式”对话框中单击“重复”后的下拉按钮，根据需要选择一种重复播放的方式后，单击“确定”按钮即可。

10. 如何创建并播放“播放列表”

PowerPoint 播放器支持播放列表，用户可以自己创建播放列表来使播放器按顺序自动运行演示文稿。

方法为：

（1）打开“记事本”程序，分行键入每篇演示文稿的文件名，然后按照下列指导规则进行操作：

①对于与播放列表保存在同一文件夹中的文件，键入文件名和文件扩展名（例如，键入“Demo.ppt”）。如果文件名中有空格，请为文件名加上引号（例如，键入“"Demo.ppt"”）

②对于不与播放列表保存在同一文件夹中的文件，键入文件位置的完整路径。例如，键入“"C:\My Documents\Demo.ppt"”。

（2）保存该文件，其中文件扩展名设置为“.lst”。

（3）如果用户需要运行播放列表，则打开播放软件“Ppview32”，选择“文件类型”下拉列表中的“Playlists”，然后选择列表文件，再单击“Show”就可以播放了。

11. 如何使用快捷键来放映幻灯片

使用快捷键来操作幻灯片的放映是快速高效的，下面罗列了一些常用的快捷键：

（1）单击下一个动画或换到下一张幻灯片，按 N 键、Enter 键、PageDown 键、/、↓或“空格键”（或单击鼠标）。

（2）单击上一个动画或返回上一张幻灯片，按 P 键、PageUp 键、←、↑或 Backspace 键。

（3）显示黑屏，或从黑屏返回幻灯片放映，按 B 键或“。”键。

（4）显示白屏，或从白屏返回幻灯片放映，按 W 键或“，”键。

（5）停止或重新启动自动幻灯片放映，按 S 或“+”键。

（6）结束幻灯片放映，按 Esc 键、Ctrl+Break 组合键或“连字符”键。

（7）转到下一张隐藏幻灯片，按 H 键。

（8）返回第一张幻灯片，按 1+Enter 组合键，或同时按下鼠标的两键持续两秒钟。

（9）立即隐藏指针和导航按钮，按 Ctrl+H 组合键。

（10）显示快捷菜单，按 Shift+F10 组合键(或单击鼠标右键)。

（11）转到幻灯片上的第一个或下一个超链接，按 Tab 键。

（12）转到幻灯片上的最后一个或上一个超链接，按 Shift+Tab 组合键。

（13）对选定的超链接单击“单击鼠标”操作，按 Enter 键(当选定一个超链接时)。

（14）对选定的超链接单击“鼠标移过”操作，按 Shift+Enter 组合键(当选定一个超链接时)。

（15）幻灯片放映时查看控制列表，按 F1 键。

12. 如何控制幻灯片的放映时间

如果幻灯片的切换的触发条件设置成鼠标，那么必须人工控制它的切换时机。如果我们需要幻灯片能一张一张地自动切换下去，直到结束甚至自动循环播放，就必须采取别的措施了。怎么才能控制每张幻灯片的放映时间，使得在一定时间后就自动切换到下一张幻灯片呢?

方法为：

（1）切换到需要设置放映时间的幻灯片，然后单击菜单命令“幻灯片放映”/“幻灯片切换”。

（2）在弹出的“幻灯片切换”对话框的“换片方式”中取消“单击鼠标”复选项；选中“每隔”复选框，并在随后的栏中输入需要的数值，这就是该幻灯片从显示到隐藏的时间。

（3）如果要将上面的设置应用到所有幻灯片中，只要单击“应用于所有幻灯片”即可。因为每个幻灯片的对象数目不同，所有放映时间不一样，所以我们必须设置一个能覆盖所有幻灯片中最长放映时间的数值。

13. 如何在打开幻灯片时自动运行程序

在播放幻灯片时，我们可以让幻灯片自动启动外部程序。

方法为：

（1）选择用于打开程序的文本或对象，然后单击菜单命令“幻灯片放映”/“动作设置”，出现“动作设置”对话框。

（2）若要在幻灯片放映过程中通过单击选定对象来打开程序，则单击“单击鼠标”选项卡；若要在鼠标移过对象时打开程序，则单击“鼠标移过”选项卡。

（3）单击“运行程序”按钮，单击“浏览”按钮查找要打开的程序。

（4）最后单击“确定”按钮即可。

14. 如何在窗口模式下放映幻灯片

很简单，方法为：在按住 Alt 键不放的同时，依次按下“D”和“V”键即可。

15. 如何改善放映性能

如果制作演示文稿的机器性能很好，制作成的幻灯片也是高质量的。但如果放映的机器性能较低，放映效果就会不好。这时就需要调整放映性能。

方法为：

（1）缩小幻灯片放映时演示文稿显示的分辨率。

> 提示!! 更改分辨率可能会引起幻灯片图像的轻微变化。如果出现这种情况，可以选择其他分辨率或单击“使用当前分辨率”。

（2）将颜色深度设置为 16 位，以达到最佳性能。更改完此设置后，如果发现幻灯片放映的性能有问题，请关闭此选项。你的计算机可能不具备此功能。

（3）缩小动画显示的图片和文本的尺寸。单击图片或文本占位符，拖动尺寸控点以缩小对象尺寸。

（4）不要使用渐变、旋转或缩放等动画效果。可使用其他动画效果替换。

（5）不要使用大量过渡或透明对象，而使用纯色填充。

（6）减少同步动画数目。尝试将同步动画更改为序列动画；减少按字母和按字动画效果的数目。

16. 如何改变绘图笔的颜色

在演示文稿时，有时，我们需要在幻灯片上的一些重点词句上面画线。这时，就需要绘图笔功能。可以按如下方法来改变它的颜色。

如果要更改绘图笔的颜色，你既可在放映之前更改，也可在放映时更改。

（1）在放映之前更改绘图笔颜色：

①单击菜单命令“幻灯片放映/设置放映方式”，弹出“设置放映方式”对话框。

②单击“绘图笔颜色”项右侧的下拉按钮，在出现的“绘图笔颜色”对话框中选择所需的颜色。

③单击“确定”按钮结束操作。

（2）在放映时更改绘图笔颜色：单击鼠标右键，在弹出的菜单中选择“指针选项”/“绘图笔颜色”，然后单击所需的颜色即可。

17. 如何让幻灯片的切换生动起来

希望幻灯片在播放时能够设置一些特殊效果，让幻灯片的播放更生动、活泼，该如何实现呢？

可以通过设置不同的切换效果、切换的速度，以及切换时的各种不同的声音，来让幻灯片的播放达到最佳效果。

方法为：

（1）用鼠标右键单击要设置切换效果的幻灯片，在出现的菜单中选择“幻灯片切换”选项，此时在幻灯片编辑区域的右边就会出现幻灯片切换设置选项框。

（2）在“应用于所选幻灯片”下拉列表框中设置幻灯片的切换效果；在“速度”下拉列表框中设置幻灯片切换的快慢；在“声音”下拉列表框中选择适合的声音；如果希望添加其他的声音文件，还可以选择列表中的“其他声音”来导入其他声音文件；如果想要幻灯片自动播放，还可以在“换片方式”选项中设置每隔多少时间自动切换，同时还可以随时单击“播放”或“幻灯片放映”按钮预览切换效果；如果想把该切换设置运用于所有的幻灯片，可以单击“应用于所有幻灯片”按钮。

18. 如何实现幻灯片在播放过程中的暂停

有时候希望在幻灯片播放的时候能够暂停，以便进行其他的操作，该怎么做？方法为：

（1）如果想暂停后，屏幕变成白屏的话，可以在播放时按下 W 键。

（2）如果希望黑屏的话，则应该按下 B 键。

（3）按空格键可以取消暂停，继续播放幻灯片。

19. 如何插入.wma/.wmv/.dat 格式的文件

如果要在 PowerPoint 制作的幻灯片中插入.wma/wmv/dat 格式的文件，方法为：

（1）用鼠标右键单击菜单栏右边的空白区域，在弹出的工具栏列表中选择“控件工具箱”选项。

（2）在出现的对话框中单击控件工具栏中的“其他控件”按钮，在下拉列表中选择“Microsoft Netshow Player”。

（3）此时鼠标指针变成“十”字形，把鼠标移到需要插入.wma/.wmv/.dat 格式的文件的那页幻灯片上，按住鼠标左键不放，在幻灯片页面上拖出一个矩形区域，松开鼠标即发现该矩形区域自动变成一个“Windows Media”软件的运行窗口了。用鼠标右键单击该窗口，在出现的菜单中单击“属性”命令，然后在“属性”对话框的列表中选择“FileName”项，并在其后的文本框内输入要播放的.wma/.wmv/.dat 格式的文件的具体路径和文件名，这样就可实现这几类特殊格式的文件的播放了。

提示!!

在上面的“属性”对话框中，把“AutoStart”项的值设为“True”或“Flase”可定义该文件是否自动播放。同样对“ShowControls”项进行相应设置，可定义是否隐藏播放控制栏；还可以通过设置“AutoSize”和“DislaySize”来定义播放窗口的大小。

20. 如何设置幻灯片的切换方式

在默认情况下，幻灯片之间是通过前一张不可见，后一张快速可见来快速完成切换的。我们可以改变幻灯片的切换方式，使得切换更富有个性。

方法为：

（1）单击菜单命令“幻灯片放映”/“幻灯片切换”。

（2）在弹出的“幻灯片切换”对话框的“应用于所选幻灯片”栏中选择一种切换方式，比如“水平百叶窗”。在“修改切换效果”栏中对切换的速度进行修改。

（3）如果要在切换时添加声音，可以在“声音”栏中选择一种声音。

（4）在“换片方式”栏中选择一种触发幻灯片切换的事件。幻灯片切换可以在单击鼠标时，也可以使用定时器。

（5）如果要将该切换效果应用于所有幻灯片之间，则单击“应用于所有幻灯片”按钮。

（6）如果要预览切换效果，可以单击“播放”按钮。如果要播放演示文稿，就直接单击“幻灯片放映”按钮。

21. 如何自定义放映

所谓自定义放映，就是用户能够在所有的幻灯片中选择需要播放的幻灯片，同时可以调整幻灯片的播放顺序。而不是按照编辑幻灯片时的顺序来进行播放。如何进行自定义放映呢？方法为：

（1）单击菜单命令“幻灯片放映”/“自定义放映”。

（2）在弹出的“自定义放映”对话框中单击“新建”，然后在出现的“定义自定义放映”对话框的“幻灯片放映名称”栏中输入所要编辑的自定义放映的名称；在左侧的“在演示文稿中的幻灯片”栏中显示的都是当前演示文稿中所有的幻灯片，你可以选择需要播放的幻灯片，然后单击中间的“添加”按钮，就可以把这些幻灯片放入右侧的“在自定义放映中的幻灯片”栏中。

（3）接下来，在“定义自定义放映”对话框中，可以使用上下移动按钮来设置幻灯片的播放次序。

（4）单击“确定”按钮返回到“自定义放映”对话框，然后单击“放映”按钮，就可以放映刚制作完成的自定义放映了。否则，单击“关闭”按钮关闭对话框。

22. 如何设置不同的放映方式

根据工作性质的不同，系统允许我们进行 3 种不同的放映方式进行放映。如果要为某个演示文稿选择某一个放映方式，该怎么办？

方法为：

（1）单击菜单命令“幻灯片放映”/“设置放映方式”。

（2）在弹出的“设置放映方式”对话框的“放映类型”栏中选择一种方式。

①演讲者放映（全屏幕）：这是最常用的方式。选择该项可以全屏幕显示演示文稿，通常用于演讲者播放演示文稿时。演讲者具有完全的控制权，可以选择自动或者人工的方式运行放映；可以暂停播放，添加会议细节；还可以录下旁白。

②观众自行浏览：它适合小规模的演示。这种方式下的幻灯片出现在小型窗口内，并提供命令供放映时移动、编辑、复制、打印用。

③在展台浏览（全屏幕）：该选项可以自动播放演示文稿，无需人工控制。它在运行时设置大部分菜单不可用，并且在每次放映完毕后重新启动。

(3)单击“确定”按钮，结束操作。

23. 如何播放打包的演示文稿

当演示文稿打包后，在其他机器上如何打开并播放呢？

方法为：

（1）若要播放打包后的演示文稿，必须首先将其解包。

（2）然后转到复制演示文稿的位置，用鼠标右键单击该演示文稿，再单击快捷菜单上的“放映”命令即可。

> 提示!! 如果目标计算机没有安装 PowerPoint 或 PowerPoint 播放器，则“放映”命令不能使用。如果包中包含播放器而快捷菜单上没有“放映”命令，则通过播放器打开演示文稿。播放器的文件名为 ppview32 并与演示文稿位于同一文件夹中。

24. 如何让程序自动放映幻灯片

如果想让幻灯片自动放映，该怎么办呢?

方法为：

（1）单击菜单命令“幻灯片放映”/“设置放映方式”。

（2）在弹出的“设置放映方式”对话框的“放映类型”栏中选择“在展台浏览（全屏幕）”选项，然后单击“确定”按钮，结束操作。

25. 如何在两个显示器上同时播放演示文稿

如果要在演讲者的屏幕上以及观众所看到的大的屏幕上播放相同的演示文稿，该怎么办呢?

方法为：

（1）在安装好所有监视器之后（否则下面的选项呈“灰色”不可用状态），打开要在这些监视器上放映的演示文稿。

（2）单击菜单命令“幻灯片放映”/“设置放映方式”。

（3）在出现的“设置放映方式”对话框的“幻灯片放映显示于”列表中，单击要放映演示文稿的监视器。

（4）选中“显示演示者视图”复选框。

（5）最后单击“确定”按钮，结束操作。

> 提示!! 如果不使用演示者视图，则清除“设置放映方式”对话框中的“显示演示者视图”复选框，再根据需要在单个监视器上运行放映，这时通过单击切换幻灯片进行。

14-3 故障处理速查

1. 单击某个超级链接时，出现一个消息

原因可能如下：

（1）超级链接的目标可能已经删除或更改名称。

（2）指向超级链接目标的路径可能被建成固定的文件位置，必须以完整地址来识别目标（例如，c:\My Documents\Sales.doc）。而该目标又被移到另一个位置。这种情况发生在该链接以 PowerPoint Presentation 格式存放在一个演示文稿中，或该链接是通过在“插入超级链接”对话框中键入目标的完全地址而不是从列表中选择文件创建的。要更新该链接，单击链接然后单击“插入链接”按钮。输入该链接的更新地址或选择需链接的文件。

（3）可能已经为超级链接设置了一些特殊效果或不同的激活方式。如果要检查它的设置，请选定超级链接，再单击“幻灯片放映”菜单中的“动作设置”。

（4）如果超级链接的目标位于企业内部网或全球广域网中，必须能够通过直接网络或拨号式的 Internet 服务提供商访问 Internet，并且必须安装 Web 浏览器。请尝试进入某个 Web 站点，检查 Internet 连接是否正确。

（5）如果超级链接的目标位于 Intranet 上，请检查网络连接，确定所使用的服务器正在运行。如果要确定是否能够访问目标，请向网络管理员查询。

（6）站点可能正在占线中。请稍后再打开演示文稿。

2. 无法打开 Internet 中的演示文稿

（1）如果要打开 Internet 站点中的文件（例如全球广域网或 FTP 站点），必须能够通过直接网络或拨号式的 Internet 服务提供商访问 Internet，并且必须安装 Web 浏览器。请尝试进入某个 Web 站点，检查 Internet 连接是否正确。

（2）站点可能太忙。请稍后再打开演示文稿。

（3）你的 Web 浏览器安全设置可能不允许下载或打开文件，请检查 Web 浏览器中的安全设置。

第 15 章

PowerPoint 2003 其他操作技巧速查

Office 2003 高效办公速查 1000——→本章内容

1. 如何将幻灯片保存为 Web 页
2. 如何在幻灯片中同时使用多个模板
3. 如何将图片转化为模板
4. 如何禁止删除母板
5. 如何将演示文稿保存为模板
6. 如何创建自定义模板
7. 如何更改新演示文稿的默认设计

……

1. 如何将幻灯片保存为 Web 页

为了将幻灯片发布到网上，供更多的读者阅读。我们要将演示文稿保存为网页。

方法为：

（1）打开要保存的文件。

（2）单击菜单命令“文件”/“另存为网页”，在弹出的“另存为”对话框中输入合适的文件名和扩展名。

（3）单击“保存”按钮，结束操作。

2. 如何在幻灯片中同时使用多个模板

我们都知道，用模板来创建幻灯片能减少创建过程。而有时在演示文稿中要为不同的主题创建不同的模板。那我们该怎么操作呢？

方法为：

（1）先为每一种你想重复的样式创建一张单独的幻灯片。

（2）要创建以某样式为基础的新幻灯片，则切换到“幻灯片浏览”视图窗口。

（3）选择想用的模板幻灯片，复制这张幻灯片，然后对复制的幻灯片进行编辑。

（4）如果想把这些“模板”用到另一个演示文稿中，则把两个文件都切换到“幻灯片浏览”视图（这两个窗口都不要最大化），然后把应用了“模板”的演示文稿用鼠标拖拉到另一个窗口即可。

3. 如何将图片转化为模板

可以将自己喜欢的图片最后背景图案保存为模板，供今后使用。

方法为：

（1）单击菜单命令“插入”/“图片”，在弹出的对话框中选择自己喜欢的图片，然后单击“插入”按钮，图片就插入到了幻灯片中。

（2）将图片调整为幻灯片大小。

（3）在图片上单击鼠标右键，从弹出的快捷菜单中选中“叠放次序”/“置于底层”。

（4）单击菜单命令“文件”/“另存为”，在弹出的对话框中输入文件要保存的名字，并将保存类型设置为“演示文稿设计模板”。

（5）单击“确定”按钮，结束操作。

4. 如何禁止删除母板

某些情况下，当删除所有遵循某幻灯片母版的幻灯片时，或者将另一个设计模板应用于所有遵循该母版的幻灯片时，Microsoft PowerPoint 会自动删除该母版。如何禁止删除幻灯片母版呢?

方法为:

(1) 单击菜单命令“视图” / “母版” / “幻灯片母版”，在左边的缩略图上，选择要保护的幻灯片母版。

(2) 单击“幻灯片母版视图”工具栏上的“保护母版”按钮。

(3) 如果不想保护该母版，只需再次单击此按钮即可。

> 提示!!
>
> ①即使对母版使用“保护”设置，还是可以手动将其删除。
>
> ②在幻灯片标题母版对中，保护其中一个母版会自动保护另一个母版。
>
> ③在某些情况下，幻灯片母版在默认情况下是被保护的：当在母版视图中插入、复制/粘贴或拖动幻灯片母版时，或当向母版视图中添加新的设计模板时。

5. 如何将演示文稿保存为模板

如果得到了一个制作精美的演示文稿，希望在以后制作演示文稿时也能够使用这样的设计，就可以将它另存为模板。

方法为:

(1) 单击菜单命令“文件” / “新建”，在弹出的“新建演示文稿”对话框中选择“根据现有演示文稿”。

(2) 在弹出的对话框中选择所需的演示文稿，然后单击“创建”按钮。

(3) 接下来用户需要删除新模板中不需要的任何文本、幻灯片或设计元素，并应用确实希望应用于该模板的更改。

(4) 完成修改后，执行“文件” / “另存为”菜单命令，在弹出的“另存为”对话框的“文件名”框中键入模板的名称，并在“保存类型”框中单击“演示文稿设计模板”。

(5) 单击“保存”按钮，结束操作。

在用户新建模板以后，新模板就会在下次打开 PowerPoint 时按照字母顺序显示在“幻灯片设计”任务窗格的“可供使用”之下。

6. 如何创建自定义模板

新建模板后，新模板就会在下次打开 PowerPoint 时按照字母顺序显示在“幻灯片设计”任务窗格的“可供使用”之下，这会给我们的创建工作提供很大的方便。那么如何创建自定义的模板呢?

方法为:

（1）单击菜单命令“文件”/“新建”，在弹出的“新建演示文稿”对话框中选中“根据现有演示文稿新建”。

（2）在弹出的“根据现有演示文稿新建”对话框中选择所需的演示文稿后，单击“创建”按钮。

（3）删除新模板中不需要的任何文本、幻灯片或设计元素，并确认应用于该模板的任何更改。

（4）单击“文件”/“另存为”菜单命令，在弹出的“另存为”对话框的“文件名”框中输入相应的文件名，在“保存类型”框中选择“演示文稿设计模板”。

（5）单击“保存”按钮，结束操作。

7. 如何更改新演示文稿的默认设计

当用户在“常用”工具栏上单击“新建”按钮时，系统会显示一个使用默认（“空白”）设计的新幻灯片。我们可以更改这个设计，以使它总是包括一些我们常用的元素。这样用户就不需要每次创建演示文稿都去更改这些内容。也就是说，虽然是创建“空白”幻灯片，其实却不是空白的。

方法为:

（1）首先单击“常用”工具栏中的“新建”按钮。

（2）接下来单击菜单命令“视图”/“母版”/“幻灯片母版”。

（3）在幻灯片母版上进行适当的更改。

（4）更改以后，单击“幻灯片母版视图”工具栏上的“关闭母版视图”。

（5）单击菜单命令“文件”/“另存为”，在弹出的“另存为”对话框的“保存类型”框中选择“演示文稿设计模板”，在“文件名”框中键入“blank”。

（6）单击“保存”按钮关闭模板 。

> 提示!! 如果想要将 blank.pot 作为默认设计，必须将它保存在“另存为”对话框的默认路径下，而且必须将模板命名为“blank.pot”。

8. 如何将 Word 转化为 PowerPoint 文稿

我们可以快速将 Word 文档转化为演示文稿来快速创建。有两种方法，分别介绍如下：

（1）在 Word 程序中，单击菜单命令“文件”/“发送到”/Microsoft PowerPoint。

（2）在 PowerPoint 程序中。

① 单击菜单命令“文件/打开”，弹出“打开”对话框。

② 选中要转化的 Word 文档，在“文件类型”框中选中“所有大纲”选项。

③ 单击“打开”按钮，结束操作。

9. 如何将 Word 文件导入 PowerPoint

有一种简单的方法可以让用户快速将 Word 文件转化成可供演示的 PowerPoint 文件。

具体方法为：

（1）Word 文件转换为大纲视图，并设置好各级的标题。

（2）切换到 PowerPoint 中。

（3）单击菜单命令“插入”/“幻灯片”（从大纲）”，从弹出的“插入大纲”对话框中选择想要转换为幻灯片的 Word 文档，单击“插入”即可。

10. 如何在 PowerPoint 中插入 Excel 图表

用户有时候会需要在 PowerPoint 中做一些简单的数据比较，那么就需要将 Excel 图表插入到幻灯片中。

方法为：

（1）打开需要添加 Excel 工作表的幻灯片。

（2）单击菜单命令“插入/对象”，弹出“插入对象”对话框。

（4）在“对象类型”中选择“Microsoft Excel 图表”。

（5）如果要插入已创建好的图表，选择“从文件创建”，输入文件名称或者按下“浏览”按钮来定位文件。

（6）如果要创建新的图表，则选择“新建”。

（7）最后单击那几个图表，然后单击“确定”按钮。

这样一个 Excel 图表就插入到指定幻灯片中，用户可以再对此图表做进一步修改。

11. 如何将 PowerPoint 中的备注、讲义等转化为 Word 文档

Office 系列软件中的各个组件中都有着良好的通讯关系。用户不仅可以将 Word 转化成幻灯片，也可以将幻灯片中的“备注、讲义或者大纲转化成 Word 文件。方法为：

（1）打开演示文稿。

（2）单击菜单命令“文件”/“发送”/“Microsoft Office Word”。系统会弹出“发送到 Microsoft Word”对话框。

（3）选择一个合适的项。并选择是以“粘贴”形式还是“粘贴链接”形式添加到 Word。

①“备注在幻灯片旁”和“空行在幻灯片旁”。结果都将生成一个三列的表格。如果选中“备注在幻灯片旁”，第三列将是备注的内容；选中“空行在幻灯片旁”，第三列则是空白行。

②“备注在幻灯片下”和“空行在幻灯片下”。结果和上面类似。不同的是没有了网格，每一个幻灯片占据 Word 中的一页，页的开始一行记录了幻灯片序号，中间是幻灯片，最下面是备注或者空行。

③使用大纲。PowerPoint 将只把大纲文字发送到 Word 中。

（4）最后单击“确定”结束操作。

12. 如何导入 Excel 中的数据

可以将 Excel 中的数据导入幻灯片中。

方法为：

（1）在 Microsoft Excel 中，选择要复制单元格的区域。

（2）单击“复制”命令。

（3）切换到 Microsoft PowerPoint，单击要插入单元格的幻灯片或备注页。

（4）选择菜单“编辑/选择性粘贴”命令。弹出“选择性粘贴”对话框。

（5）若要粘贴单元格，使你能够像处理图片一样调整大小和位置，请单击“图片”；若要将单元格粘贴为嵌入对象以便在 Microsoft Excel 中进行编辑，请单击“Microsoft Excel 工作表对象”。这里我们选择后者。

（6）最后单击“确定”按钮，结束操作。

13. 如何添加或更改母板

如果对当前所使用的幻灯片母版不太满意，可按照下面的方法进行添加或更改：

（1）单击“视图”/“母版”/“幻灯片母版”菜单命令，弹出“幻灯片母版视图”。

（2）在工具栏上单击“设计”按钮设计(S)，然后在左边的缩略图中选择需要替换的母版。

（3）在“幻灯片设计”任务窗格中选择所需的设计模板，在出现的下拉箭头后单击，打开如图 15-1 所示菜单。

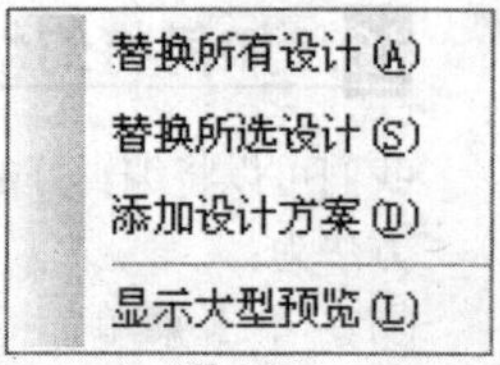

图 15-1

然后在菜单中选择某一项：

①如果要用具备新设计模板的母版替换当前所有母版，则单击“替换所有设计”。

②如果要将一个新的设计模板及其母版添加到演示文稿，则单击“添加设计方案”。

③如果要用新设计模板的母版替换以后所有的母版，则单击“用于所有新演示文稿”。

14. 如何利用母板更改幻灯片的字体

如果我们要更改多个幻灯片上的字体，要是一张一张地去改变，显得特别繁琐，如果我们使用了母版，就可以直接修改母版上的字体来达到改变所有应用于该母版的幻灯片上的字体。

方法为：

（1）单击菜单命令“视图”/“母版”/“幻灯片母版”。

（2）选取需要更改字体样式的幻灯片母版缩略图或标题母版缩略图。

（3）在幻灯片上单击要应用新字体样式的标题文本或正文级别，通过在“格式”工具栏上的“字体”框更改字体。

（4）单击"幻灯片母版视图"工具栏上的"关闭母版视图"关闭母版。

提示!! 在母版上只能更改字体而不能更改文本。

15. 如何让幻灯片同步于母板上的字体

有时更改了母版的字体样式而幻灯片中没有改变，该怎么办?

出现这种情况，可能在更改幻灯片母版字体样式之前已更改了幻灯片上的某些字体样式。PowerPoint 总是保留对特定幻灯片所做的更改。若要这些幻灯片应用于当前母版上，方法为：

（1）在普通视图中显示幻灯片。

（2）单击菜单命令"格式"/"幻灯片版式"。

（3）指向幻灯片使用的版式类型。

（4）用鼠标右键单击幻灯片版式缩略图，选择"重新应用母版"命令即可。

16. 如何将幻灯片发送给他人

我们可以将编辑好的幻灯片发送给他人。

方法为：

（1）单击菜单命令"文件"/"发送"/"邮件收件人（以附件形式）"，在打开的邮件对话框中分别输入收件人、抄送，以及邮件正文。而主题和附件系统已经自动给我们添加了，不需要再输入了。

提示!! 还可以对主题进行修改，甚至添加更多的附件。

（2）单击"发送"按钮，结束操作。

17. 如何发布幻灯片

Microsoft PowerPoint 可方便地将演示文稿转换为网页。用户将演示文稿发布到 Web 时，会将网页或 Web 档案的备份保存到指定位置，例如，Web 服务器或其他可用的计算机。通过发布演示文稿（而不只是将它存为网页或 Web 档案），可以维持 .ppt 文件格式演示文稿的原始版本，同时又能将所有必需的支持文件（包括图形、字体和背景）添加到共享目录中。

方法为：

（1）打开要发布到 Web 上的演示文稿或网页。

（2）单击菜单命令“文件/另存为 Web 页”。弹出“另存为”对话框。

（3）在“文件名”框中键入该 Web 页的文件名称。

（4）在“保存类型”框中，选择要保存的文件类型。

（5）单击“发布”，弹出“发布为 Web 页”对话框。。

（6）在“发布内容”栏中选择要发布的幻灯片。

（7）在“浏览器支持”栏中选择“Microsoft Internet Explorer 4.0 或更高（高保真）”。

（8）为确保浏览演示文稿时动画能够播放，单击“Web 选项”，选择“浏览时显示幻灯片动画”，然后单击“确定”。返回“发布为 Web 页”对话框。

（9）如果用户要在发布后立即在浏览器中查看已发布演示文稿的显示效果，可以选择“在浏览器中打开已发布的 Web 页”复选框。

（10）最后单击“发布”关闭对话框。

现在用户就可以将发布的链接或 Web 档案文件本身发送给自己的观众了。

18. 如何在 PowerPoint 和 Office 其他组件之间利用拖动进行复制和移动

我们知道，编辑文本时可以通过拖动来复制或者移动文本。事实上，用户甚至可以在整个 Office 组件之间直接进行这种拖动编辑。那么该如何操作设置呢？

方法为：

（1）单击菜单命令“工具”/“选项”，弹出“选项”对话框。

（2）在弹出对话框中选择“编辑”选项卡，选中“拖放式文本编辑”复选框。然后单击“确定”按钮。

这样，用户就可以直接拖动文本进行移动了。如果想进行复制，就需要在拖动的过程中按住 Ctrl 键，或者使用鼠标右键。

第 16 章

Outlook 应用技巧与故障处理速查

——本章内容

16-1 Outlook 应用技巧速查

1. 将同一封信发给多个联系人

需要将同一封信发送给多个联系人，如果一个人写一次也实在太麻烦了。问可以同时向这些联系人发送吗？

其实这就是群发邮件。

方法为：

（1）首先打开“联系人”文件夹，在其中选择好所有的联系人名称。

（2）单击“动作”菜单中的“致联系人的新邮件”命令来撰写一封新邮件。而在该邮件的地址栏中已经自动填写好了刚才选择的所有联系人的邮件地址。只要像给一个人发送邮件一样填写邮件内容和添加附件，最后单击“发送”按钮即可。

2. 发送附加文件

发送邮件时，除了传送一般文字式的内容外，也可以在信件中附加声音或程序等各类文件。

方法为：

（1）写好信后，单击“附件”按钮，在出现的“插入附件”窗口中移动光标，选择想要附加在信件中的文件名称，再选择“附件”按钮，这个文件就会被附在信件中。

（2）回到邮件窗口后，选择工具栏中的“发送”按钮就可以寄出信件。

3. 快速将联系人信息设置成附件转发

如果需要将某个联系人的信息以邮件的形式通知其他人，在邮件中以文本的形式发送给对方显然是不方便的。最快捷的方法是直接将联系人信息的内容以附件的形式发送。

方法为：

（1）打开“联系人”文件夹，然后选择联系人（如果要发送的联系人信息不止一个，可以按住 Ctrl 键来分别选择）。

（2）单击鼠标右键，在弹出的菜单中单击“转发”（多个联系人时为“转发项目”）命令。

这样系统会自动建立一个新邮件，并且刚才选择的联系人的信息已经设置为它的附件。这样收件人不但可以直接在 Outlook 中打开该附件，而且还可以像自己创建联系人信息一样单击“保存并关闭”按钮将其直接添加到本机的联系人文件夹中。

4. 快速输入收件人地址

在撰写新邮件时，收件人的邮件地址输入是很麻烦的。请问有什么快捷的方法来实现吗?

有，方法为：

如果收件人已经在“联系人”文件夹中，可以打开“联系人”文件夹，选择该联系人，然后直接将其拖动到“收件箱”图标上。松开鼠标后，系统已经为该联系人自动建立了一封新邮件，只要直接输入邮件内容就可以了。

5. 创建联系人信息的快捷方式

可以直接从朋友来信中，将其添加到联系人文件夹中，这样可为以后发邮件提供方便。

方法为：

（1）打开该电子邮件，然后在发件人地址栏上单击鼠标右键，在弹出的菜单中单击“添加到联系人”命令。

（2）在弹出的“联系人”对话框中，该朋友的名字和邮件地址已经自动被填写好了，只要再填写好其他项的内容，最后单击“保存”按钮即可。

6. 创建新的账户组

一般来说，时间久了之后，Outlook 系统中就会存在多个邮箱账户。然而在收发邮件时，系统只提供了单独一个或全部账户的收发功能。我们可以自己设置包含其中几个账户的用户组来一次性单击收发任务。

方法为：

（1）单击“工具”菜单中的“发送/接收设置”项下的“自定义发送/接收组”命令。

（2）在弹出的“发送接收组”对话框中单击“新建”按钮，再在弹出的对话框中的“名称”文本框中输入新组的名称，最后单击“确定”按钮。

（3）在弹出的“发送/接收设置”对话框的“账户”栏下选择需要加入该组的账户，然后选择“将该账户包含在发送/接收组中”复选框。同时还可以设置该账户可单击的动作“发送邮件项目”或“接收邮件项目”项。完成该账户添加后，再添加下一个账户。

（4）当全部账户添加完成后，单击“确定”按钮即完成新用户组的设定。

以后就可以在“工具”菜单中的“发送和接收”项中找到该账户组，直接单击它就可以单击组操作了。

7. 按类型整理“联系人”文件夹

如果你的联系人都是直接添加在文件夹中的，当人数逐渐增多后，这个文件夹就会显得很杂乱了。可以按类型整理“联系人”文件夹。

方法为：

（1）打开“联系人”文件夹，按住 Ctrl 键，用鼠标单击选择好所有需要将其设置为同一个类别的联系人，然后单击鼠标右键，在弹出的菜单中单击“类别”命令。

（2）在弹出的类别对话框中，在“可用类别”项中选择合适的类型。如果觉得这些类型都不合适，就单击“主类别列表”按钮来创建新的类别。

（3）单击“添至列表”按钮，最后单击“确定”按钮，结束操作。

如果要为其他的联系人设置类型，则重复以上操作即可。还可以为同一个联系人设置多个类别属性，这样多个类型中都会包含该联系人。这样设置完成后，单击“视图”菜单中“当前视图”下的“类别”命令，所有的联系人就会按类别进行组合。

这样，不但可以让联系人文件夹内容显得井井有条，而且更加方便对联系人的查找和管理。

8. 将图标字段更改为文本字段

“收件箱”中的标题栏有些是用图标来表示的，根本就看不明白。其实可以用文字来对这些图标进行标注。

方法为：

（1）首先打开“收件箱”文件夹，然后单击“视图”菜单中“当前视图”项下的“设置列格式”命令。

（2）在弹出的“设置列格式”对话框中，可以在“可用字段”列表中选择需要更改的字段名称，然后再在“格式”下拉列表中将它设置为“带弹出列表的文本”。

（3）最后单击“确定”按钮完成即可。

这样那些用图标来标注的项目都会以文字表示了，让你一看就明白。

9. 制作自己的邮件电子签名

一般在给新朋友发送邮件时，我们都要在邮件中输入自己的联系方法和其他信息。可是每次都重新输入未免太费事了，我们可以将自己的联系信息事先编辑好，然后在每次输入时直接将其添加进去即可，就好像我们平时使用名片一样方便。

要制作这样的电子名片，方法为：

（1）单击“工具”菜单中的“选项”命令，在弹出的对话框中选择“邮件格式”选项卡。

（2）单击“签名”按钮，在出现的“创建签名”对话框中单击“新建”按钮。

（3）在弹出的“创建新签名”对话框的“输入新签名的名称”下面输入名片的名称，然后单击“下一步”按钮。

（4）在弹出的“编辑签名”对话框中输入名片信息，可以通过“字体”和“段落”设置按钮来调整输入的内容。如果觉得这样还不够，还可以单击“高级编辑”按钮，这样可以调用 FrontPage 程序来设计更完美的个性化电子名片。

（5）最后单击“完成”按钮即可。这样以后每次写新邮件时，该签名都会自动添加到电子邮件中。

10. 在联系人文件夹中实现快速查找

由于联系人文件夹中的数据实在太多了，所以有时要在其中找一个联系人的邮件地址还真不容易。可以试试利用系统提供的查找工具，实现快速查找。

方法为：

（1）打开“联系人”文件夹，然后单击“工具”菜单下的“查找”命令，接着会弹出一个查找设置栏。

（2）在“查找”后面的文本框中输入要查找的联系人的名字或地址等信息。即使不太记得某个联系人的具体信息也没关系，因为系统支持模糊查找。只要输入记得的某一部分信息，就算是一个字母或大致的网址名称也行，系统经过查找会列出所有满足条件的信息来供你选择。

11. 删除记忆列表中保留的重要信息

系统提供的自动记忆功能给我们输入时带来了很大的方便，可是有时并不希望别人知道以前输入过哪些邮件的地址。如何删除保留在自动显示的输入提示下拉列表框中的信息呢？

系统提供的这个功能的确有可能泄漏一些个人的隐私信息。可以先打开该列表，然后利用方向键移动光标到需要删除的项目上，再按下 Del 键即可删除该项。

12. 自定义系统文件夹名称

我们对系统的文件夹（如"收件箱"、"联系人"文件夹等）名称可以重新定义，以方便记忆和操作，方法为：

首先选择需要重新命名的文件夹，然后再单击鼠标右键，在弹出的菜单中单击"重命名快捷方式"命令，然后直接输入一个喜欢的名字即可。

13. 按类型整理"收件箱"中的邮件

系统接收到邮件后一般都是按先后的顺序放置在收件箱中。可时间一长，邮件一多，就会给查找带来诸多不便。其实可以按类型对它们进行整理存储，这样查找起来就会方便得多。

方法为：

打开"收件箱"，然后单击"视图"菜单中的"当前视图"命令，在其子菜单中可以选择"发件人"、"收件人"、"未读的邮件"等多种类型来对收件箱中的邮件进行重新整理。

14. 让系统自动提醒你回复指定邮件

有时阅读完对方的电子邮件后，无法马上给对方以回复，可是又怕过后可能忘记。其实日历中的提醒功能就是一个好工具。

方法为：

（1）打开收件箱，选择需要提醒回复的邮件，然后将其拖到"日历"图标或文件夹上，这样系统会自动建立一个约会。

（2）在"结束时间"和"提醒"栏中分别输入最晚做出回复的时间日期和提前多久提醒的日期，最后单击"保存并关闭"按钮即可。

15. 自动登录到邮件服务器

在收取邮件时，系统总会弹出一个对话框，提示登录到 POP3 服务器。这是为什么呢?

该提示的产生是因为有部分邮件服务供应商设置了必须登录到邮件服务器才能发送邮件。可以设置让系统自动登录到服务器来解决。

方法为:

（1）单击“工具”菜单上的“电子邮件账户”命令，在弹出的对话框中选择“查看或更改现有电子邮件账户”项。

（2）单击“下一步”按钮，在邮件账户列表中，选择要设置的电子邮件账户，然后单击“更改”按钮。

（3）在弹出的对话框中单击“其他设置”按钮，然后单击“发送服务器”选项卡。

（4）在弹出的对话框中，选择“发送邮件前请先登录接收邮件服务器”单选按钮，最后单击“确定”按钮完成。

16. 不打开邮件进行预览邮件内容

现在的许多邮件都是垃圾或广告内容，还有一些是带有病毒的邮件。如果不打开就可以预览到这些邮件的内容，相信能节省许多时间，也可以更好地保证系统的安全。

方法为:

单击“视图”菜单中的“自动预览”命令，“收件箱”中的所有邮件都会自动显示前三行的内容。

（1）如果想取消对已经阅读的邮件的预览，可以单击“视图”菜单中的“当前视图”下的“自定义当前视图”命令，在弹出的对话框中单击“其他设置”按钮，然后在弹出的“其他设置”对话框中单击选择“预览未读项目”单选按钮即可。

（2）如果对只预览前三行信息不满足，还可以通过单击“视图”菜单上的“预览窗格”命令，来预览邮件的全部内容。这样就会在当前邮件列表窗口下增加一个预览窗口。在邮件列表框中选择需要预览的邮件，在预览窗口中就可以看到该邮件的内容，以及附件、超链接等信息。同时还可以用鼠标左键双击该邮件来查看有关“发件人”、“收件人”等其他信息。

17. 使自己的邮件更具魅力

在收到朋友发来的样式精美、书写漂亮的来信时，就觉得自己的邮件实在太差劲了。请问该如何设置，以使自己的邮件更有魅力呢？

方法为：

（1）在新邮件编辑窗口中单击“选项”下拉按钮，在出现的下拉菜单中单击“信纸”命令。

（2）在弹出的“电子邮件选项”对话框中，通过“主题”可以调出“主题设置”对话框，在其中提供了数十种漂亮的信纸，还可以选择不同的有特色的主题样式。利用“新邮件”项下的“字体”按钮，可以设置邮件中的字体样式。

（3）最后单击“确定”按钮完成即可。

相信这样设置后你的邮件一定会变得赏心悦目了。

18. 更改系统的默认邮件账户

系统一般将第一个建立的账户设为默认的邮件账户，所以像新建邮件这样的操作，就直接使用默认账户作为发件人了。请问如何更改其他邮件账户为默认账户？

方法为：

（1）单击“工具”菜单上的“电子邮件账户”命令，在弹出的对话框中选择“查看或更改现有电子邮件账户”项。

（2）单击“下一步”按钮后，在弹出的对话框的邮件账户的显示列表中，单击要设置为默认的邮件账户，最后单击“设为默认值”按钮即可。

19. 自定义邮件存放的路径

当每次系统出了问题后，如果重新安装系统，就可能会造成邮件丢失。为了避免这样的情况出现，可以更改系统默认的邮件存放路径。

方法为：

（1）单击“工具”菜单中的“电子邮件账户”命令，在出现的对话框中选择“查看或更改现有邮件账户”项。

（2）单击“下一步”按钮，在弹出的对话框的邮件账户列表框中选择需要修改存放地址的账户名称，然后单击“新建 Outlook 数据文件”按钮。

（3）单击“确定”按钮后，在弹出的“创建或查看 Outlook 数据文件”对话框中，可以自定义保存账户数据文件的路径以及文件名称。

（4）最后单击“确定”按钮完成即可。

20. 设置个性化的“Outlook今日”

一打开 Outlook，系统显示的就是“Outlook 今日”。如果想把它设置得更个性化，则可以通过“自定义 Outlook 今日”项来设置更具个性化的“Outlook 今日”。

方法为：

打开“Outlook 今日”页，单击右上角的“自定义 Outlook 今日”按钮，就可以通过弹出的设置选项页来进行多种设置了：

（1）“开始时，直接进入 Outlook 今日”项可决定是否将其作为首页。

（2）在“日历”项中可以指定约会显示的时间间隔。

（3）在“样式”项中，可以在后面的列表中选择其他的样式来显示背景和版面。

设置完毕，单击“保存修改”按钮保存设置即可。

21. 在“日历”中显示农历日期

通过设置，可以在“日历”中显示农历的日期，这样我们就能方便地查看公历的某一天所对应的农历是哪一天了。

方法为：

（1）单击“工具”菜单中的“选项”命令，在弹出的对话框中选择“首选参数”选项卡。

（2）单击“日历选项”按钮，在弹出的“日历选项”对话框中选择“启用备用日历”复选框。同时还可以在后面的下拉列表框中选择一种喜欢的农历日期表示格式。

（3）最后单击“确定”按钮完成。这样在“日历”中用汉字小写数字表示的就是农历的日期，不过农历表示日期时，只有在每个月初一才显示月份。

22. 在“日历”中同时查看数天的工作安排

系统的“日历”中一般只显示某一天的工作时间安排，请问可以同时查看数天的工作安排吗？

当然可以，方法为：

按住 Ctrl 键，再在“日历”显示框中来选择要查看的日期即可。只要你选择几天，左边就会显示几个工作日的安排列表。

23. 显示不同时区的时间

由于工作需要，想让日历同时显示两个不同时区的时间。请问可以实现吗?

可以的，方法为：

（1）单击“工具”菜单中的“选项”命令，单击“日历选项”按钮，在弹出的对话框中单击“时区”按钮。

（2）在弹出的对话框中单击选择“显示附加时区”复选框，再从其下的“时区”下拉列表框选择要显示的时区。

（3）最后单击“确定”按钮即可。

这样会发现在“日历”的工作安排项旁会有两个时间尺，它们分别表示两个不同时区的对应时间。

24. 自定义时间的显示格式

“收件箱”中“接收时间”字段的时间显示都是一个样式的，我们可以将其修改为其他的显示格式。

方法为：

（1）移动光标到字段显示栏，单击鼠标右键，在弹出的菜单中选择“设置列格式”选项。

（2）在弹出的对话框的“可选字段”列表中选择“接收时间”项，在“格式”下拉列表框中选择喜欢的格式，同时还可以对时间显示的其他属性进行设置。

（3）最后单击“确定”按钮即可。

25. 以多任务模式显示操作窗口

系统默认的是在同一个窗口下，提供各个操作。这给要在各个操作对象文件夹中来回切换带来了不便。可以使用多窗口模式来简化操作。

方法为：

移动光标到操作文件夹上，然后单击鼠标右键，在弹出的菜单中单击

"在新窗口中打开"命令，这样系统会重新开一个窗口来打开该文件夹。在任务栏上，就可以直接单击各个窗口来切换了。

26. 让系统自动显示操作命令的快捷方式

一般的应用软件除了提供菜单命令和工具按钮外，都设定了这些操作的键盘快捷组合键，这给我们操作带来了更大的快捷。可是关键是不知道这些常用菜单命令或工具按钮的快捷组合键。

要获得这些操作的快捷方式，方法为：

单击"工具"菜单中的"自定义"命令项，在出现的对话框中选择"选项"选项卡，然后选择"在屏幕提示中显示快捷键"复选框即可。

以后当鼠标移动到工具栏按钮上时，系统就会自动显示该按钮的快捷方式。

27. 添加邮件显示列表的查看选项

在"收件箱"中邮件列表显示的属性选项就只有收件人、发送时间、大小等几项。其实可以增加其他显示选项的。方法为：

（1）打开"收件箱"，在标题栏单击鼠标右键，在弹出的菜单中选择"自定义当前视图"命令。

（2）在弹出的对话框中单击"字段"按钮，接着会弹出"显示字段"对话框，在"可选字段选自"下拉列表框中选择"所有'邮件'字段"项，然后在上面的"可用字段"列表中选择要添加的字段名，单击"添加"按钮即可加入，利用"上移"和"下移"按钮可以调整显示字段列表中各个字段的排列顺序。

（3）最后单击"确定"按钮完成即可。

28. 放大工具栏中的图标

如果你觉得工具栏中图标太小了，每次单击时不是太方便，那么就可以将工具栏中的图标设置得大一些。

方法为：

单击"工具"菜单中的"自定义"命令，在弹出的对话框中选择"选项"选项卡，然后单击选择"大图标"复选框，最后单击"关闭"按钮完成即可。

29. 让菜单一次性完全展开

每次打开系统的菜单时，总是无法一次性全部显示菜单的命令，总要单击展开按钮才能看到全部命令项。有什么办法可以让菜单能完整展开吗？有，方法为：

单击“工具”菜单中的“自定义”命令，在出现的对话框中选择“选项”选项卡，然后单击选择“始终显示整个菜单”复选框。这样系统将自动完整展开整个菜单项了。

30. 禁止他人启动 Outlook

由于用系统收发的邮件大都是比较私人性的，所以不希望让别人看到邮件内容。请问有什么办法来保护邮件的隐私吗？

有，最好的办法就是禁止他人启动 Outlook 系统。

（1）单击“文件”菜单中的“数据文件管理”命令，在弹出的对话框中选择保存个人邮件的文件夹。

（2）单击“设置”按钮，在出现的设置邮件保护对话框中单击“更改密码”按钮，为文件建立密码保护。这样以后在本机上启动 Outlook 时，都必须输入正确的密码才能进入系统。

31. 设置邮件的私人属性防止被他人篡改

请问有什么办法可以防止邮件被其他人私自篡改吗？

只要将邮件属性设置为“私人性质”，就可以有效防止其被他人篡改。方法为：

（1）在新邮件书写操作窗口中，单击工具栏上的“选项”按钮。

（2）在弹出的“邮件选项”对话框中，分别将“设置重要性”设置为“高”、将“设置敏感度”设置为“私人性质”。

（3）最后单击“关闭”按钮即可。

32. 如何搜索文件夹

Outlook 2003 中的搜索文件夹是用来显示使用者所搜索过的邮件。搜索文件夹预设是包含了大型邮件、未读取的邮件及邮件标识等三个子文件夹，你可以自定义搜索文件夹，以指定搜索的条件。

方法为：

（1）移动光标在邮件功能窗格的搜索文件夹上单击鼠标右键，然后从拉出的快捷菜单中选择新建搜索文件夹。

（2）出现新建搜索文件夹窗口后，从选取搜索文件夹列表中选择自定义区的创建自定义[搜索文件夹]，然后选择“选择”按钮。

（3）出现自定义搜索文件夹窗口后，在名称栏输入文件夹名称，然后选择“条件”按钮。

（4）出现搜索文件夹条件窗口后，选择邮件标签，然后在搜索栏中输入想要搜索的关键词，接着设置搜索的其他相关条件，完成后，单击“确定”按钮。

（5）回到自定义搜索文件夹窗口后，单击“确定”按钮。

（6）回到新建搜索文件夹窗口后，单击“确定”按钮。

完成后，符合筛选的邮件就会显示在新建的搜索子文件夹中。

33. 新邮件桌面通知

Outlook 2003 的邮件通知功能是当接收到新邮件时，会以桌面通知的方式，显示寄件者及主题内容，以加速了解新邮件的大概信息。

当然你可以依照需求来设置桌面通知显示的秒数、透明度、窗口显示的位置及是否打开桌面通知功能。

设置新邮件桌面通知的操作方法为：

（1）单击菜单命令“工具”/“选项”，在出现的“选项”对话框中选择首选参数标签，然后单击电子邮件区的“电子邮件选项”按钮。

（2）出现“电子邮件选项”对话框后，单击邮件处理区的“高级电子邮件选项”按钮，在出现的“高级电子邮件选项”对话框中单击新邮件送达我的收件箱时区的“桌面通知设置”按钮。

（3）出现桌面通知设置窗口后，分别在有效期间区及透明度区设置桌面通知显示的秒数及透明度，然后单击“预览”按钮，预览调整后桌面通知显示的样式，最后单击“确定”按钮。

34. 输入日历的事件项目

日历中的约会项目有确切的动作时间，而事件项目则是用来记录一个重要事情的备忘，例如，老婆生日、结婚纪念日、开学日、缴水电费……

输入日历的事件项目的操作方法如下：

（1）选择功能窗格的日历钮，然后从菜单栏的动作菜单中选择新建全天事件。

（2）出现事件窗口后，输入事件的主题、地点、开始时间、结束时间，并设置是否事先提醒、提醒的信息声音、显示时间状态以及备注等，再单击“保存并关闭”按钮。

35. 在日历中输入约会项目

日历是用来管理每日生活作息的最佳工具，而约会项目是最常在日历上登录的事情。

在日历上输入约会项目的操作方法如下：

（1）选择功能窗格的日历钮，然后选择想要设置约会项目的日期，接着在想要输入资料的时间上双击鼠标左键。

（2）出现约会窗口后，输入约会的主题、地点、开始时间、结束时间，并设置是否事先提醒、提醒的信息声音、显示时间状态以及备注等，再单击“保存并关闭”按钮。

（3）约会项目会依设置显示时间状态的不同，而显示不同的颜色在时间表上。移动光标到约会项目的上下横线上，按住鼠标左键向上（或向下）拖移，可直接调整约会的时间。

（4）当约会的提醒时间到时，提醒窗口会依照你所设置的时间出现，提醒你该项约会时间就快要到了。

（5）当约会取消或因其他情况需要将约会删除时，只要移动光标选择想要删除的约会，然后选择工具栏的☒删除钮，即可将约会删除。

36. 在日历中建立周期性约会

日历中记载的资料，不外乎例行性约会和非例行约会。许多约会项目每周、每月或每季必须进行一次，你可以将这类约会项目设置为例行性约会（或周期性约会），这样计算机便会自动产生周期性的约会项目。

建立周期性约会的操作方法如下：

（1）移动光标到想要设置约会项目的时间上双击鼠标左键。

（2）出现约会窗口后，输入约会内容，然后单击“重复周期”按钮。

（3）出现周期性约会窗口后，设置约会时间的开始与结束时间，然后设置定期模式（每天、每周、每月或每年），接着设置重复范围的开始时间和结束日期，再单击“确定”按钮。

（4）回到约会窗口后，选择“保存并关闭”按钮。

37. 建立一个任务项目

任务窗口可以记录个人各种待完成或例行任务的列表，并可指派他人任务、追踪任务进度等。

建立任务项目的操作方法如下：

（1）移动光标选择功能窗格的任务钮，然后选择工具栏的“新建”按钮。

（2）出现任务窗口后，输入任务的主题、设置截止日期、开始日期、任务状态、优先级、完成进度与是否提醒等资料，然后单击“保存并关闭”按钮。

（3）设置任务内容后，表格中就会显示所设置的任务主题与截止期日信息。

（4）在任务窗口中，除了可以设置截止日期和开始日期，也可以设置任务的优先级、完成的百分比以及任务的类别等。

（5）如果只要新建一个任务项目，而不需设置其他状态，可以在“请按这里来添加新的任务”上单击鼠标左键，出现输入光标后，输入任务的内容，再按键盘上的 Enter 键就可以了。

38. 建立周期性的任务

许多任务项目每周、每月或每季必须进行一次，例如，部门例行会议、主管会议等，你可以将这类任务项目设置为周期性的任务，这样计算机便会自动产生周期性的任务项目。

建立周期性任务的操作方法如下：

（1）移动光标选择功能窗格的任务钮，然后单击工具栏的“新建”按钮。

（2）出现任务窗口后，输入任务的主题、优先级、是否提醒等资料，再单击“重复周期”按钮。

（3）出现周期性任务窗口后，设置定期模式、重复范围，然后单击“确定”按钮。

（4）回到任务窗口后，会出现周期性任务内容的提示，确定后，单击“保存并关闭”按钮。

回到 Outlook 任务窗口后，在表格中会出现最近一次周期性的任务主题与截止日期，并在该任务的前面会出现符号，表示此任务是周期性的。建立周期性任务后，只要将该任务设置为完成状态，便会自动产生新的任务项目，而期限会设置为下一个周期的日期，例如，设置定期模式为每周星期二，则会自动产生截止日期为下星期二的任务项目。

39. 建立便笺项目

便笺可用来储存所有想要记录下来的信息，并可将便笺设置类别和颜色，便于资料的整理和查询。

建立便笺的操作方法如下：

（1）移动光标选择功能窗格的便笺钮，切换到便笺窗口后，单击工具栏“新建”按钮。

（2）出现便笺窗口后，在窗口中输入便笺内容，然后选择关闭钮，关闭窗口。

（3）建立便笺项目后，在便笺窗口中就会显示一个便笺图标，只要移动光标在图标上双击鼠标左键，便可打开便笺窗口，以供阅读、编辑或修改便笺内容。

40. 设置便笺的类别

分类是管理资料的最佳方法，当便笺资料一多时，将其分类，可以快速找到所需的资料。

设置便笺项目类别的操作方法如下：

（1）选择想要设置类别的便笺项目，然后从菜单栏的编辑菜单中选择类别。

（2）出现类别窗口后，从可用类别列表中选择便笺的类别，然后单击“确定”按钮。

完成后，只要到便笺功能窗格中选择目前检视列表中的类别，就可明确地看出各个不同类别的便笺项目了。

16-2 Outlook 故障处理速查

1. 收到乱码邮件

收到的电子邮件，打开后看到的是一堆无法辨认的乱码。造成邮件乱码的原因很多，主要有以下几个：

（1）操作系统和使用的软件设置不同。

（2）发送邮件时发送程序采用不同的编码标准，如UU、MIME、BINHEX等，而用户所用的操作系统程序没有能力将其解码。

（3）邮件传输邮局主机的原因，如有的主机不支持非ASCII码，将中文双字节或二进制格式邮件中每个字符的第八位过滤掉，使该信息与初始信息截然不同，造成邮件信息失真或损坏。

收到乱码邮件后，可尝试以下方法解码：

设置法：通常情况下，邮件设置不同导致邮件乱码情况居多。在Outlook Express中，选择乱码邮件后，单击“查看/编码/简体中文（GB2312）”或“其他/简体中文（HZ）”，邮件内容便可展现。

转寄法：如仍显示乱码，可试着将乱码邮件转寄到自己的邮箱中，然后用Outlook Express接收，有时即可顺利解码。

更名法：可将邮件改名，保存成为一个后缀名为.eml的文件，由Outlook Express打开一般可以自动解码。

溯源法：选择乱码邮件后，右键单击鼠标，在弹出的快捷菜单中选择“属性”命令，接着在出现的对话框中单击“详细资料”选项卡，再单击“邮件源文件”按钮，这时就会打开邮件源文件码，邮件内容显现。

骗解法：如问题仍得不到解决，接上一步操作，右键单击，选“复制”，将“邮件源文件”复制到系统的剪贴板上，然后用记事本将其打开。在邮件信头中添加Mime-Version：1.0 Content-Transfer-Encoding：quoted-printable，注意信头中间不要空行，信头和信体之间要有一个空行，保存为.txt纯文本文件。接下来用资源管理器将其改名为以.uue为后缀的文件并运行，这时会自动调用WinZip并“骗取”它来对乱码邮件进行解码工作，进而正确显示编码的邮件。

重组法：很多的邮件编辑软件以字符为单位处理文本，双字节的汉字被删除一半后，剩余部分会和相邻的汉字重新组合，使得文本面目全非。判断这类邮件时，只要乱码内容有很多“=”号，即可肯定为QP编码的邮件。这时只需将乱码邮件存成一个文本文件，然后使用以字符为单位的编辑软件，将乱码行的第一个字符删除。

2. 收件人地址错误导致发送失败

这是最容易出现的错误，特别是在收件人名称中含有数字、字符的情况下，比如将下划线当成连接符，或者忽略了英文句点。

解决方法：

要保证收件人的电子邮件地址正确无误，尤其是在抄写报纸杂志上的邮件地址时，要特别注意下划线、连接符以及句点的位置。

3. 发件服务器故障导致发送失败

无论是使用 ISP 的 SMTP 服务器，还是使用免费邮箱的 SMTP 服务器，都有可能发生这种情况。有的 SMTP 服务器甚至会突然取消 SMTP 服务，如果仍然使用原先的设置，肯定会导致邮件无法发送。

解决方法：

① 更换一个 SMTP 服务器。多数免费邮件服务商都提供 SMTP 服务，选用更为可靠的 SMTP 服务器。

② 利用本地硬盘架设自己的 SMTP 邮件服务器。使用能利用本地硬盘来提供 SMTP 功能的邮件服务器软件，实现本机发送电子邮件。这些软件可以在电脑上建立本地的 SMTP 服务器，这样可以不通过 ISP 或免费邮箱网站的 SMTP 服务器而直接向目的地址的服务器发信，由于不受 ISP 提供的 SMTP 服务器是否拥挤的影响，而且几乎不用转发服务器，所以邮件发送更加快速、安全，而不会造成丢信的现象，更不会因为 SMTP 服务器的关闭而影响邮件的发送。对于经常使用 E-mail 的网友来说，绝对是一种最佳的选择！只要接收方的收件服务器不出问题，就能保证邮件的收发成功。这类软件最有名的是 Advanced Direct Remailer。

4. 发送的邮件过大导致发送失败

这个问题多出现在 ISP 提供的 SMTP 服务器上。为了更有效地利用网络资源，ISP 提供商往往会限制邮件的大小，通常情况下，其要求所发邮件的大小在 4MB 以下(包括邮件附件)。这并不是说可以发送 3.9MB 的附件，因为发送邮件前还需要进行编码，会导致邮件的大小增加 5%～20%。

解决方法：

建议在发送超大附件时，用分割工具（WinRAR，WinZip 等）将它分割为几个较小的部分，作为几份邮件来发送，这样就可以减少发送出错的几率。

5. 收信服务器的设置出错导致邮件接收失败

这种情况包括多种情形：

① 某些免费的电子邮件只提供 Web 方式的收信方式，就无法使用邮件客户端软件接收邮件，比如 Yahoo、Hotmail 等。

② 没有正确设置 POP3 服务器地址。一些免费电子邮件有时会更改

POP3 服务器地址，这些信息就需要用户到提供该邮件的站点查询。

6. 邮件过大导致邮件接收失败

目前提供大容量邮件空间（如 20MB ~ 50MB 的免费邮件）的服务商对于大附件的发送与接收限制较多，可以考虑使用该邮件提供的 SMTP 和 POP3 服务器来收发大型邮件。

7. 忘记了 Outlook 密码

可使用微软的 Outlook 密码恢复高手“Intelore Outlook Password Recovery V1.0h“来帮助找回密码。

Intelore Outlook Password Recovery V1.0h 可在如下地址下载：

http://www.zn163.com/soft/19723.htm

8. 强行发送电子邮件导致邮件丢失

这可能是邮件管理出了问题。该情况发生于多次出现“连接服务器失败”、“服务器已关闭”等提示后，还要强行发送电子邮件，就有可能造成电子邮件丢失或退回。

解决方法：

随时更换不同的 SMTP 服务器，来确保电子邮件能够正常发送出去。一般来说，正常使用时 SMTP 服务器都是本地的 SMTP 服务器，此时可以更换成一些免费电子邮件信箱所提供的 SMTP 服务器。另外，当发送的电子邮件带有附件时，最好将附件的大小限制在 40KB 左右，一般的 SMTP 服务器允许的最大电子邮件的长度是 60~100KB 之间。对于较大的附件可以采用分割成小电子邮件的方式多次发送。

9. 收到过时约会的提醒

（1）可能是因为没有消除过时约会的提醒。在提醒出现时，单击“消除”。

（2）可能是有约会的副本。要删除副本，请用鼠标右键单击约会，然后单击“删除”。

（3）可能错误地将约会设置为定期约会。要删除定期设置，请打开约会，然后单击“打开序列”。单击“动作”菜单中的“重复周期”，然后单击“删除周期”。

10. 看不到联系人

（1）如果使用视图筛选某些详细资料，有些联系人可能会暂时处于隐藏状态。要查看“联系人”文件夹中的全部联系人，请单击“视图”菜单，指向“当前视图”，并依次单击“自定义当前视图”、“筛选”及“全部清除”。

（2）如果正在表格视图类型中查看联系人，可能联系人已被分组而且该组已折叠，因此无法看到其中的联系人。要展开组以显示详细资料，请单击“展开”按钮⊞。若要折叠组以隐藏详细资料，请单击“折叠”按钮⊞。

（3）可能未按你所希望的方式将联系人存档或排序。在大部分视图中，按“表示为”字段中的内容对联系人进行排序。此“表示为”字段可包含联系人姓名、单位名称或联系人的自定义名称。要更改联系人的存档方式，可打开该联系人并在“表示为”框中输入所需信息。也可按其他字段对联系人进行排序。关闭该联系人，在“视图”菜单上，指向“当前视图”，然后单击“自定义当前视图”。单击“排序”，然后选择作为排序依据的字段。

（4）如果在“通讯簿”对话框的“显示名称来源”框中的“Outlook 通讯簿”下选择联系人文件夹并在此文件夹中查找联系人，那么只有在“电子邮件”字段或“传真号码”字段中有条目的联系人才显示在列表中。

11. 查找联系人时遇到出错信息

查找的联系人可能不在联系人列表中。只能查找联系人列表中已有的联系人信息。此时应该将联系人添加到联系人列表的信息。

如果联系人列表中有多个联系人姓名与要查找的姓名匹配，Outlook 将打开联系人列表中与该姓名匹配的第一个联系人。

12. 在通讯簿中找不到某位联系人

通讯簿可包含多个子通讯簿。所需姓名可能在其他通讯簿中。请单击“通讯簿”窗口中的“显示名称来源”框的其他通讯簿。要从 Outlook 联系人列表查看联系人，则单击“通讯簿”下的“显示名称来源”框中所需联系人文件夹名称。

提示!!

> 联系人在“Outlook 通讯簿”中必须有“电子邮件”字段或“传真号码”字段条目。

13. 联系人没有按期望的顺序排序

（1）在大部分视图中，联系人是按“表示为”字段的内容进行排序的。“表示为”字段可包含联系人姓名、单位名称或联系人的自定义姓名。要更改存档联系人信息的方式，请打开该联系人并在“表示为”框中输入所需信息。也可按其他字段对联系人进行排序。方法是：关闭该联系人，在“视图”菜单上，指向“当前视图”，依次单击“自定义当前视图”及“排序”，然后选择作为排序依据的字段。

（2）可能已按完整地址而不是按地址的某一部分对联系人进行排序。例如，如果按“商务地址”字段对联系人进行排序，Outlook 将使用“商务地址”字段中的第一行文字对联系人进行排序。要查看按商务地址中的城市和国家（地区）排序的联系人，请按“商务地址——城市”或“商务地址——国家（地区）”字段对联系人进行排序。在“视图”菜单上，指向“当前视图”，依次单击“自定义当前视图”及“排序”，然后单击“可用字段选自”框中的“‘地址’字段”。单击“排序依据”框中要作为排序依据的字段。

（3）可能已按商务和家庭地址的混合形式对联系人进行排序。如果按“省/自治区”或“国家（地区）”字段排序，Outlook 将使用通讯地址对联系人进行排序。通讯地址对某些联系人可能为商务地址，而对其他人可能就是家庭地址。要更改通讯地址，请打开该联系人。单击地址旁边框中的“商务”、“家庭”或“其他”，然后选中“此处为通讯地址”复选框。

14. 在卡片旁边看不见字母按钮

如果按非文本字段（如“生日”）对联系人进行排序，则字母按钮将不在卡片视图类型中显示。要查看字母按钮，则按文本字段（如“表示为”）对联系人进行排序。

排序的方法如下：

（1）在“视图”菜单上，指向“当前视图”，然后单击在表格、卡片或图标视图类型中显示项目的视图。

（2）在“视图”菜单上，指向“当前视图”，然后单击“自定义当前视图”。

（3）单击“排序”。

（4）在“排序依据”框中，单击要作为排序依据的字段。

（5）如果所需的字段不在“排序依据”框内，请单击“可用字段选自”框内的其他字段集。

（6）单击“递增”或“递减”排序顺序。

（7）如果想按其他字段排序，请单击“第二依据”框中的某个字段。

> 提示!!
> ① 按多个字段排序时，先按第一个字段对全部项目进行排序，然后以此为基础再按第二个字段进行排序。例如，如果选择先按字母顺序然后按数字排序，则排序结构为“A 1 2 3, B 1 2 3”。
> ② 不能对使用自定义字段或公式字段创建的列进行排序。
> ③ 按主题的字母顺序对邮件进行排序时，“主题”框中的缩写 RE 和 FW 将被忽略。

15. 无法看见所有约会或会议

根据使用的视图或筛选条件，可能暂时隐藏了一些约会或会议。要更改视图中显示的“日历”项目，请采用下面的任何一种方法：

如果只查看从今往后安排的“日历”项目，请单击“视图”菜单，指向“当前视图”，然后单击“当前约会”。

要查看全部“日历”项目，请单击“视图”菜单，指向“当前视图”，然后单击“自定义当前视图”。单击“筛选”命令，然后单击“全部清除”。

16. 小日历不见了

可能在“日历”窗口中放大了一个或多个元素，使得日期选择区消失了。要重新显示“日期选择区”，请尝试下列步骤：

（1）如果“文件夹列表”可见，请隐藏或调整其大小。要隐藏“文件夹列表”，请单击“视图”菜单上的“文件夹列表”。要调整“文件夹列表”的大小，请指向“文件夹列表”滚动条的右边框，当鼠标指针变成双向箭头✥时，向左拖动边框。

（2）调整约会区域的大小。方法是：指向约会区域滚动条的右边框，当鼠标指针变成双向箭头✥时，向左拖动边框。

（3）调整任务板的大小。方法是：指向任务板的上边框，当鼠标指针变成双向箭头✥时，向下拖动边框。

（4）调整 Outlook 面板的大小。方法是：指向 Outlook 面板的右边框，当指针变成双向箭头✥时，向左拖动边框。

（5）单击“最大化”▣可将窗口放到最大。

17. 在我没有任何约会时，其他人看到我的日程表为忙

可能已安排了某一事件并在“时间显示为”框中单击了“忙”。这将导致约会时间右侧出现一条蓝色细线。要清除此蓝线，可单击“时间显示为”框中的“闲”。

18. 没有收到任何会议响应

（1）如果选中“跟踪选项”对话框中的“在处理后删除空的投票和会议响应”复选框（依次单击“工具”菜单、“选项”命令、“电子邮件选项”、“跟踪选项”，即可进入该对话框），那么发送给你的不带批注的会议响应将在原会议要求中排成表格，然后被删除，最终并不在收件箱中显示。如果希望能在收件箱中看到不带批注的会议响应，可清除此复选框。带批注的会议响应始终显示在收件箱中。

（2）可能已设置代理，并选中“代理“选项卡上的“将会议要求和响应仅发送给我的代理，而不是我”复选框（单击“工具“菜单上的“选项”可打开此对话框）。要接收会议响应，可清除此复选框。

19. 看不到任务

根据用来查看任务的筛选条件不同，某些任务可能会暂时处于隐藏状态。要显示被隐藏的任务，就必须删除筛选条件，操作步骤如下：

（1）单击菜单命令“视图”/“当前视图”，然后单击“自定义当前视图”。

（2）单击“筛选”，然后单击右下角的“全部清除”。